주자, 진사이, 소라이의 사서 해석

주자학과 일본 고학파

SKKUP
연구총서
I

주자, 진사이, 소라이의 사서 해석

주자학과 일본 고학파

임옥균 지음

성균관대학교
출 판 부

지은이의 주 관심 분야는 한·중·일 유학의 비교연구이다. 다른 분야도 마찬가지이지만 일본 사상에 대한 연구가 특히 부족하다고 생각하여 최근 몇 년간 일본 사상 연구에 힘을 기울였다. 물론 무한정한 시간이 허락되지는 않으므로 가장 일본적인 사상을 전개했다고 생각되는 고학파, 그 중에서도 이토 진사이와 오규 소라이의 저술을 집중적으로 읽고 그 결과 몇 편의 논문을 작성하기도 하였다. 이 책은 그 논문들을 모은 것이다. 논문들을 모은 것이기는 하지만 처음부터 책으로 엮을 생각을 가지고 대부분의 논문을 집필하였으므로 나름대로 일관성을 갖고 있다고 생각한다. 책으로 꾸미면서 전문가가 아닌 일반 독자들을 염두에 두고 체제와 내용을 수정하였다. 이 책으로 미진하나마 일본 사상 공부의 한 매듭을 짓고, 이제는 그동안 미루어두었던 한국 사상 연구에 관심을 집중하면서, 그동안 공부한 중국·일본 사상과의 관련성[보편성과 특수성]을 찾아보고자 한다.

지금까지 한눈 팔지 않고 공부만 하면서 지냈는데, 그동안 무엇을 이루어놓았느냐고 질문받는다면, 참으로 대답할 말이 없어 궁색하고, 마음속으로 부끄럽기 짝이 없다. 이 책을 내놓는 것도 독자들에게 무슨 도움이 될 것인지 의문이 들기도 한다. 그래도 일본 사상을 연구하는 분들

4

에게, 혹은 일본 사상에 관심을 갖고 있는 분들에게, 또는 한·중·일 경전해석사에 관심을 갖고 있는 분들에게 조금은 도움을 드릴 수 있지 않을까? 이런 일말의 기대를 가지고 이 책을 내기로 용기를 내본다. 정말 조금이라도 도움이 되기를 간절히 바란다.

어언 결혼한 지 25년이 되어 올해로 은혼식을 맞는다. 지은이가 직장을 그만두고 험난한 공부 길로 들어서는 바람에 늘 마음과 몸이 편하지 못했던 아내에게 사랑과 존경을 담아 이 책을 바치고자 한다.

2012년 5월 21일 부부의 날에
아차산 아래 독혼재(獨昏齋)에서
지은이 임옥균 쓰다

:: 차례 ::

제3부 『논어』 해석 　　　論語

제1부

도론

제1장

동아시아(한·중·일) 유교문화의 특징

1. 중국 유교문화의 특징

　자신들이 세계의 중심이라고 믿어 의심하지 않았던 중국인들은 19세기 들어 서양의 무력에 굴복하여 나라의 문을 열면서 자신들이 결코 세계의 중심이 아니라는 사실을 비로소 자각하기 시작하였다. 더욱이 중심이 아닐 뿐만 아니라 서양이 근대 세계에 진입했음에 비하여 자신들은 아직도 봉건의 시대에 처해 있다고 생각하게 되었으며, 따라서 반-봉건은 20세기 초두의 화두였다. 이러한 분위기 아래 공자와 유교, 유교문화는 봉건 시대의 잔재로서 청산되어야 할 것으로 격렬하게 비판되었다. 그것은 "공자의 집을 타도하자[打倒孔家店]."는 슬로건으로 나타났다.

　20세기 중반 중국에 공산주의 정권이 수립되고, 1960년대 들어 '문화'를 '혁명'하려는 문화대혁명의 열기가 중국 대륙을 휩쓸면서 공자와 유교문화는 비판의 대상이 되었고[批孔批林], 유교적인 의식과 유교문화의 유물, 유적이 수없이 파괴되었다. 현재는 많이 복구되었고, 복구되고 있다고는 하지만, 여전히 그 흔적을 도처에서 발견할 수 있다.

그러나 1980년대 들어 등소평(鄧小平)이 개혁, 개방 정책을 실시하고 자본주의 시장경제를 받아들이면서 중국은 변화하였고 지금도 변화하고 있다. 사회의 통합을 위하여 아직도 '사회주의'를 버리지 않고 있지만, 사회주의나 마르크스-레닌주의가 더 이상 이데올로기로서 외면적인 것 이상의 역할을 하지 못하고 있는 것이 현실이다. 중국의 대학생들은 여전히 노신(魯迅)을 즐겨 읽지만 그것을 봉건적인 중국 사회나 유교에 대한 비판으로서가 아니라 중국 공산당에 대한 비판으로 대입해서 읽고 있다고 한다.[1]

이러한 때를 당하여 중국의 지도자들은 사회주의를 대체할 만한 이데올로기를 바로 창출할 수 없는 한, 그 대안으로 유교를 택하고 있는 것으로 보인다. 이것은 그렇게 비판과 심지어는 매도를 당했지만, 유교가 여전히 중국인들의 가슴속에 깊이 뿌리를 내리고 있다는 것을 반증해준다. 그것은 원래 유교가 중국인들의 가슴속에서 생겨난 것이기 때문에 가능한 것일 터이다.

이하 유교문화의 형성에 결정적이 영향을 끼친 공자와 맹자, 순자를 중심으로 유교문화의 특징을 살펴보기로 한다. 이후로도 유교문화의 형성에 영향을 끼친 중요한 사상가들이 많이 있지만, 그들을 다 다룰 수는 없다. 하지만 유교문화의 형성에 끼친 공자의 영향이 압도적으로 크기 때문에 유교문화의 특징의 대강은 충분히 살필 수 있을 것이다.

----

1) 박홍규, 『자유인 루쉰』, 우물이 있는 집, 2002, 25쪽.

1) 인격신이 없는 세계의 건설

자로(子路)가 귀신을 섬기는 것에 대해 묻자 공자는 "아직 사람도 섬길 수 없는데, 어떻게 귀신을 섬길 수 있겠는가?"라고 대답했다. 또 죽음에 대해 묻자 공자는 "아직 삶에 대해서도 알지 못하는데, 어떻게 죽음에 대해서 알겠는가?"라고 대답했다.[2] 이 문답을 통해서 보면 공자는 귀신의 유무라든가 사후 세계의 존재에 대해서 어떤 언급도 삼가고 있다. 그것들이 있다거나 없다거나 표명하지 않고 있는 것이다. 귀신이나 사후 세계가 있다고 말하는 사람에게 그것이 없다고 논리적으로 설명해서 부정하는 것은 불가능할 것이며, 귀신이나 사후 세계가 없다고 믿는 사람에게 그것이 있다고 논리적으로 설명해서 긍정하는 것도 불가능할 것이다. 그래서 공자는 아마도 그것들이 잘못된 질문이라고 생각했을 것이다. 우리가 여기에서 확인할 수 있는 것은 공자의 사람과 삶에 대한 강한 관심이다. 귀신이나 사후 세계에 대한 믿음을 바탕으로 어떤 가정이나 설명을 하려고 하지 않았다.

유교문화에서는 이 세상과 저 세상, 차안과 피안, 신의 나라와 인간의 나라라는 두 세계가 존재하지 않는다. 오직 이 세상, 차안, 인간의 나라만이 인정될 뿐이다. 그러므로 그것은 강력한 현실주의적 성격을 띤다. 이러한 관점에서는 세계를 창조하고 인간 세계를 섭리하는 신이 존재하지 않으므로 인생의 목표나 의의를 스스로 만들어 나가야 한다. 그것은 어떤 면에서 신이 인생의 목표나 의의를 설정해주는 것보다 훨씬 어렵고 분투를 요구한다. 그러므로 비극적인 색깔을 띠기도 하지만, 결

---

2) 『論語』「先進」: 季路問事鬼神, 子曰, "未能事人, 焉能事鬼?" "敢問死." 曰, "未知生, 焉知死?"[이하 컴퓨터 파일의 형태로 되어 있는 자료에 대해서는 쪽수를 표시하지 않는다.]

코 천박해지지는 않는다.[3]

『논어』는 일상성과 평범으로 가득 차 있다. 그래서 헤겔은 『논어』가 처세술을 말하는 격언집에 불과하다고 비웃었지만, 사실 『논어』의 일상성과 평범은 1차원적인 것이 아니라 그 속에 철리(哲理)를 포함하고 있는 일상성과 평범이다. 이토 진사이(1627~1705)는 『논어』를 우주 제일의 책[最上至極宇宙第一之書]이라고 평가하는데, 그가 그렇게 평가하는 이유는 『논어』가 바로 평범한 가운데 최고의 진리를 표현하고 있기 때문이었다.[4]

박석 교수는 이것을 노자의 말을 빌려 '화광동진(和光同塵)'이라고 표현한다. 화광동진이란 말은 노자가 말한 것이지만, 그것을 가장 철저하게 실천한 사람은 바로 공자였다는 것이다. 박 교수에 의하면 공자는 '화광동진'을 실천했을 뿐만 아니라 '대성약범(大聖若凡)'을 실천한 사람이기도 하다. 다른 종교에서는 성스러움과 평범함이 따로 떨어져 성스러움은 성인의 표징이지만, 공자는 평범함 가운데서 성스러움을 지닌 분으로, 그것이 참 성인이라는 것이다.[5] 산 속에서 성스러움을 지키는 것보다 세속에서 성스러움을 지키는 것이 훨씬 어렵다는 것을 생각해 본다면 박석 교수의 말은 일리가 있다.

3) 이택후, 임옥균 옮김, 『논어금독』, 북로드, 2006, 46~47쪽.

4) 제3부 제1장 「주자와 이토 진사이의 『논어』 해석」 149쪽 참조.

5) 박석, 『대교약졸(大巧若拙) : 마치 서툰 것처럼 보이는 중국문화』, 들녘, 2005, 300~302쪽.

2) 실천적 관심

공자는 형이상학적 문제에는 별로 관심을 갖지 않았으며, 항상 그의 관심은 실천으로 향하고 있었다. 공자의 중심 사상이 무엇이냐고 하면 대부분의 사람이 인(仁)이라고 대답할 것이다. 그러나 공자 자신은 인이 무엇이라고 정의한 적이 없다. 『논어』에는 여러 차례 인에 대해 언급하고 있지만, 그것은 인이 '무엇'인가를 설명하는 것이 아니라, 인을 '어떻게' 실천해야 하는가 하는 데 대한 언급이다.[6] 실천에 대한 언급이기 때문에 때와 장소에 따라 인에 대한 설명이 달라지는 것이다. 인뿐만 아니라 다른 어떤 것에 대해서도 마찬가지이다. 대표적인 것으로 자로(子路), 염유(冉有), 공서화(公西華)와의 대화가 있다. 자로가 "알면 곧 행해야 합니까?"라고 묻자 공자는 "부형이 계신데 어떻게 알면 곧 행할 수 있겠는가?"라고 말했다. 염유가 "알면 곧 행해야 합니까?"라고 묻자 공자는 "알면 곧 행해야 한다."고 말했다. 이에 대해 공서화가 "자로가 '알면 곧 행해야 합니까?'라고 물으니 선생님께서 '부형이 계신데 어떻게 알면 곧 행할 수 있겠는가?'라고 하시고, 염유가 '알면 곧 행해야 합니까?'라고 물으니, 선생님께서 '알면 곧 행해야 한다.'고 하셨습니다. 저는 매우 의심스러워 감히 묻고자 합니다."라고 말하자, 공자는 "염유는 물러나므로 격려하여 나아가게 한 것이고, 자로는 다른 사람보다 지나치므로 억제한 것이다."라고 말했다.[7] 이처럼 그것이 무엇인가라는

---

6) 『논어』에 나타난 제자와 공자의 문답에서 제자들은 거의 "그것이 무엇입니까?"라고 묻는 반면에 공자는 항상 "그것은 어떻게 해야 한다."고 대답하고 있다. 숭산 스님이 하버드 대학에서 강의할 때 "사랑이란 무엇입니까?"라는 질문에 "네가 묻고 내가 대답하는 것, 이것이 사랑이다."라고 대답했는데, 제자와 공자의 문답과 일맥상통하는 면이 있다. 『논어』와 선(禪)을 함께 말하는 것이 전혀 이상한 일이 아닌 것은, 선이야말로 중국화한 불교이기 때문이 아니겠는가?

질문과 그에 대한 답변이라면 동일한 질문에 대해 동일한 답변을 할 수 있겠지만, 공자는 항상 그것이 무엇인가라는 질문이라고 생각하지 않고 어떻게 해야 하느냐는 질문으로 받아들이기 때문에, 묻는 사람의 여러 가지 상황을 고려해서 나아가야 할 방향을 지시해주려고 하였고, 따라서 답변이 달라질 수밖에 없다.

이렇게 실천적 관심이 지배적이므로 공자는 언행의 일치를 강조하였고, 언어보다는 행동의 중요성을 강조하였다. 언어를 신중하게 하는 것이 군자의 제일 조건이었던 것이다. 따라서 언어를 부정하지는 않았지만, 변화하는 현실 속에서 언어로 고정시킨 것이 진리가 될 수 있다고는 생각하지 않았다. 변화하는 시간과 공간의 좌표 속에서 실천만이 진리를 보장해준다고 생각했던 것이다. 물론 이런 실천적 관심은 유학이 공리공담으로 나가는 것을 막아주는 긍정적인 역할을 한 반면에, 순수 학문이나 순수 과학의 발달에 저해 요소로 작용했던 것도 사실이다.

3) 중용의 실천

중용은 일상생활에서 '알맞음'을 찾고 실천하는 것이다. '알맞음'이란 '도를 넘지 않는 것'이다. 맹자는 공자가 너무 심한 일은 하지 않았다고 말했으며,[8] 공자 자신도 칠십 세가 되어서는 "마음이 하고자 하는

---

7) 『論語』「先進」: 子路問 : "聞斯行諸?" 子曰 : "有父兄在, 如之何其聞斯行之?" 冉有問 : "聞斯行諸?" 子曰 : "聞斯行之." 公西華曰 : "由也問聞斯行諸, 子曰, '有父兄在' ; 求也問聞斯行諸, 子曰, '聞斯行之'. 赤也惑, 敢問." 子曰 : "求也退, 故進之 ; 由也兼人, 故退之."

8) 『孟子』「離婁下」: 孟子曰, "仲尼不爲已甚者."

대로 따라도 법도를 넘지 않았다."[9]고 하니까, 중용의 정신을 완전히 터득한 사람이었다고 할 수 있다.

이택후는 『논어금독』에서 예를 들어 중국인들이 "술을 마시는 사람도 적지 않고 취하는 사람도 적지 않지만, 주정을 하며 난동을 부리는 일은 매우 적고, 길거리에 취한 사람도 많지 않다. 시종 스스로 통제할 것을 강조하고 방종을 용납하지 않으며, 약간 취기가 도는 정도를 최고로 친다."[10]고 말하는데, 이것도 중국인들이 중용의 정신을 체질화한 것이라고 볼 수 있다.

또한 중용의 실천은 개인과 개인의 관계에서는 투쟁보다는 조화를 추구하는 경향으로 나타난다. "사실상 중국의 민사 분규에서 전통적으로 '적당히 구슬리고', '중재하고' 조정을 구하여 '조화를 깨뜨리지 않을 것'을 제창하며, 사사건건 법정에 송사를 제기하여 법원에 시비와 곡직을 판단해주기를 구해서 정의를 구하는 것을 좋아하지 않는 것"[11]도 그 일단이라고 할 수 있다.

4) 도덕과 정치의 합일

공자는 되풀이해서 도덕과 정치의 합일을 말하고 있다. "자기의 행위가 정당하면 명령하지 않아도 행해지고, 자기의 행위가 정당하지 못하면 명령해도 따르지 않는다."[12]는 말이 대표적일 것이다. 이것은 공자

---

9) 『論語』「爲政」: "七十而從心所欲不踰矩."
10) 이택후, 임옥균 옮김, 『논어금독』, 470쪽.
11) 이택후, 임옥균 옮김, 『논어금독』, 172쪽.

이전부터 전해져 내려온 관습이었는데, 공자 자신도 받아들였고, 그 이후 중국과 한국에서 계속 이어져왔다. 도덕과 정치의 분리를 명확하게 제창한 사람은 오규 소라이(1666-1728)가 처음이었다.

『대학』은 수신-제가-치국-평천하를 말하면서 그 기본은 수신이라고 말한다. 수신이라는 개인 도덕이 평천하로 이어지는 정치의 기본이라고 해서 도덕과 정치가 연결되고 있는 것이다. 여기서 도덕은 '안으로 성인이 되는 것'[內聖]이며, 정치는 '밖으로 왕도를 실천하는 것'[外王]이다. 이 둘이 항상 결합되어 나타나므로 외적이 쳐들어오고 있는 상황에서도 왕이 마음을 바로 잡기만 하면 적을 물리칠 수 있다는 말이 그치지 않는다. 이택후은 오늘날 유학의 중대한 과제 중의 하나가 바로 이 도덕과 정치의 고리를 끊는 것이라고 말하고 있다. 그 둘을 분리해서 각각 제 갈 길을 가도록 해야만 유학의 현대화를 이룰 수 있다는 것이다.[13]

강유위(康有爲)는 공자가 '안으로 성인이 되는 것'과 '밖으로 왕도를 실천하는 것'의 비중을 동일하게 두고 합일을 말했는데, 다만 현재의 『논어』가 '안으로 성인이 되는 것' 중심으로 비치는 것은 '안으로 성인이 되는 것'을 강조했던 제자들인 증삼(曾參) 계통의 제자들이 『논어』를 편찬했기 때문이라고 본다. 따라서 '밖으로 왕도를 실천하는 것'을 강조했던 자하(子夏), 자유(子游) 계통의 제자들의 역할이 축소되어 기록되고 '밖으로 왕도를 실천하는' 부분에 대한 언급도 적어지고 말았다는 것이다.[14] 그래서 이택후와 같은 사람은 '안으로 성인이 되는 것'을 강조하

---

12) 『論語』「子路」: 子曰, "其身正, 不令而行, 其身不正, 雖令不從."

13) 이택후, 임옥균 옮김, 『논어금독』, 14~15쪽.

14) 이택후, 임옥균 옮김, 『논어금독』, 378~379쪽.

는 송명시대의 성리학과 양명학, 현대의 신유학이 유학의 주류라는 생각에는 동의하지 않으며, '밖으로 왕도를 실천하는 것'을 강조하는 공자−순자−동중서−왕통−진량−섭적−고염무−황종희로 이어지는 노선을 중시한다.[15)

공자 이후로 공자와 같이 '안으로 성인이 되는 것'과 '밖으로 왕도를 실천하는 것'의 합일을 말하지만, '안으로 성인이 되는 것'에 강조를 둔 것은 맹자, '밖으로 왕도를 실천하는 것'에 강조를 둔 것은 순자라고 평가할 수 있다. 맹자는 인간은 선천적으로 마음속에 인·의·예·지라는 도덕원리를 갖고 있으므로[16) 그것이 상황[勢]의 방해를 받지 않고 잘 발로되도록 하면 성인의 지위에 도달할 수 있다고 보았다. 그리고 이 어진 마음을 바탕으로 어진 정치를 펴나가야 한다고 역설하였다. 반면에 순자는 인간의 본성은 원래 악으로 끌릴 가능성을 갖고 있으므로 개인의 본성에 의지해서는 안 되고, 성인에 의해 제정되어 외적으로 규정되어 있는 예에 의해 사회를 유지하고 그것으로 개인을 규제해 나가야 한다고 생각하였다.

5) 가족−종족주의 : 효와 충

유교가 성립될 당시의 중국 경제의 주축은 가족 중심 노동집약적 농

---

15) 이택후, 임옥균 옮김, 『논어금독』, 33쪽.

16) 주자의 주석에 의거한 표현이다. 다산 정약용과 같은 경우는 마음속에 있는 것은 측은지심 등의 사단일 뿐이고, 그것을 가진 사람 사이의 관계에서 형성되는 것이 인·의·예·지라고 주장한다. 제4부 제1장 「주자와 이토 진사이의 『맹자』해석」 306쪽 참조.

업이었고, 이것은 20세기 초반까지 바뀌지 않았다. 이것이 유교가 그렇게 오래도록 중국에서 영향력을 행사할 수 있었던 결정적 역할을 했음이 분명하다. 경제적으로 공동생활을 하는 가족의 규모는 부모와 자식으로 이루어지는 소가족과 3대 이상으로 이루어지는 대가족이 혼재했던 것으로 생각된다. 또한 여러 가족이 부계 혈연관계를 매개로 묶여 유대를 갖는 종족이 있다. 종족은 주나라 때에 종법제도가 성립하면서 대종-소종의 체제를 갖추었다가 송대 이전까지는 그것이 직계 가족 중심으로 분화되는 시기를 갖는다. 그러다가 송대에 이르면 다시 종법제도를 부활하려는 시도가 생기면서 대종-소종의 체제가 부활한다.[17]

유교는 위와 같은 가족과 종족을 그 배경으로 하기 때문에 가족과 종족의 유지를 위해 효를 중시하였다. 섭공이 공자에게 "우리 고을에 몸을 바르게 한 사람이 있으니, 아버지가 양을 훔치자 아들이 신고했습니다."라고 하자, 공자는 "우리 고을의 곧은 사람은 그와 다릅니다. 아버지는 아들을 위해 숨겨주고 아들은 아버지를 위해 숨겨주니, 곧음이 그 가운데 있습니다."[18]라고 대답하여 효가 충에 앞서는 것이라고 주장하였다. 그러나 전국시대 말기에 『효경(孝經)』이 등장하면서 효의 대상이 군주까지 확대되어 아버지의 권위가 감소하고, 또 종족이 약화되어 군주의 지배가 바로 가족에 미침으로써 효와 충을 다 같이 중시하게 되었다. 따라서 효는 가족과 종족을 지탱하는 도덕이면서 동시에 군주의 지배를 강화시켜주는 역할을 하였다.[19] "충신은 효자의 가문에서 구한

17) 溝口雄三(外), 김석근 외 옮김, 『중국사상문화사전』, 민족문화문고, 2003, 359~370쪽.

18) 『論語』「子路」: 葉公語孔子曰, "吾黨有直躬者, 其父攘羊, 而子證之." 孔子曰, "吾黨之直者, 異於是. 父爲子隱, 子爲父隱, 直在其中矣."

19) 박성수·신채식, 『문화사개론』, 법문사, 1978, 128쪽.

다."는 말은 그 연결고리를 잘 보여주는 말이라고 할 수 있다.

6) 민본과 혁명사상

백성이 나라의 근본이 된다는 민본이라는 말은 『서경』의 "백성이 오직 나라의 근본이다(民惟邦本)."라는 구절에서 나왔다. 그 유래가 오래되었음을 알 수 있다. 이를 체계적으로 설명한 사람은 맹자였다. 하늘은 한 왕조가 계속 정권을 유지하도록 해주지 않고, 덕이 있는 사람이 왕조를 열 수 있도록 해주는데, 그 하늘(의 뜻)이란 인격적 존재가 아닌 바로 백성들 전체의 뜻이라는 것이다. 물론 맹자가 백성들의 뜻을 수렴할 구체적인 방법을 제시한 것은 아니었으나, 백성들은 그저 다스림의 대상일 뿐이라고 생각했던 당시에 백성의 뜻이 곧 하늘의 뜻이라는 맹자의 발언은 통치자들을 경각시키기에 충분했을 것이다. 이는 맹자가 "백성이 귀하고, 사직이 그 다음이고 임금은 가볍다."[20]고 한 말과 일맥상통하는 것이다.

맹자의 이러한 생각은 이후로 중국의 통치자들에게 가혹한 정치를 늦추도록 촉구하는 역할을 했다. 한편으로 민본사상은 혁명사상과 연결되어 새로운 왕조를 연 사람에게는 역성혁명을 정당화해주는 역할도 하는데, 맹자의 혁명사상에 의하면 덕이 있는 사람이 하늘의 뜻을 따라 정권을 갖는 것이 당연했기 때문이다. 과연 덕이 있는 통치자인가는 차치하고 현실적으로 정권을 장악한 새 왕조의 창업자는 혁명사상을 자

---

20) 『孟子』「盡心下」: 孟子曰, "民爲貴, 社稷次之, 君爲輕."

신의 왕조 창업을 정당화하는 이념으로 이용할 수 있었기 때문이다. 유교가 한대 이후로 청대에 이르기까지 계속 통치이념으로 작용할 수 있었던 것은 이처럼 유학이 새 정권을 정당화해주는 역할을 했던 것과 무관하지 않을 것이다.

2. 한국 유교문화의 특징

한국과 일본의 유교문화는 중국의 유교문화가 갖는 특징들을 기본적으로 가지면서, 그 위에 자신들의 독자적인 특징을 가미하였다. 중국의 유교문화는 중국인 자신들이 '창출한' 것이지만, 한국과 일본은 그것을 '받아들인' 것이기 때문이다.[21)]

우리나라에 유학이 전해진 것은 삼국시대라고 생각된다. 고구려는 소수림왕 2년에 태학(太學)을 설립했다는 기록이 있고, 백제에서는 오경(五經)이 널리 읽혔다는 기록이 있으며, 신라에서는 국학(國學)을 설치하여 유교 경전을 주요 과목으로 가르쳤다. 신라가 통일된 이후 원성왕 (元聖王) 때에 설치된 독서삼품과(讀書三品科)는 유교 경전의 소양에 따라 인재를 발탁하였다. 최고 학부에서 유학의 경전을 주요 과목으로 가르치고, 그 과목의 성취도에 따라 인재를 선발하였다는 것은 관리들에게 유교적 소양을 요구한 것이다. 물론 국학에 들어오는 입학자격에 신분

---

21) 물론 유교문화의 형성기에 참여한 민족이 오늘날 중국 민족의 대부분을 차지하는 한족에 국한되는 것은 아니고, 예컨대 우리 민족과도 관련되는 동이족 등이 참여했다고 생각되나, 아직 정설이 있는 것은 아니고 논란 가운데 있기 때문에 서술의 편의상 이 정도로 정리해둔다.

적 제약이 있었으므로 유교적 소양만을 관리 선발의 기준으로 삼았다고 볼 수는 없으나, 유교가 지배층에 의해 통치이념으로 받아들여지기 시작했다는 것은 확인할 수 있다.

유교적 소양을 지니고도 골품(骨品) 제도의 제약으로 관리로의 선발이나 승진에 제약을 받았던 육두품(六頭品) 출신들은 고려의 성립에 큰 역할을 하였고, 고려 초기에도 계속 영향력을 행사하였다. 광종 때에는 과거제도를 실시하여 유교 경전에 대한 관심을 높이고, 성종 때에는 최승로(崔承老)의 건의에 따라 유교의 정치이념화에 박차를 가하여 국자감(國子監)을 설치하고 고려 유학의 기반을 다졌다.[22] 고려가 문벌을 중시하는 귀족사회였으므로, 그 영향으로 사학(私學)도 발달하였다. 최충(崔冲)의 문헌공도(文憲公徒)를 비롯한 십이공도는 유교문화가 확산되는 데 큰 역할을 하였고, 고려 말에 성리학이 도입되는 토대를 마련해주기도 하였다.

1) 한국적 성리학의 수립 : 이색(李穡) – 천인무간(天人無間)

고려 말에 성리학이 도입되었을 때, 이를 한국의 고유한 전통을 바탕으로 정리한 최초의 사람은 이색이었다. 그는 이것을 '천인무간'이라고 표현하였다. 즉, 하늘과 사람 사이에는 간격이 없다는 것이다. 간격이 없다면 하늘이 곧 사람이고 사람이 곧 하늘이니, 이를 달리 표현한 것이 후일 동학의 "사람이 곧 하늘이다[人乃天]."라는 사상이라고 할 수 있다.

---

22) 한국사특강편찬위원회(편), 『한국사특강』, 서울대학교 출판부, 1990, 359쪽.

중국의 유학은 천인합일(天人合一)을 말하는데, 천인합일이란 하늘과 사람의 분리를 전제로 하고 그것이 합일한다는 것인데 반해서, 한국의 천인무간은 애초에 하늘과 사람의 분리를 전제로 하지 않는다는 점에서 특색이 있다.[23]

2) 수양철학의 완성 : 이황(李滉)

사람이 곧 하늘이지만, 현실적인 사람의 모습이 항상 하늘의 모습 그대로인 것은 아니다. 사람이 이런 자신의 모습을 자각하게 되면 자신의 본래의 모습을 회복하고자 하며, 이는 개인의 수양을 통해서 가능하다. 그래서 조선 전기의 사상의 흐름에서 수양철학이 하나의 흐름을 차지한다. 이 흐름을 완성한 사람이 바로 이황이다. 이황은 이색의 천인무간을 더 좁혀서 천아무간(天我無間)이라고 하여 주체로서의 나를 더 강조하였다.[24] 또한 중국에서 내적인 마음의 집중과 외적인 공경을 표현하던 '경(敬)'에 대해서 내적인 마음의 집중을 더 강조하였다. 이처럼 외적인 것보다 내적인 것에 집중했다는 것이 한국 성리학 또는 한국 유학의 특징이다.

---

23) 이기동, 『이색 : 한국 성리학의 원천』, 성균관대학교 출판부, 2005, 79쪽. 이하 조선 전기 한국 유학의 세 흐름은 이 책의 관점을 따라 분류하였다. 현재로서는 한국 유학의 흐름의 특징을 가장 체계적으로 설명하고 있다고 생각된다.

24) 이기동, 『이색 : 한국 성리학의 원천』, 153쪽.

3) 정치적 실천철학의 완성 : 이이(李珥)

천인무간이라면 인간 세상은 원래는 하늘나라였을 것이다. 그러나 현실적인 인간 세상의 모습이 항상 하늘나라 그대로인 것은 아니다. 사람이 이런 인간 세상의 모습을 자각하게 되면 인간 세상의 본래의 모습을 회복하고자 하며, 이는 정치적 실천을 통해서 가능하다.[25] 그래서 조선 전기의 사상의 흐름에서 정치적 실천철학이 하나의 흐름을 차지한다. 관학파(官學派)라고 불리는 일군의 학자들은 학문을 연구하면서 또 한편으로는 정치를 직접 담당한 관료들이었기에 이 흐름을 주도한 사람들이었다. 그들은 조선을 유교적 이상사회로 만들기 위해 문물과 제도를 정비하고, 수많은 서적들을 편찬하여 유교의 보급에도 힘썼다. 그러나 조선 초기에는 유교적 의례가 일반 백성들에게까지 침투하지는 못하였고, 그것은 양난 이후, 즉 17세기부터 어느 정도 성과를 거두게 된다.

중종 대에 사림을 대표하여 정권을 담당했던 조광조(趙光祖)는 유교적 이상국가의 건설을 위해 지치주의(至治主義)를 내세웠다. 지치주의란 인(仁)으로 정치를 한다는 맹자 이래의 왕도정치에서 한 걸음 더 나아가 현실의 인간 사회를 이상적 상태로 끌어올려 지극한 정치를 펼친다는 것으로, 이상주의를 표방한 것이었다. 지치를 이루는 가장 효과적인 방법은 왕이 성군이 되어 백성들을 교화하는 것이었다. 그래서 조광조는 당시의 왕인 중종을 성군으로 만들려고 노력하고 여러 가지 개혁 정치를 폈으나, 훈구파의 반발을 사 실패하고 말았다.

---

25) 이기동, 『이색 : 한국 성리학의 원천』, 155쪽.

조광조의 지치주의를 계승하여 정치적 실천철학을 완성한 사람은 바로 이이(李珥)이다. 이이도 조광조와 마찬가지로 당시의 왕인 선조를 성군으로 만들기 위해 『성학집요(聖學輯要)』를 편찬하여 올리고, 수많은 상소와 저술을 통해 정치와 교육의 개혁을 주장하였다. 또한 향약(鄕約)을 조직하여 좁은 지역에서나마 이상적 정치를 펴보기 위해 노력하였다.

4) 초탈원융철학의 완성 : 조식(曺植)

사람이 곧 하늘이라면 사람도 하늘과 같은 입장에서 널리 포용할 수 있다. 그렇다면 유학자라고 할지라도 배타적이지 않고 다른 사상과 문화를 널리 받아들일 수 있다. 그래서 조선 전기의 사상의 흐름에서 초탈원융철학이 하나의 흐름을 차지한다.[26] 여기에서 초탈이란 세상을 벗어나는 것이 아니라, 세상에 있으면서도 세상에 얽매이지 않는 경지를 말한다. 그 대표적인 학자들은 김시습(金時習)과 서경덕(徐敬德)이며, 그것을 완성한 사람은 남명 조식이다. 조식은 노장철학에도 심취하였지만, 유학의 정신에도 투철하여 그 실천적 성격을 매우 중시하였다. 그는 정자(程子)와 주자(朱子)가 진리를 다 밝혀놓았으므로 남아 있는 것은 오직 실천뿐이라고 하였다. 이런 가르침을 받은 그의 문하에서 임진왜란을 맞아 의병장이 40여 명이나 나왔던 것은 결코 우연이 아니었다.

---

26) 이기동, 『이색 : 한국 성리학의 원천』, 158쪽.

5) 유교문화의 확산 : 보학(譜學)과 예학(禮學)의 발달과 보급

조선 전기가 성리학을 받아들여 그것을 한국적 특성을 갖는 것으로 정착시킨 단계였다면, 조선 후기는 성리학을 널리 보급하고 예제를 통하여 유교문화를 뿌리내리게 한 단계였다. 조선조 양반사회에서 종족과 가족은 중국에서와 마찬가지로 중요한 사회적 세력의 단위였다. 이 종족과 가족 안에서의 유대 관계를 밝혀놓은 것이 족보이다. 조선 후기에 들어 여러 가지 사회적 특권을 누리는 양반들은 자신의 신분을 밝히고 종족 관계를 나타내주는 족보를 필요로 하여 널리 보급하게 된다.[27]

족보에 관한 지식이 보학이라면 동족 관계에 따르는 관혼상제의 의례를 알고 실천하는 것이 예학이었다. 성리학이 수입된 이래로 예는 기본적으로 『주자가례(朱子家禮)』에 의해 행해졌으나, 그것이 우리나라 사람들의 정서와 맞지 않는 부분이 있어 그대로 시행할 수는 없었다. 예컨대 결혼 후에 신랑이 신부 집에 일정 시간 머무는 우리와 결혼 후 바로 신부가 시댁으로 가는 중국은 습속이 서로 달랐기 때문에, 중국식 습속에 의한 『주자가례』가 쉽게 정착되지 않았던 것이다. 태종과 세종과 같은 경우는 딸을 시집보내며 바로 시집으로 보내서 『주자가례』를 실천하는 모범을 왕가에서 직접 보여주었지만, 역시 그 토착화는 쉽지 않았다.[28] 그러므로 『주자가례』에 의한 성리학적 유교문화가 우리 사회에 어느 정도 뿌리를 내린 것은 조선 후기 200년 정도라고 할 수 있다.

한편 『주자가례』를 우리의 현실에 맞게 보완하려는 노력도 경주되어

---

27) 이상 보학에 대한 설명은 이기백, 『한국사신론』, 일조각, 1977, 260쪽을 참조하였음.

28) 고영진, 『조선중기예학사상사』, 한길사, 1995, 43쪽.

김장생(金長生)은 『가례집람(家禮輯覽)』10권을 지었고, 정구(鄭逑)는 『오선생예설분류(五先生禮說分類)』20권을 지었다. 이 책들은 『주자가례』를 조선의 실정에 맞게 보완하는 모습을 보여주고 있다.

예학이 발달하면서 현실 정치의 장에서도 예치를 강조하게 되는데, 그것이 당쟁과 맞물려 예송(禮訟)이 벌어지기도 하였다. 서인(西人)은 "천하의 예는 같다."고 하여 왕일지라도 사대부의 예와 같아야 한다고 주장한 반면에, 남인(南人)은 "왕의 예는 사대부와 같을 수 없다."고 주장하였다. 이 주장이 충돌하여 1, 2차 예송이 일어나서 서인과 남인 사이에 정권이 갈리게 된다.

6) 주자학의 원리주의화

조선조 유교문화의 특징 가운데 하나는 오직 성리학만이 정통으로 인정되었다는 것이다. 오직 주자의 주석을 따를 것이 요구되었고, 자유로운 경전의 해석은 허용되지 않았다. 윤휴(尹鑴)는 『중용주해(中庸註解)』에서 주자의 설을 비판하고 자신의 설을 내세웠다가 사문난적(斯文亂賊)으로 지목되었고, 예송과 연루되어 사형을 당했다. 박세당(朴世堂)은 『사변록(思辨錄)』에서 주자의 주석을 따르지 않았고, 노자와 장자에 대한 주석을 냈다가 역시 사문난적으로 몰렸다. 이는 주자학이 종교적 성격까지 띠게 된 것이라고 할 수 있다.[29] 달리 말하면, 주자학이 원리주의화한 것이다.

29) 한국사특강편찬위원회(편), 『한국사특강』, 373쪽.

그래서 같은 유학인 양명학조차도 이단이라고까지 지칭하지는 않았지만 정학(正學)이 아닌 것으로 배척하였다. 이는 중국과는 매우 다른 점이다. 중국이 다양한 사상을 포용하는 태도를 취한데 반하여 조선의 유학자들은 원리주의적인 태도를 취하여 주자학 이외의 학문은 정통으로 인정하지 않았던 것이다. 그 결과로 양명학을 연구하는 학자들도 떳떳하게 양명학을 연구한다고 말하지 못하고 음으로는 양명학을 연구하더라도 양으로는 주자학을 연구한다고 말할 수밖에 없는 분위기가 조선시대에 계속되었다.[30] 그런 가운데서도 정치의 중심지에서 떠난 강화도에서 정제두(鄭齊斗)를 필두로 일군의 학자들이 양명학을 연구하여 강화학파를 이루게 된다.

3. 일본 유교문화의 특징

서기 284년 백제의 왕인(王仁)이 일본에 건너가 『논어』와 천자문을 전해주었다는 기록이 있으니까, 이것을 일본에 유교문화가 전해진 첫 번째 일로 기록할 수 있을 것이다. 이후로 『고사기(古事記)』에 유교의 '덕'이라는 관념의 편린이 보이고, 쇼토쿠(聖德) 태자의 「헌법십칠조(憲法十七條)」에도 유교문화를 장려하는 기록이 보이기는 하지만, 유교가 그리 널리 받아들여진 것 같지는 않다. 물론 유학을 가르치는 학교도 설립되지 않았고, 유학을 통해 관리를 선발하는 제도도 없었다. 특히 후자는

---

30) 한국에서 양명학회가 성립된 것은 1993년이다.

일본 역사 전반에 걸치는 일이므로 유학의 소양을 통해 관리를 선발하는 것이 제도화되었던 중국이나 한국과는 매우 다른 것이었다고 할 수 있다. 일본에서 문화로서의 유교를 말할 수 있는 것은 조선의 이황의 주자학을 수용하여 정착시켜 나갔던 에도[江戶] 시대부터라고 할 수 있다.

1) 칼을 찬 유학자 : 사무라이의 유학

무신에 의해 정권이 장악된 시기가 없었던 것은 아니지만, 전체적으로 보아 무신에 대한 문신의 우위가 주된 흐름이었던 중국과 한국의 시각으로 본다면 칼을 찬 유학자란 전혀 어울리지 않는다. 유학은 문신들이 관료로 진출하기 위해, 혹은 수양을 위해 필요로 하는 것이었지, 무신들에게 필수적인 것은 아니었기 때문이다. 그러나 일본에서는 사정이 다르다.

12세기에 막부정권이 세워지고 천황은 군림하지만 통치하지 않는다는 원칙이 견지된 이래로 일본사를 주도한 것은 사무라이였다. 사무라이는 전쟁을 위해 존재하는 인간이었으므로 유학에 별 관심을 갖지 않았다. 그러나 전국시대를 끝내고 거의 3세기간이나 지속된 에도 시대의 안정된 막부 권력 아래서 전쟁은 더 이상 사무라이들의 필수적인 일이 아니었다. 더욱이 막부 권력의 입장에서 볼 때에도 필요한 것은 행정을 담당할 관료 집단이었지 무사 집단이 아니었다. 그래서 사무라이들은 자신의 신분을 나타내기 위해 상징적으로 여전히 칼을 찼으나, 유학의 소양을 익혀 행정을 담당하는 역할을 해나갔다.

2) 머리를 깎은 유학자 : 하야시 라잔(林羅山)

일본에서 에도 시대 이전에 유학을 연구했던 사람들은 소수의 승려들이었다. 그 승려들 중의 한 사람이었던 후지와라 세이카(藤原惺窩, 1561-1619)는 조선에서 사신으로 온 허산전(許山前), 그리고 또 임진왜란 때에 잡혀온 강항(姜沆)이라는 조선인을 만나면서 주자학을 받아들이게 된다. 그는 승복(僧服)을 벗고 유복(儒服)을 입고서 당시의 최고 권력자 도쿠가와 이에야스(德川家康, 1542~1616)를 만났다. 아베 요시오(阿部吉雄)는 이것을 일본에서 유학자가 출현한 출발점으로 본다.[31] 허산전은 이퇴계의 제자인 류희춘(柳希春)의 제자이니까, 이때 세이카에게 영향을 준 것은 분명 퇴계가 정리한 주자학이었을 것이다.

이에야스는 세이카를 초빙하고자 하였으나, 세이카는 사양하고 대신 제자인 하야시 라잔(1583~1657)을 추천하였다. 이에야스는 라잔에게 머리를 깎고 출사하도록 명령하였다. 전통적으로 막부의 고문으로는 승려를 썼기 때문이다. 즉, 유학자의 자격으로서가 아니라 승려의 자격으로 출사하라는 것이었다. 라잔은 그 명령을 따랐다. 나가오 다케시(長尾剛)는 이것을 라잔의 '인간성'과 결부시켜 설명하고 있지만,[32] 당시로서는 어쩔 수 없는 선택이었을 것이다. 이는 당시의 주자학의 위상을 잘 보여주는 일화라고 할 수 있다. 어떻든 라잔의 가문은 이후로 도쿠가와 가문을 대대로 섬기면서 유학이 에도 시대의 관학으로 성립하는 데 큰 역할을 하였다. 1691년에는 성당(聖堂)을 설립하여 공자를 제사 지내고 유학

---

31) 한국일본학회(편), 『일본사상의 이해』, 시사일본어사, 2002, 13쪽.
32) 나가오 다케시, 박규태 옮김, 『일본사상이야기 40』, 예문서원, 2002, 131쪽.

을 가르쳤으며, 일반인들에게도 유학을 보급하기 위해 노력하였다.

그러나 관학이라고는 하지만, 관리의 선발을 유학의 소양에 의해 하지 않았으므로 한계가 있었다. 즉, 유학의 소양이 필수적인 것은 아니었기 때문에 유교적 의례가 사회에 거의 정착되지 못했던 것이다. 또한 성당이 설립된 지 한 세기가 지나서야(1790년) 도쿠가와 막부의 공식 학교로 지정되었다는 것은 유학이 그 시대의 주도적 사상이 되지 못하였음을 보여주고 있다.

3) 현실·실천 지향의 일본 유학의 전개

주자학이 관학으로 채택되었다고 하지만, 에도 시대의 유학이 주자학 일변도로 흐른 것은 아니었다. 나카에 도주(中江藤樹, 1608~1648)는 양명학을 연구하여 일본 양명학의 개조가 되었고, 그 제자인 쿠마자와 반잔(熊澤蕃山, 1619~1691)은 스승을 이어 양명학을 연구하면서 주자학에서 형이상학적 요소들을 배제하고 주자학을 형이하학이라는 입장에서 재정리하였다.[33] 이들은 양명학을 연구하였지만, 양명학만을 연구한 것은 아니었기 때문에 양명학자로 분류하는 것은 문제가 있다는 시각도 있다.[34] 이 시각을 받아들인다면, 그들을 양명학자로 규정하기보다는 중국과 한국에서 받아들인 유학을 일본적 유학으로 전환하는 과정에서 주자학을 비판하기 위한 방법으로써 양명학을 이용했다고 보는

---

33) 한국일본학회(편), 『일본사상의 이해』, 45쪽.
34) 한국일본학회(편), 『일본사상의 이해』, 36쪽. 비토 마사히데, 엄석인 옮김, 『사상으로 보는 일본문화사』, 예문서원, 2003, 183쪽.

것이 타당할 듯하다.

양명학의 정신, 특히 양명학의 중요한 주제의 하나인 지행합일을 가장 실천적으로 보여준 사람은 오시오 헤이하치로(大塩平八郎, 1793~1837)였다. 오시오는 사무라이로 도쿠가와 이에나리(德川家齊, 1773~1841) 시대에 관리를 지냈으며, 사직한 후에는 제자들을 교육하며 저술 활동에 종사하였다. 그러다가 1833년에서부터 1836년까지의 대기근을 만나 사재를 털어 난민들을 구제하는 한편으로 지방 정부에 구제책을 제시하였다. 그러나 지방 정부는 전혀 안중에도 두지 않았다. 이에 오시오는 문하생들과 농민들을 조직하고 무기를 갖추어, 물가를 조작하여 서민들을 울리던 상인들을 습격하고 지방 정부군과 무력으로 충돌하였다. 그러나 정부군에 밀려 반란은 하루 만에 실패하고 오시오는 자살하였다. 그는 실패하였지만, 민중을 구제하겠다는 '마음'의 소리를 따라 '행동'했던 참된 양명학자였다.

과거 시험의 과목이 아니었기 때문에 비교적 자유롭게 주자학을 받아들인 일본의 학자들은 주자학의 형이상학적 측면에 대해서 비판적인 입장을 취하였는데, 그 비판의 근거를 주자학 이전의 한당 유학, 혹은 더 거슬러 올라가 원시유학에서 찾고자 하였다. 이러한 경향의 일군의 학자들을 고학파(古學派)라고 부르는데, 야마가 소코(山鹿素行, 1622~1685), 이토 진사이(伊藤仁齋, 1627~1705), 오규 소라이(荻生徂徠, 1666~1728)가 그 대표자들이다.[35]

소코는 군사학 전문가로서 관념적이라고 판단한 주자학을 비판하고 "공자에게 돌아가자"는 슬로건을 내세웠다. 공자의 『논어』는 일상에서

---

35) 이 책에서 다루는 것은 뒤의 두 사람이다.

실천할 수 있는 도덕을 제시하고 있는 책이라고 보았기 때문이다. 그러나 관학으로서 주자학을 택하고 있던 막부는 소코를 유배형에 처하였다.

진사이는 천도와 인도를 명확하게 나누어 혼동해서는 안 된다고 하면서 우주론을 인성론으로부터 독립시켜 기일원론적 우주론을 보여주었다. 이처럼 기일원론적 우주론을 전개했기 때문에 리의 형이상학적 성격을 완전히 부정하고 리를 기의 조리일 뿐이라고 하였다. 또한 주자학의 중요한 주장 중의 하나인 본연지성을 인정하지 않고 기질지성만을 인정하였다. 한국의 이황이 주자학을 내면적 경(敬)으로 재집대성하였다면, 진사이는 경을 다른 사람에 대한 공경으로 전환시키고 수양론의 핵심을 성실[誠]에 두었다.[36] 결국 진사이는 현실·실천이라는 측면에서 주자학을 수용하고 정착시켰다고 할 수 있다.[37]

현실·실천이라는 측면에서 주자학의 형이상학적 성격을 비판하고 일본적 유학을 건설하려는 노력은 소라이에 와서 그 최종 결실을 맺는다. 우선 소라이는 유학이 성립된 이래 분리된 적이 없던 도덕과 정치의 연결고리를 끊어버린다.[38] 유학의 목적은 천하를 평화롭게 하기 위한 것이지 개인의 도덕적 수양이 아니라는 것이다. 그에 의하면 개인의 도

------

36) 진사이는 "성실이라는 글자는 성인 학문의 두뇌이고, 배우는 사람의 목표이다. 지극하고 크도다, 성인의 도는 성실일 뿐이로다[誠之一字, 實聖學之頭腦, 學者之標的. 至矣, 大哉, 聖人之道, 誠而已矣]."라고 말한다(伊藤仁齋, 『語孟字義』, 井上哲次郎, 蟹江義丸(編), 『日本倫理彙編五 - 古學派の部(中)-』, 東京：育成會, 明治四十一年(二版), 46쪽). 루스 베네딕트는 일본 문화를 분석한 그녀의 유명한 저서 『국화와 칼』에서 "일본인은 모든 '세계'를 지배하는 어떤 한 가지 덕목을 들려 할 때는, '성실'을 택하는 것이 보통이다."라고 말하였다(루스 베네딕트, 김윤식·오인석 옮김, 『국화와 칼』, 을유문화사, 1991, 198쪽).

37) 제1부 제2장 「한국과 일본의 주자학 수용의 특징」 67쪽 참조.

38) 이 점을 가장 잘 보여주는 것이 마루야마 마사오(丸山眞男)의 『일본정치사상사연구』(김석근 옮김, 통나무, 1995)이다.

덕적 수양은 천하를 평화롭게 하기 위한 정치 수단에 불과하다. 이런 입장에서 소라이는 도(道)란 바로 정치를 위한 예·악·형·정인 것이지, 주자학에서 말하는 것과 같은 개인의 도덕적 수양을 위한 형이상학적 도가 아니라고 주장하였다. 이는 인간 개인의 도덕적 지향성을 부정하고 외적 강제력이 있는 예를 가지고 인심을 객관적으로 제어해야 한다는 말이다.[39] 그래서 소라이의 정치사상을 예치사상이라고 부른다.

고학파의 형성으로 주자학을 현실·실천적으로 정리한 이후, 일본의 사상계는 실학이 발전하고, 주자학을 벗어나 일본 고유의 학문에 관심을 가져 국학을 성립시켰으며, 서양의 학문이 동양보다 우수하다고 인식하여 서양의 학문을 적극적으로 수용하여 난학(蘭學)이 유행하였다.[40] 이러한 사상의 흐름은 서양의 학문과 문물을 성공적으로 수용하는 데 도움을 주어, 동양에서 유일하게 일본이 근대화에 성공할 수 있는 바탕을 마련해주었다.

39) 한국일본학회(편), 『일본사상의 이해』, 57쪽.
40) 한국일본학회(편), 『일본사상의 이해』, 60~61쪽.

제2장

한국과 일본의 주자학 수용의 특징

─ 퇴계 이황과 이토 진사이를 중심으로

1. 머리말

일본 외상이 독도를 자기네 땅이라고 주장했다고 해서 우리 한국에서는 규탄대회가 벌어지는 등 시끄럽다.[41] 기분 같아서야 쫓아가서 때려주고 싶겠지만, 그런다고 문제가 해결되는가? 차라리 규탄대회 하느라 소비되는 돈으로 제대로 된 일본연구소 하나 지어야겠다는 생각을 해야 하는 것 아닌가? 일본에서 한국학 관계를 연구해서 밥벌어먹고 사는 사람이 수천 명인데, 우리나라에서 일본에 대한 연구를 전문적으로 하는 사람이 얼마나 되는가? 그들이 우리를 손바닥 들여다보듯이 파악하고 있는데, 우리가 그들을 거의 모르고 있다면 어떤 싸움에서건 이길

---

41) 이 글을 쓴 1996년의 상황이다.

수 없다. 이와 같은 문제의식을 가지고 필자는 한국과 일본의 사상의 특징을 비교해보려는 생각으로, 먼저 주자학이 한국과 일본에 수용되면서 어떠한 특징을 드러내는가를 이 장에서 살펴보려고 한다.

지금은 국제화 시대라서 그런지 각 대학에 일본인 유학생들이 많이 와 있다. 그들의 생활을 유심히 관찰해보면 우리와 다른 점을 꽤 많이 느낄 수 있다. 예를 들어 식당에 같이 간다고 하자. 그들은 자기 것은 자기가 먹으며, 음식 하나하나의 맛을 즐기는 편이다. 반면에 우리 학생들은 반찬을 먹다가 모자라면 다른 사람의 것을 집어먹기도 하고, 반찬을 이것저것 넣어서 비빔밥을 만들어 먹기도 한다. 반면에 종교 생활을 보면 우리가 매우 엄격하게 기독교면 기독교, 불교면 불교, 이렇게 정해져 있는데 반해서, 일본 사람들은 대체로 종교를 대수롭게 여기지도 않고, 기독교 신자로서 불교 예식에 참여하기도 하고 불교 신자로서 기독교 예식에 참여하기도 한다. 우리가 종교 문제로 한 가정이 갈등을 일으키는 경우가 많은 것과는 판이하다. 이는 한국 사람들이 추상적, 이상적인 마음을, 일본 사람들이 구체적, 현실적 몸을 중시하기 때문에 나타나는 결과이다.[42] 쿠로즈미 마코토[黑住眞]는 다음과 같이 말했다.

일본적 사상형은, 이른바 비근한 현실에 섬세한 관심을 쏟는 생활 실용적, 기술적 타입이다. 그것은 일반적으로 사상을 수용하는 방식에 갈등구조가 없으며, 유연하고 신속하지만, 타면으로는 원리적인 것에 대한 심각한 질문을 결여하고 있다. (중략) 그들은 설정된 마케팅이라는 목적을 위한 계산은 매우 정밀하고 신속하게 해내지만, 어떠한 원리와 목적을 위하여 일본이

---

42) 이기동, 『사상으로 풀어보는 한국경제와 일본경제』, 천지, 1994, 32~37쪽 참조.

살아야 하는가 하는 문제는 아무도 말하지 않는다.

조선적 사상형은, 고매하고 원대한 사태에 대하여 다이나믹한 관심을 쏟는 원리적 타입이다. 그것은 '리(理)'에의 추구가 깊은 만큼 오히려 갈등도 많다. 때로는 관념이나 이념에 사로잡혀 비근한 현실을 은폐해버리고, 관념과 현실의 분열에 찢겨버릴 수도 있다.[43)]

그러면 이러한 특징들이 한국의 퇴계 이황과 일본의 이토 진사이에게서 어떻게 구체적으로 드러나는지 검토해보기로 하겠다.[44)] 서술의 편의상 퇴계가 주자의 설을 그대로 받아들이고 있는 부분에 대해서는 중복해서 언급하지 않고 바로 이토 진사이의 설을 언급하기로 하겠다.

2. 우주론의 수용

정이천은 『주역』의 "한 번 음이 되고 한 번 양이 되는 것을 도라고 한다[一陰一陽之謂道]"는 문장을 해석하면서 '한 번 음이 되고 한 번 양이 되는 것' 자체를 도로 보지 않고 '한 번 음이 되고 한 번 양이 되게 하는 것[所以一陰一陽]'을 도로 보았다. 『주역』「본의」에서 주자는 "한 번 음이 되고 한 번 양이 되는 것을 도라고 한다."는 문장을 설명하여 "음양이

---

43) 김용옥 엮음, 『삼국통일과 한국통일(상)』, 통나무, 1994, 363쪽.
44) 이 두 사람이 주자학의 한국적 수용과 일본적 수용을 가장 잘 대표한다고 생각하여 선택하였다. 이토 진사이는 일반적으로 고학파로 분류되지만, 고학이 "주자학의 일본적 정착"이라고 할 수 있다는 점에서, 그리고 그야말로 주자학의 일본적 정착과정을 "완성했다"는 점에서 그를 선택한 것이다.[이기동, 『동양삼국의 주자학』, 정용선 역, 성균관대학교 출판부, 1995, 15쪽, 297쪽 참조.]

번갈아 움직이는 것은 기이고, 그 이치는 이른바 도이다."라고 해서 '한 번 음이 되고 한 번 양이 되게 하는' 리가 바로 도라고 말하고 있다. 주자가 그의 도 개념을 정립하면서 이천의 관점을 받아들이고 있음을 알 수 있다. 그는 또 다음과 같이 말하고 있다.

『주역』에 "한 번 음이 되고 한 번 양이 되는 것을 도라고 한다."라고 말했는데, 이것은 리와 기를 겸해서 말한 것이다. 음양은 기이고 한 번 음이 되고 한 번 양이 되는 것은 리이다. "한 번 닫히고 한 번 열리는 것을 변화라고 한다."는 말과 같으니, 닫힘, 열림 자체는 변화가 아니고 '한 번 닫히고 한 번 열리는 것'은 변화인 것이다. 음양은 도가 아니고 음양이 되게 하는 것이 도이다.[45]

즉, 열림, 닫힘 자체가 변화가 아니고 '한 번 열리고 한 번 닫히는 것'이 변화이듯이, 음양 자체는 도가 아니고 기이지만 한 번 음이 되고 한 번 양이 되게 하는 것은 도이고 리라는 것이다. 결국 주자는 『주역』의 "한 번 음이 되고 한 번 양이 되는 것을 도라고 한다."라는 말을 해석하면서 리기론을 도입하여 한 번 음이 되고 한 번 양이 되는 과정 자체를 도로 보지 않고 그렇게 되게 하는 원리[所以]를 도로 본 것이다.[46]

---

45) 『性理大全』(保景文化社, 1988(再版)) 「性理六 道」 563쪽 : 易說一陰一陽之謂道, 這便兼理與氣而言. 陰陽氣也, 一陰一陽則是理矣. 猶言一闔一闢謂之變, 闔闢非變也, 一闔一闢則是變也. 蓋陰陽非道, 所以陰陽者道也. 이 문장의 논리를 그대로 따른다고 하더라도 한 번 닫히고 한 번 열리는 것이 변화이듯이 한 번 음이 되고 한 번 양이 되는 과정 자체를 도로 해석할 수 있는 여지가 있다. 그럼에도 주자는 '소이(所以)'라는 말을 추가함으로써 도를 기인 음양과 분리하여 리에 속하게 하였다.

46) 이 장에서 주자에 대한 설명은 필자의 『대진 : 청대중국의 고증학자이자 철학자』(성균관대학교 출판부, 2000)에서의 서술과 겹친다. 비교 서술을 위해서는 부득이한 일이므로 독자 여러분의 혜량을 바란다.

진사이는 주자가 음양이 도가 아니고 음이 되고 양이 되는 '원리'를 도라고 한 것은 잘못이라고 비판하고, 한 번 음이 되고 한 번 양이 되어 왕래하여 마지않는 것이 곧 도라고 하였다.[47] 이는 "천지의 사이는 하나의 원기일 뿐이다."[48]라고 하여 도의 '형이상학적 해석을 배제'하는 그의 기일원론적 우주론을 잘 보여주는 것이다.

또 주자는 『주역』의 "형이상자를 도라고 하고 형이하자를 기라고 한다[形而上者謂之道, 形而下者謂之器]."는 문장을 해석하면서, 형이상을 '우리의 감각에 주어지는 경험 세계를 넘어서는'[49] 리로 파악하고 형이하를 우리의 감각에 주어지는 경험 세계 안에 존재하는 기로 파악하였다. 이 형이하인 기는 유형인 것과 무형인 것을 포함한다. 그는 다음과 같이 말하였다.

천지 사이에는 리도 있고 기도 있다. 리라는 것은 형이상의 도(道)이고 만물을 낳는 근본이다. 기라는 것은 형이하의 기(器)이고 만물을 낳는 도구이다. 그러므로 사람과 만물이 생겨남에 반드시 이 리를 부여받은 후에 성이 있고 반드시 이 기를 부여받은 후에 형체가 있는 것이다.[50]

이와 같이 형체가 있는 것이 기이지만 형체가 없는 것일지라도 우리의 감각에 주어지는 경험 세계 안에 있는 것은 모두 기이다. 예를 들어 소

---

47) 『語孟字義』: 考亭以謂陰陽非道, 所以陰陽者是道, 非也. 陰陽固非道, 一陰一陽往來不已者, 便是道.

48) 『語孟字義』: 天地之間, 元氣而已.

49) 한국철학사상연구회(편), 『철학대사전』, 1,450쪽.

50) 『朱子大全』卷58「答黃道夫」: 天地之間, 有理有氣. 理也者形而上之道也, 生物之本也. 氣也者形而下之器也, 生物之具也. 是以人物之生, 必稟此理然後有性, 必稟此氣然後有形.

리나 냄새는 만물 중에 가장 미묘해서 형체가 없지만 기는 있는 것이다.

진사이는 주자가 도를 형이상으로 해석하는 데 반대하고, 기의 작용 자체가 바로 도라고 하였다. 그는 다음과 같이 부채의 예를 들고 있다.

부채에 비유해보면, 바람을 일으키는 것이 도(道)이고 종이와 부채살의 종류는 기(器)이니, 이는 타 오르는 것이 불의 도이고 적셔 내려가는 것이 물의 도이다라고 말하는 것과 같다. 주자의 의미는 '부채가 바람을 일으키는 것이 기(器)이고, 바람을 일으키게 하는 이치가 도(道)이다'라고 한 것이니, 그르다. 어찌 기(氣)를 가리켜 기(器)로 삼을 수 있겠는가?[51]

즉, 부채가 바람을 내는 것이 바로 도이지, 바람을 내게 하는 이치가 따로 있어서 그것을 도라고 하는 것은 아니라는 것이다.

천도와 인도의 관계에 대해서는 중국철학사상 다양한 견해들이 있어 왔다. 그것들을 대략 두 갈래로 나누어보면 하나는 천도는 인도가 마땅히 본받아야 할 모델이며 인도는 천도에 대한 모방을 통하여 결정되는 것이라고 생각하는 법천설(法天說)이고, 다른 하나는 천도와 인도가 서로 관계없다고 주장하는 분리설(分離說)이다.[52] 주자는 위의 분류에 의하면 법천설의 계열에 속한다고 말할 수 있다. 주자는 『중용』의 "하늘이 명한 것을 성이라고 하고 성를 따르는 것을 도라고 한다."는 말을 주석하여 이렇게 말했다 : "명은 명령하는 것과 같다. 성은 곧 리이다. 하늘이 음양오행으로 만물을 화생함에 기로써 형체를 이루고 리 또한 부

---

51) 『語孟字義』: 譬諸扇, 其生風是扇之道, 紙骨之類是器, 猶言炎上是火之道, 潤下是水之道也. 朱子之意以爲扇之生風是器, 其所以生風之理是道, 非也. 豈可指氣而爲器乎?

52) 馮寓, 『천인관계론』, 김갑수 역, 신지서원, 1993, 196쪽.

여되니 명령하는 것과 같다. 이에 사람과 사물의 생이 따라서 각각 부여받은 리를 따라 건순, 오상[인·의·예·지신]의 덕을 삼으니, 이른바 성이라는 것이다. 솔은 따르는 것이다. 도는 길과 같다. 사람과 사물이 각각 성의 자연을 따른즉 일용사물의 사이에 각각 마땅히 행해야 하는 길이 있지 않음이 없으니, 이것이 이른바 도이다."[53] 하늘의 도인 리가 사람에게 부여되어 건순, 오상의 성이 되는데 그것을 따르는 것이 도라는 것이다. 그러므로 주자는 인도를 결국 인간에 내재되어 있는 천도[리]를 따르는 것으로 파악하고 있다.

한국의 주자학에서는 "천과 인간 간에 일체의 매개자를 생략하고 천과 인간을 무매개적으로 결부하고 있는"[54] 목은 이색 이래의 천인무간(天人無間)의 전통이 이퇴계가 "한 사람의 마음은 곧 천지의 마음이고, 한 개인의 마음이 곧 천만인의 마음이다."라고 표현하듯이, 천아무간(天我無間)으로 응집되어 천은 우리의 천으로서 절실한 철학의 대상이 되고 우리는 철학하는 주체로 등장한다.[55]

진사이는 천도와 인도를 명확하게 나누어 보았다. 그는 다음과 같이 말하고 있다.

「설괘전」에서 분명하게 말하기를, "하늘의 도를 세워서 음과 양이라고 하고, 땅의 도를 세워서 유와 강이라고 하고, 사람의 도를 세워서 인과 의라고 한다."고 했으니, 섞어서 하나로 해서는 안 된다. 음과 양을 사람의 도라고

---

53) 『中庸』「第一章」: 命猶令也. 性卽理也. 天以陰陽五行化生萬物, 氣以成形而理亦賦焉, 猶命令也. 於是人物之生, 因各得其所賦之理, 以爲健順五常之德, 所謂性也. 率循也. 道猶路也. 人物各循其性之自然, 則其日用事物之間, 莫不名有常當行之路, 是則所謂道也.

54) 이기동, 『동양삼국의 주자학』, 204쪽.

55) 이기동, 『동양삼국의 주자학』, 219~220쪽.

해서는 안 되는 것은 인과 의를 하늘의 도라고 해서는 안 되는 것과 같다.[56)]

이에 대해서 마루야마 마사오는 "음양이라는 자연계의 범주는 오로지 하늘의 길에 속하고, 인과 의라는 도덕적인 범주는 오로지 인간의 길에 속한다. 진사이에 있어서 비로소 우리는 인성론으로부터 일단 독립된 의미에 있어서의 우주론을 말할 수 있게 된 것이다."[57)]라고 의미를 부여하고 있다.

3. 이기론의 수용

주자에 의하면 리는 자연을 자연으로서 있게 해주는 존재 원리[所以然]이다. 그는 리에 의해서 비로소 자연이 성립된다고 생각하였다.

이 리가 있은 연후에 이 기를 낳는다.[58)]

천지가 있기 이전에 분명 이 리가 먼저 있었고, 이 리가 있음으로써 곧 이 천지가 있게 되었다. 만약 이 리가 없었다면, 곧 천지도 없고 사람도 없고 사물도 없고 아무것도 없었을 것이다. 리가 있음으로써 곧 기가 유행하여 만물

---

56) 『語孟字義』: 說卦明說, 立天之道曰, 陰與陽, 立地之道曰, 柔與剛, 立人之道曰, 仁與義, 不可混而一之. 其不可以陰陽爲人之道, 猶不可以仁義爲天之道也.

57) 마루야마 마사오, 『일본정치사상사연구』, 160쪽.

58) 『朱子語類』 卷1「理氣上」: 有是理後生是氣.

을 발육함이 있다.[59]

만일 산하대지(山河大地)가 다 함몰된다고 하더라도 반드시 리는 여기에 있을 것이다.[60]

따라서 주자는 리가 자연의 존재 원리로서 자연이 존재하기 이전에 독립적으로 존재한다는 식으로 생각하고 있다.[61] 이는 그의 "아직 사물이 존재하고 있지 않았던 때에도 이 리는 갖추어져 있었다", "이 일이 있기 이전에 먼저 이 리가 있다."라는 말에서도 단적으로 드러나는 것이다. 이렇게 자연의 존재 원리로서 자연 이전에 존재하고 있는 리는 자연을 형성하면서 거기에 부여된다. 천지가 사물을 낳으면 곧 거기에 그 리가 있다. 주자는 이것을 '리는 하나이지만 나누어져 다른 것[理一分殊]', '달이 모든 강에 비치는 것[月映萬川]'으로 표현하였다.[62]

진사이는 주자의 이른바 리가 있은 이후에 기가 있다든가, 천지가 있기 이전에 분명 이 리가 있었다는 등의 설은 모두 억지로 헤아린 견해에 불과해서[63] 리가 있은 이후에 이 기를 낳는 것이 아니라고 주장하고 있

----

59) 『朱子語類』 卷1 「理氣上」: 未有天地之先, 畢竟也只是理. 有此理, 便有此天地. 若無此理, 便亦無天地, 無人無物, 都無該載了. 有理, 便有氣流行, 發有萬物.

60) 『朱子語類』 卷1 「理氣上」: 且如萬一山河大地都陷了, 必更理却只在這裏.

61) 이것이 중국의 일부 학자들이 주자의 철학을 객관유심주의로 규정하는 이유이다. 任繼愈(主編), 『中國哲學史』, 第三册, 231쪽. 候外廬, 『中國思想通史』, 第四卷(下), 595쪽 참조.

62) 즉, 리(理)가 중세적 사유의 특징의 하나인 초월성을 갖는 것으로 파악되고 있는 것이다. 그리고 리가 '리일분수(理一分殊)', '월영만천(月映萬川)'의 표현에서 보여지듯 개별성과 보편성이 결합되어 나타나고 있는 점에서도 중세적 사유의 특징이 드러나고 있다(守本順一郎, 『일본사상사』(이론과 실천, 1989), 279, 282쪽 참조).

63) 『語孟字義』: 大凡宋儒所謂有理而後有氣, 及未有天地之先, 畢竟先有此理等說, 皆臆度之見.

다.[64] 그는 다음과 같은 재미있는 비유를 들고 있다.

천지가 있기 이전과 천지의 시작을 누가 보았으며 누가 그것을 전해주었
는가? 만약 세상에 어떤 사람이 천지가 아직 열리기 이전에 태어나서 수백
억만세를 살아 눈으로 직접 보고 후세 사람에게 전하여 서로 전해주어 지금
에 이르렀다면 진실로 참일 것이다. 그러나 세상에는 천지가 아직 열리기 이
전에 태어난 사람도 없고, 또 수백억만세를 산 사람도 없으니, 여러 천지개
벽의 설을 말하는 것은 도리에 어긋나는 것이 심하다.[65]

경험할 수 없는 형이상학적인 것에 대해서는 그 설명을 인정할 수 없
다는 것이다. 이렇게 리에 대한 형이상학적인 해석을 부정한 진사이는
리는 기의 조리일 뿐이라고 보았다. 이에 대한 주장은 『어맹자의』의 「천
도」, 「리」 조목에 자주 보인다.[66]

주자학에서 마음[心]은 성(性)과 감정[情], 사려(思慮) · 분별(分別) · 지각
(知覺) 작용을 포괄하는 것이다. 주자는 또 마음을 리기론과 연결지어 설
명하고 있는데, 성은 인간이 부여받은 리이고 성이 발로된 것이 감정이
기 때문에, 실제로는 마음 가운데의 사려 · 분별 · 지각 작용이 기인 것이
다. 이 기는 맑거나 탁한 차이가 있다. 따라서 인간의 성이 밖으로 발로
되어 나올 때 기의 영향을 받아, 있는 그대로 발로되기도 하고 잘못된

---

64) 『語孟字義』: 非有理而後生斯氣.

65) 『語孟字義』: 夫天地之前, 天地之始, 誰見而誰傳之邪? 若世有人, 生於天地未闢之前, 得壽數
百億萬歲, 目擊親視, 傳之後人, 互相傳誦, 以到于今, 則誠眞矣. 然而世無生於天地未闢之前之人,
又無得壽數百億萬歲之人, 則大凡諸言天地開闢之說者, 皆不經之甚也.

66) 『語孟字義』: 所謂理者, 反是氣中條理而已. …… 理以條理言. …… 理是有條理而不紊之謂.

방향으로 발로되기도 한다. 이 잘못된 방향으로 발로되는 것이 바로 인욕이다. 주자는 천리와 인욕을 대립적으로 보고 천리를 잘 발로시키기 위해서는 인욕을 멸해야 한다고 주장했다.

> 사람의 한 마음에 천리가 보존되면 인욕이 없어지고, 인욕이 이기면 천리가 없어진다. 천리와 인욕이 뒤섞이는 일은 없다.[67]

> 성인의 천 가지 만 가지 말은 단지 사람들에게 천리를 보존하고 인욕을 멸하라고 가르친 것이다.[68]

물론 주자는 먹고 마시는 것까지 인욕으로 보고 있는 것은 아니다. 그의 제자가 "마시고 먹는 것에 대해서 어떤 것이 천리가 되고 어떤 것이 인욕이 됩니까?"라고 물었을 때 주자는 "마시고 먹는 것은 천리이다. 달고 맛있는 것을 요구하는 것은 인욕이다."라고 대답하였다. 마시고 먹는 것 자체는 천리에 속한다고 해서 인정되고 있는 것이다. 그러나 주자는 이 마시고 먹는 것을 제외한 대부분의 본능은 인욕이라고 배척하고 있으며, 먹고 마시는 것조차도 달고 맛있는 것을 요구해서는 안 된다고 한다. 오로지 천리의 실현을 위해 인욕은 제거되어야 하는 것이다.[69]

---

67) 『朱子語類』 卷13 「力行」: 人之一心, 天理存則人欲亡, 人欲勝則天理滅. 未有天理人欲夾雜者.

68) 『朱子語類』 卷12 「持守」: 聖人千言萬語, 只是敎人存天理滅人欲.

69) 임계유(任繼愈)는 천리와 인욕에 대한 이러한 주자의 생각이 봉건적 예교(禮敎)를 긍정하고 봉건적 예교의 신비성을 건립한 것을 요구한 것이라고 비판하였다[任繼愈, 『中國哲學史』, 第三冊, 248쪽]. 이러한 금욕주의는 서양에서도 중세적 사유의 특징으로 나타나는 것이다. 신의 영광을 위해 육체의 욕망은 억눌러야 했던 것이다.

반면에 진사이는 리가 사람에게 적용된다는 것 제체를 부정하고 있다. "리라는 글자는 사물에 속하고, 하늘과 사람에게는 관계되지 않는다."[70]는 것이다. 왜냐하면 리라는 글자는 죽은 글자이기 때문이다.[71] 그러므로 진사이는 리라는 글자로는 "사물의 조리를 형용할 수는 있지만, 천지가 생겨나고 변화하는 현묘함을 형용하기에는 부족하기 때문에"[72] 하늘과 사람에 적용할 수 있는 말은 도(道)라고 주장하고 있다.[73]

주자는 기가 우주에 충만해 있으며, 그것이 만물을 구성하는 것이라고 생각하였다. 그는 "천지 사이에 기 아닌 것이 없다",[74] "기의 유행이 우주에 가득 차 있다"[75]라고 하였다. 주자의 이러한 사상은 장재의 기론을 흡수한 것인데, 그것은 바로 기화론적(氣化論的) 자연관(自然觀)이 송대에 이미 일반인들에게 깊이 침투하여 당시의 철학자들이 대부분 인정하는 관점이 되었음을 보여준다. 각 사상가들의 분기점은 기 이외에 또 다른 본원을 인정하느냐의 여부에 달려 있을 뿐이었다.[76]

이 점에서 주자와 이퇴계, 진사이를 비교해보면, 주자와 이퇴계는 기 이외에 또 다른 본원으로서의 리를 인정한 반면에, 진사이는 그것을 인정하지 않았다고 할 수 있다.

주자는 기와 리의 선후에 대해서 세 가지 상이한 입장을 취하고 있다.

첫째는 리가 먼저이고 기가 뒤라는 것이다. 그는 "이 리가 있은 이후

70) 『語孟字義』: 理字屬之事物, 而不係之天與人.

71) 『語孟字義』: 理字本死字.

72) 『語孟字義』: 可以形容事物之條理, 而不足以形容天地生生化化之妙也.

73) 『語孟字義』: 道字屬之天與人.

74) 『朱子語類』卷3「鬼神」: 天地間無非氣.

75) 『楚辭(集注)』(漢文大系二十二), 卷三, 6쪽: 氣之流行充塞宇宙.

76) 장립문(외), 김교빈(외) 역, 『氣의 철학(하)』(예문지, 1992), 56쪽.

에 이 기를 낳는다",[77] "먼저 천리가 있고 곧 기가 있다"[78]라고 말한다.

둘째는 기가 먼저이고 리가 뒤라는 것이다. 그는 "부여받은 것[稟賦]을 논해본다면 이 기가 있은 이후에 리가 따라서 갖추어진다. 그러므로 이 기가 있으면 곧 이 리가 있고 이 기가 없으면 이 리가 없다. 이 기가 많으면 이 리도 많고 이 기가 적으면 이 리도 적다"[79]고 한다. 여기에서 주자가 말하는 리는 사물에 주어진 법칙으로서의 리이며, 첫째의 '리일(理一)'로서의 리에 대비되는 '분수(分殊)'로서의 리라고 할 수 있다.

셋째는 기와 리가 동시에 존재한다는 것이다. 천하에 리 없는 기도 있은 적이 없고, 또한 기 없는 리도 존재한 적이 없으며,[80] 기와 리는 본래 선후로써 말할 수 있는 것이 아니라는 것이다.[81]

이와 같이 주자는 리와 기의 관계를 일원론적으로 파악하기도 하고 이원론적으로 파악하기도 하였다고 할 수 있다. 그런데 이퇴계는 리기이원론으로 파악할 것을 강조하였다. 이는 그가 리기론을 존재론의 입장에서보다는 가치론의 입장에서 받아들이고 있기 때문에 나타나는 결과이다. 즉, 그에게 문제가 되는 것은 인간과 만물이 어떻게 구성되어 있느냐보다는 인간이 어떻게 행동해야 하는가 하는 것이었다. 리와 기가 "떨어지지도 않고 섞이지도 않는다."고 표현할 때, "떨어지지 않는다."는 것은 존재론적 언명이고, "섞이지 않는다."는 것은 가치론적 언

---

77) 『朱子語類』 卷1 「理氣上」: 有是理後生是氣.

78) 『朱子語類』 卷1 「理氣上」: 先有個天理了, 却有氣.

79) 『朱子大全』 卷59 「答趙致道」: 若論稟賦, 則有氣而後理隨以具. 故有是氣則有是理, 無是氣則無是理. 是氣多則是理多, 是氣少則是理少.

80) 『朱子語類』 卷1 「理氣上」: 天下未有無理之氣, 亦未有無氣之理.

81) 『朱子語類』 卷1 「理氣上」: 此(理與氣)本無先後之可言. 그러면서도 주자는 논리적으로 추구해가면 반드시 리가 먼저라고 해야 한다고 말한다.

명이라고 할 수 있다. 즉, 리와 기가 사물을 구성할 때 그것은 떨어질 수 없지만, 가치로 볼 때 지선(至善)인 리와 악의 가능성을 갖는 기는 결코 섞일 수 없는 것이다. 이퇴계가 "떨어지지 않는다."는 것보다 "섞이지 않는다."는 것을 강조한 것은 결국 존재보다 가치를 우위에 두었다는 것이며, 이는 앞서 말한 "원리적 타입"에 가까운 "조선적 사상형"의 특징이다.

리와 기를 가치론의 입장에서 보는 이퇴계는 리가 기보다 가치적으로 우월하다고 분명하게 말하고 있다. "사람의 한 몸은 리와 기를 다 갖추고 있지만, 리는 귀하고 기는 천하다."[82] 그러므로 "군자가 학문을 하는 것은 기질의 편벽됨을 바로잡고 물욕을 막고 덕성을 높여서 크게 알맞고 지극히 바른 도로 돌아가는 것이다."[83]

진사이는 주자의 위와 같은 세 주장에 대해서 특히 첫 번째 주장인 '리가 앞이고 기가 뒤라는 설'에 대해서 비판을 가하고 있는데, 이에 대해서는 앞에서 설명한 것으로 충분하리라고 생각되므로 여기에서 되풀이하지 않는다. 퇴계로부터 일본의 후지와라 세이카에게 수용된 리 우위의 리기론은 하야시 라잔, 쿠마자와 반잔을 거치면서 "리의 형이하학적 성격화가 진행되어, 진사이에 이르면 리의 형이상학적 성격이 완전히 소멸된다."[84]고 할 수 있다.

---

82) 『增補李退溪全書一』: 人之一身, 理氣兼備, 理貴氣賤.

83) 『增補李退溪全書一』: 君子爲學, 矯氣質之扁, 禦物欲而尊德性, 以歸於大中至正之道.

84) 이기동, 『동양삼국의 주자학』, 312쪽.

4. 심성론의 수용

주자에게 있어서 성이란 생물이 가지고 있는 리라고 할 수 있다.[85] 성은 곧 리인데,[86] 리가 마음에 있으면 성이라고 부르기 때문이다.[87] 그런데 천하의 생물은 지극히 미세한 것일지라도 모두 마음을 가지고 있으므로[88] 성은 사람을 포함하여 모든 생물이 가지고 있는 리라고 할 수 있는 것이다.

> 성은 그 전체로부터 모든 생물이 그것을 얻어서 태어난 것을 가지고 말한 것이다.[89]

그렇다면 주자가 말하는 성은 보편적인 것이라고 할 수 있다. 주자가 이렇게 '성이 곧 리이다[性卽理]'라는 명제를 내세운 것은 인간의 마음에서 도덕적 근거를 확보하려는 것이었다. 만물이 리와 기로 구성되어 있는 것처럼[90] 인간의 마음도 리와 기로 구성되어 있는데, 그것이 바로 성과 감정, 사려·분별·지각 작용이라고 본 것이다. 마음은 성과 감정을 통괄하는데[91] 마음이 발하는 감정이 그 근본인 성을 따르게 해야 한다는 도덕적 요구가 주자에게는 있었던 것이다.

....

85) 『朱子語類』 卷4 「性理一」: 人物皆稟天地之理以爲性.
　　『朱子語類』 卷4 「性理一」: 天下無無性之物. 蓋有此物, 則有此性, 無此物, 則無此性.

86) 『朱子語類』 卷4 「性理一」: 性卽是理. 『朱子語類』 卷5 「性理二」82쪽: 性卽理也.

87) 『朱子語類』 卷5 「性理二」: 在心喚做性.

88) 『朱子語類』 卷4 「性理一」: 天下之物, 至微至細者, 亦皆有心.

89) 『朱子語類』 卷5 「性理二」: 性則就其全體而萬物所得以爲生者言之.

90) 『朱子語類』 卷4 「性理一」: 人物皆稟天地之理以爲性, 皆受天地之氣以爲形.

진사이는 주자의 '성즉리'설이 잘못이라고 지적하고, "성이라는 것은 오로지 자기에게 있는 것으로 말한 것이지, 천하 사람이 모두 갖추고 있는 것이 아니다. 이것이 성과 도덕의 구별이다."[92]라고 하여 성을 보편으로 보지 않고 개별로 보았다. 그러면서도 그가 말하는 성은 종류별로 유사한 특징들을 갖는 것이므로 특수로서의 성격도 동시에 지닌다고 할 수 있다. 그에 의하면 성이란 마음이 갖추고 있는 보편적인 리가 아니기 때문에, 심과 성은 전혀 별개의 것이라는 결론도 도출될 수 있다. "심은 심이고 성은 성이라서 가리키는 것이 각각 다르다."[93]는 것이다.

주자의 이론에 따르면 인간도 리와 기에 의해 존재하게 된다. 인간의 성에서 본연의 성은 리이고 기질의 성은 기이다. 그런데 주자는 본연의 성만이―명칭이 나타내는 대로―참된 성이라고 생각하여 '성이 곧 리이다'라는 명제를 내세웠다. '성이 곧 리이다'라고 표현할 때 벌써 기질의 성은 제외되는 점에서 주자학의 '리의 철학'적 성격이 드러나는 것이다. 주자는 본연의 성은 리이므로 사람마다 동일하나[94] 기질의 성은 사람마다 맑거나 밝고 흐리거나 탁한 차이가 있다[95]고 생각하였다. 그래서 기질이 맑고 밝은 사람은 기질의 방해를 받지 않고 리가 그대로 발현되기 때문에 성인이나 현인이 되고, 흐리고 탁한 사람은 기질의 방해를

---

91) 『朱子語類』 卷5 「性理二」 : 心統性情也. 이 말은 원래 장재의 말로 주자는 장재의 이 말이 맹자의 사단설과 함께 마음, 성, 감정에 대한 설로 가장 좋으며[『朱子語類』 卷5 「性理二」 : 橫渠說得最好.], 이천의 성즉리설과 함께 넘겨져도 깨지지 않을 이론이라고 하였다[『朱子語類』 卷5 「性理二」 : 顚撲不破].

92) 『語孟字義』 : 性者, 以專有於己而言, 非天下之所該也. 此性與道德之辨也.

93) 『語孟字義』 : 心自是心, 性自是性, 所指各殊.

94) 『朱子語類』 卷4 「性理一」 : 理固無不善.

95) 『朱子語類』 卷4 「性理一」 : 有淸明昏濁之異.

받아 리가 잘 발현되지 못하기 때문에 어리석은 사람이나 못난 사람이 된다[96]는 것이다. 그러므로 인간의 선악 문제와 연결지어 본다면, 본연의 성은 항상 선한 것이고 기질의 성은 악은 아니지만 악에의 경향성을 갖는 것이고, 또 악은 반드시 기질의 성으로 인해서 생긴다는 결과가 된다.[97] "천지의 성이 이미 선하다면 기품의 성은 어째서 선하지 않습니까?"라는 질문에 대해 주자는 다음과 같이 대답하였다. "리는 진실로 선하지 아니함이 없는데, 기질에 부여되면 곧 맑거나 탁함, 치우치거나 바름, 강하거나 부드러움, 늦거나 빠름 등의 같지 않음이 있다. 기는 강하고 리는 약하기 때문에 리가 기를 관섭하는 것이 불가능하다. 예를 들어 아버지와 아들은 본래 한 기라서 아들은 아버지가 낳지만 아버지가 어질고 아들이 불초하면 아버지가 아들을 관섭할 수 없는 것과 같다. 또 임금과 신하는 동심일체(同心一體)로 신하에 대해서 임금이 명령을 하지만 윗사람이 하고자 하는데 아랫사람이 막으면 윗사람이 일일이 아랫사람들을 독책할 수 없는 것이다."[98] 인간의 마음에서 본연의 성을 제외한 기질의 성은 사려·분별·지각 작용이고, 그것으로 인해 감정이 잘못된 방향으로 움직인 것이 인욕이다. 따라서 주자는 천리를 잘 발현시키기 위해서는 인욕을 멸해야 한다고 주장하였다.

---

96) 『朱子語類』 卷4 「性理一」: 稟氣之淸者爲聖爲賢……稟氣之濁者爲愚爲不肖.

97) 『朱子語類』 卷4 「性理一」: 人之所以有善有不善, 只緣氣質之稟各有淸濁. 이 문장 이외에도 같은 쪽에 있는 문장들을 참조할 것.

98) 『朱子語類』 卷4 「性理一」: 問, "天地之性旣善, 則氣稟之性如何不善." 曰, "理固無不善, 纔賦於氣, 便有淸濁, 偏正, 剛柔, 緩急之不同. 蓋氣强而理弱, 理管攝他不得. 如父子本是一氣, 子乃父所生, 父賢而子不肖, 父也管他不得. 又如君臣同心一體, 臣乃君所命, 上欲行而下沮格, 上之人亦不能一一去督責得他."

사람의 성은 본래 밝지만, 귀한 진주가 흐린 물 속에 가라앉은 것 같아서 빛남을 볼 수가 없다. 흐린 물을 제거하면 귀한 진주가 예전처럼 스스로 빛난다. 스스로 인욕에 가리워져 있음을 안다면 곧 밝은 곳이다.[99]

이퇴계는 본연지성과 기질지성의 구분, 심통성정론 등은 주자의 설을 받아들이면서도, 사단과 칠정의 관계에 대해서는 주자와는 다른 견해를 내세우기도 하였다. 즉, 사단과 칠정을 명확하게 나누어 각각 리와 기에 관련시킨 것이다. 이와 관련하여 기대승(奇大升)과 유명한 사단칠정논쟁을 전개하였다. 이퇴계는 리기불리를 강조하는 입장에서 사단과 칠정을 별개의 것으로 따로 나누어볼 수 없다는 기대승의 논점이 결국은 인욕을 천리로 여기는 병통에 떨어질 수밖에 없다고 비판하였다.[100] 이로써 보면 이퇴계는 사단을 리에 관련시킴으로써 개인의 도덕적 행위의 근거를 확실하게 확보하고자 했음을 알 수 있다. 전호근에 의하면 "이처럼 조선 주자학은 이황과 기대승 간에 일어났던 사칠리기논쟁을 통해 주자학의 기본주제인 리기론과 심성론을 결합시킴으로써 중국 주자학과는 뚜렷하게 구별되는 독자성을 획득할 수 있었던 것이다."[101] 진사이의 경우 성은 개별과 특수를 지칭하므로 본연지성은 인정하지 않고 기질지성만을 인정한다.

주자는 『맹자』를 해석하면서 사람의 성을 인·의·예·지라는 도덕원리로 파악하였다.[102] 이 네 가지는 형체나 그림자가 없어 알 수 없고,

---

99) 『朱子語類』 卷12 「持守」 : 人性本明, 如寶珠沉溺水中, 明不可見. 去了溺水, 則寶珠依舊自明. 自家若得知是人欲蔽了, 便是明處.

100) 『增補李退溪全書一』 407쪽.

101) 한국철학사상연구회, 『논쟁으로 보는 한국철학』, 예문서원, 1995, 198쪽.

그것이 발하여 감정이 되어야 알 수 있는데, 그것이 바로 맹자가 말한 사단인 측은, 수오, 사양, 시비라고 한다.[103] 성을 보편으로 보는 주자의 당연한 결론이라고 할 수 있다.

진사이는 인·의·예·지를 성으로 보지 않고 덕으로 파악하였으며, 인간에게 성으로 주어진 것은 오직 기질지성에 속하는 사단이라고 보았다. 문제는 이 사단을 잘 확충해서 인·의·예·지에 이르도록 하는 것이었다. 마루야마 마사오는 이것을 "진사이에 있어서 인·의·예·지는 본래 그러한 성으로서 인간에게 본래부터 주어져 있는 것이 아니라, 인간이 바로 실현해야 할 것으로 부과된 이데아적 성격을 띠고 있다."[104]고 표현하고 있다.

앞서 말한 대로 주자가 말하는 성은 개별적으로 주어진 보편이다[理一分殊]. 즉, 갑이나 을에게 주어졌다고 해서 성이 달라지는 것은 아니다. 그런데 그것이 본래대로 잘 발현하느냐 못하느냐 하는 것은 개별적인 기의 차이에 좌우된다고 한다. 그래서 주자가 요구하는 것은 공부를 통해 기질의 방해를 제거하고 본연의 성이 잘 발현되도록 하라는 것이었다.[105] 그것은 '처음의 상태를 회복하는 것[復其初]'이다.

인간에게 보편적으로 주어지는 본연지성으로서의 성을 부정하는 진사이의 성선의 의미는 같은 성선이라는 말을 쓰더라도 주자와 같을 수 없다. 그는 먼저 맹자의 성선설이란 기질에 관련해서 논한 것이라고 말

---

102) 『朱子語類』 卷4 「性理一」 : 在人仁義禮智, 性也.

103) 『朱子語類』 卷6 「性理三」 : 性無形影可以摸索, 只是有這理耳. 惟情乃可得而見. 惻隱, 羞惡, 辭遜, 是非, 是也.

104) 마루야마 마사오, 『일본정치사상사연구』, 165쪽.

105) 『朱子語類』 卷4 「性理一」 : 若功夫未到, 則氣質之性不得不重. 若功夫至, 則氣質豈得不聽命於義理.

하고, 인간이 네 가지 실마리[四端]를 가지고 있는 것이 바로 성선의 증거이며, 그것을 확충하는 것이 중요함을 강조하고 있다. 그것을 확충하는 것이 바로 학문이다. 인간의 성이 선하더라도 학문을 통해 확충하지 않으면 성선이라고 해도 믿을 수 없고, 학문하는 노력도 성선이 아니라면 처음부터 쓸모없다는 것이다.

5. 수양론의 수용

주자가 말하는 학문의 방법은 궁리(窮理)와 거경(居敬)이다.[106] "원래 궁리는 『주역』「설괘전」의 '이치를 끝까지 탐구하고 본성을 다하여 천명에 이른다[窮理盡性以至於命]'[107]에서 나온 것으로 만물의 이치를 끝까지 탐구함을 의미하며; 거경은 『논어』「옹야」편의 '경건하게 거하며 간소하게 행한다[居敬而行簡]'[108]에서 나온 것으로 그 뜻은 '스스로 경건하게 처신하는 것이며' 주자의 주에 따르면 마음에 주관이 확고하게 서는 것이다."[109]

주자의 궁리는 구체적으로 말하면 격물치지(格物致知)이다.[110] 주자는 격(格)을 '이르다[至]', '다하다[盡]'로 풀이했다.[111] 천하의 모든 사물에

---

106) 『朱子語類』 卷9「論知行」 : 學者工夫, 唯在居敬窮理二事.

107) 『周易』(成均館大學校大東文化研究院, 1984)「說卦傳」646쪽.

108) 『論語』「雍也」.

109) 한국철학사상연구회(편), 『철학대사전』, 1,488쪽.

110) 궁리는 좁은 의미로는 격물에만 해당되는 것이겠으나, 거경과 함께 쓰일 때의 궁리는 치지까지 포함하는 넓은 의미로 쓰이고 있다고 보아 이 책에서는 후자의 의미로 쓰도록 하겠다.

이르러 그 사물의 이치를 다하는 것이 격물이라는 것이다. '다한다[盡]' 라는 것은 이치를 연구하는 것뿐만 아니라 실천하는 것까지 포함한다. 또 주자가 말하는 '사물의 이치를 연구한다는 것'도 사실 사물 자체의 이치에 대한 연구라기보다는 내 마음에 성으로 갖추어진 인·의·예·지의 이치를 사물상에 나아가서 확인한다는 의미에서의 '연구'가 가장 중심이 되는 것이었다. 그러므로 주자의 격물은 사물 자체의 이치를 추구하여 경험적 지식을 확장하려는 것이 아니고, 선험적으로 주어진 내 마음의 도덕원리(인·의·예·지)를 사물에서 확인하는 것이다.[112]

또한 주자는 '치(致)'를 '미루어나감[推出]'으로 풀이했다. 이미 알고 있는 것으로부터 미루어서 알지 못함이 없는데 이르는 것이 앎을 이루는 것[致知]이라는 것이다. 주자가 말하는 앎[知]은 경험적 앎이 아니라 "어버이를 사랑할 줄 알고 형을 공경할 줄 알며 굶주리면 먹기를 구할 줄 알고 목마르면 마시기를 구할 줄 아는"[113] 본래 가지고 있는 앎이다. 대상의 연구를 통해서 천하의 만물이 인·의·예·지의 도리를 가지고 있음을 확인하고 그것이 내 마음에도 존재함을 알아 실천해 나가는 것이 주자의 '앎을 이루는 것'이다. 주자가 선험적이고 연역적인 학문의 방법을 취하고 있음을 볼 수 있다.

다음으로 거경에 대해서 살펴보겠다. 주자에 의하면 경에는 두 가지

---

111) 『朱子語類』 卷15 「大學二 經下」.

112) 노사광(勞思光)은 주자의 "격물은 여전히 경험지식의 뜻을 취하려고 탐구하는 것이 아니다. 또 격물의 목적도 경험세계에 대한 객관적 이해를 추구하는 것이 아니다. 또 경험과학의 앎을 추구하기 위하여 앎을 추구하는 것과도 사실 같지 않다. 이 때문에 주희의 학설을 찬성하든 반대하든 간에 무릇 주희의 격물이 과학연구에 가깝다고 인정하는 것은 모두 커다란 오류에 속한다"고 말하고 있다[勞思光, 『중국철학사(3권)』, 정인재 역, 탐구당, 1988(3판), 360~361쪽].

113) 『朱子語類』 卷15 「大學二 經下」: 物莫不有理, 人莫不有知. 如孩提之童, 知愛其親, 及其長也, 知敬其兄, 以至於飢則知求食, 渴則知求飲, 是莫不有知也.

종류가 있는데, 하나는 발로되지 않은 경우, 즉 마음에 있는 경우이고, 다른 하나는 이미 발로된 경우, 즉 일을 처리하는 경우이다.[114) 마음에 있는 경우는 수렴하여 흩어지지 않게 하는 것이며[主一無適], 항상 깨어 있어[115) 마음에 망령된 생각이 없는 것이다.[116) 다음으로 일을 처리하는 경우에는 "일에 따라 전일(專一)하게 하고, 삼가고 두려워하여 방일(放逸)하지 않아"[117) 망령된 행동이 없는 것이다.[118)

위와 같이 주자는 수양론에서 거경과 궁리의 두 측면을 강조하였다. 이퇴계는 주자의 이 수양론을 수용하면서, 궁리의 측면을 무시했다고는 할 수 없지만, 거경을 더욱 중시하였다. 그가 66세 때에 왕에게 올린 『성학십도(聖學十圖)』는 그의 사상을 종합적으로 나타내주고 있는 것인데, 거기에서 퇴계는 "이 열 가지 도표는 모두 경을 주로 삼았다."[119)고 하여, 그가 경을 학문의 중심에 놓고 있음을 보여주고 있다. 그러므로 다카하시 스스무(高橋進) 교수는 퇴계가 주자학을 경을 중심으로 "재집대성"했다고까지 표현하고 있다.[120)

이퇴계는 거경을 사단이 아직 발로되지 않은 상태에서의 존양과 이미 발로된 상태에서의 성찰로 나눈다. 그는 다음과 같이 말하고 있다.

114) 『朱子語類』 卷17 「大學四 或問上」 : 大抵敬有二, 有未發, 有已發.

115) 『朱子語類』 卷17 「大學四 或問上」 : 苟是敬時, 自然主一無適, 自然整齊嚴肅, 自然常惺惺, 其心收斂不容一物.

116) 『朱子語類』 卷12 「持守」 : (敬) 只是內無妄思.

117) 『朱子語類』 卷12 「持守」 : (敬) 只是隨事專一, 謹畏, 不放逸.

118) 『朱子語類』 卷12 「持守」 : (敬) 外無妄動.

119) 『增補李退溪全書一』 203쪽 : 玆十圖皆以敬爲主焉.

120) 高橋進, 『이퇴계와 경의 철학』, 안병주 · 이기동(역), 신구문화사, 1986, 27~29쪽 참조.

아직 발로되지 않았으면 삼가고 두려워해야 하는 경우이고, 이미 발로되었으면 몸소 살피고 정밀하게 살펴야 할 때이다. 그것이 이른바 깨우치고 이끌며 비추어 인도하는 노력을 하면 아직 발로되지 않은 것과 이미 발로된 것 사이를 관통하여 단절되는 것을 용납하지 않는다는 것이니, 곧 이른바 경이다.[121)]

그런데 이 존양이나 성찰은 철저히 내면적이라는 데 주의해야 한다. 다른 사람과의 관계에서도 경은 다른 사람을 살피는 것이 아니고 스스로를 살피는 것이다.

배우는 사람이 진실로 경을 지니는데 한결같이 하여 이해와 욕심에 어두워지지 않고 더욱 여기에 근신을 이루어 아직 발로되지 않은 경우에는 존양의 노력을 깊이 하고 이미 발로된 경우에는 성찰의 익힘을 익숙히 하여 참이 쌓이고 힘을 오래 써서 그만두지 않을 수 있다면 이른바 정일집중(精一執中)의 성학과 존체응용(存體應用)의 심법이 모두 밖에서 구하기를 기다리지 않아도 여기에서 구할 수 있다는 것이다.[122)]

그런데 진사이에 이르면 이 경은 다른 사람과의 관계에서 갖는 태도로 변화한다. 그는 다음과 같이 말하고 있다.

---

121) 『增補李退溪全書一』 486쪽 : 未發則爲戒愼恐懼之地, 已發則爲體察精察之時. 而所謂喚醒與提起照管之功, 則通貫乎未發已發之間, 而不容間斷者, 卽所謂敬也.

122) 『增補李退溪全書一』 205~206쪽 : 學者誠能一於持敬, 不昧理欲, 而尤致謹於此, 未發而存養之功深, 已發而省察之習熟, 眞積力久而不已焉, 則所謂精一執中之聖學, 存體應用之心法, 皆可不待外求而得之於此矣.

경이란 존숭하여 받드는 것을 말한다. 살펴보면 옛날 경서에서는 혹 하늘을 공경한다고 말하고, 혹 귀신을 공경한다고 말하고, 혹 임금을 공경한다고 말하고, 혹 어버이를 공경한다고 말하고, 혹 형을 공경한다고 말하고, 혹 다른 사람을 공경한다고 말하고, 혹 일을 공경한다고 말했으니, 모두 존숭하여 받드는 뜻이지 하나도 아무 일 없이 다만 경이라는 글자를 지킨다는 것을 이른 것이 없다.[123]

그렇다면 진사이에게는 경이 이퇴계에서처럼 내면적(대자적)인 것이 아니고 대타적인 것으로 전환한 것이라고 볼 수 있다.[124] 그래서 그는 수양론의 핵심을 경에 두지 않고 성(誠)에 두어 "성학은 반드시 성(誠)을 마루로 삼아야 한다."고 강조하였다. 다음의 인용문은 그것을 극명하게 보여준다.

성(誠)이란 것은 도의 전체이다. 그러므로 성인의 학은 반드시 성을 마루로 삼아야 한다. 그 천 마디 말과 만 마디 말은 모두 사람으로 하여금 성을 다하도록 한 것이다. 이른바 인·의·예·지와 이른바 효·제·충·신은 모두 성을 근본으로 한다. 성실하지 않으면 인은 인이 아니고, 의는 의가 아니고, 예는 예가 아니고, 지는 지가 아니다. 효·제·충·신 또한 효·제·충·신이 될 수 없다. 그러므로 말하기를, "성실하지 않으면 사물이 없다."고 한다. 그러므로 성이라는 한 글자는 실로 성학의 두뇌이고 배우는 사람의 목표이다. 지극하고 크도다. 성인의 도는 성일 뿐이로다.[125]

---

123) 『語孟字義』: 敬者, 尊崇奉持之謂. 按古經書, 或說敬天, 或說敬鬼神, 或說敬君, 或說敬親, 或說敬兄, 或說敬人, 或說敬師, 皆尊崇奉持之意, 無一謂無事徒守敬字者.

124) 이기동, 『동양삼국의 주자학』, 362쪽.

이 성은 일본에서 일반적으로 가장 중시되는 덕목이었다. 루스 베네딕트에 의하면 "일본인은 모두 '세계'를 지배하는 어떤 한 가지 덕목을 들으려 할 때는, '성실'을 선택하는 것이 보통이다. 오쿠마(大隈) 백작은 일본의 윤리를 논하여 '마코토(성실)야말로 가장 긴요한 가르침으로, 여러 가지 도덕적 교훈의 기초는 이 한 마디 말 속에 들어 있다고 말해도 좋다. 우리 나라 고대의 어휘 속에는 마코토라는 한 마디 말을 제외하고는 달리 윤리적 개념을 나타내는 말이 없다.'고 말하였다. 금세기 초엽에 새로운 서구의 개인주의를 구가한 근대의 소설가들 또한, 서구의 신조에 불만을 느끼게 되어, 성실을 유일하고 참다운 '교의'로서 찬미하는 데 노력했다."[126]

이상에서 이퇴계의 수양론이 개인의 내면성을 강조하는 내면적·원리적 측면으로 나아간데 비해서 진사이의 수양론은 타인과의 관계를 강조하는 사회적·생활실용적 측면으로 나아갔음을 알 수 있다. 그래서 진사이는 서(恕)를 해석할 때도 주자와 같이 "자기를 미루어 다른 사람에게 미치는 것(推己及人)"으로 해석하지 않고, "다른 사람을 미루어 자기에게 미치는 것(推人及己)"으로 해석하여 "판단 기준의 코페르니쿠스적 전환"을 이루고 있다.[127] 이렇게 개인의 행동 판단 기준이 타인에게 놓여 있다는 것은 결국 타인들의 집단으로서의 사회가 그 기준이 된다는 말이 된다. 집단과 개인을 동일시하는 성격이 강한 일본인의 특성을

---

125) 『語孟字義』: 誠者, 道之全體. 故聖人之學, 必以誠爲宗, 而其千言萬語, 皆莫非所以使人盡夫誠也. 所謂仁義禮智, 所謂孝弟忠信, 皆以誠爲之本. 而不誠, 則仁非仁, 義非義, 禮非禮, 智非智, 孝弟忠信亦不得爲孝弟忠信. 故曰不誠無物. 是故誠之一字, 實聖學之頭腦, 學者之標的. 至矣大哉, 聖人之道, 誠而已矣.

126) 루스 베네딕트, 『국화와 칼』, 김윤식·오인석 옮김, 을유문화사, 1991, 198쪽.

127) 이기동, 『동양삼국의 주자학』, 364쪽.

엿볼 수 있는 대목이라고 하겠다.

6. 맺음말

이 장은 한국과 일본의 사상적 특징을 비교하기 위해 이퇴계와 이토 진사이를 중심으로 주자학이 한국과 일본에 수용되면서 어떠한 특징을 띠는가를 살펴보려는 목적으로 쓴 것이다.

우주론의 수용에서 주자와 퇴계는 "한 번 음이 되고 한 번 양이 되"게 하는 원리[所以]를 도라고 한 반면에, 진사이는 "한 번 음이 되고 한 번 양이 되는" 자체를 도로 보아 기일원론적 우주론을 보여주었다. 천도와 인도의 관계에 대해서는 주자는 '천인합일'을 말했는데, 퇴계는 "천과 인간 간에 일체의 매개자를 생략하고 천과 인간을 직접 무매개적으로 결부하고 있는" '천인무간'을 강조하였고, 진사이는 천도와 인도를 명확하게 나누어 혼동해서는 안 된다고 함으로써 우주론을 인성론으로부터 독립시키고 있다.

이기론의 수용에서 퇴계는 리와 기의 '섞이지 않음'을 강조하면서 리 우위의 철학을 전개하여 인간의 내면에서 도덕적 실천의 근거를 찾으려고 하였다. 진사이는 리의 형이상학적 성격을 완전히 부정하고 리를 기의 조리일 뿐이라고 보았으며, 더 나아가 리는 사물과 관계되는 글자이지 하늘과 사람과는 관계되지 않는 글자라고 하였다.

심성론의 수용에서 퇴계는 리기론과 심성론을 결합하여 기대승과 사단칠정론을 전개하면서 사단과 칠정을 각각 리와 기에 분속시키고 리의 능동성을 강조함으로써 인간의 도덕적 노력을 촉구하고자 하였다.

진사이는 성을 개별, 또는 특수로 보고 본연지성을 부정하고 기질지성만을 인정하는 기반 위에 성설을 전개하고 있다.

수양론의 수용에서 퇴계는 주자학을 내면적 경(敬)으로 재집대성하였고, 진사이는 경을 대타적인 것으로 전환시키고 수양론의 핵심을 성(誠)에 두었다.

이상 살펴본 바에 따르면 퇴계의 주자학 수용은 주자학의 형이상학적, 원리적 측면을 더욱 발전시킨 것이라고 할 수 있고, 진사이의 주자학 수용은 형이하학적, 생활실용적 기준을 가지고 주자학을 일본적으로 정착시켰다고 할 수 있다. 19세기 말에 일본이 서구화에 성공한 이유 가운데 하나는 바로 이와 같은 일본 사상의 특징에서도 찾을 수 있는 것이다.

大學
中庸

제2부

『대학』·『중용』 해석

제1장

『대학』 해석

1. 머리말

정자가 『대학』은 처음 배우는 사람이 덕에 들어가는 문이자 옛날의 학문의 순서를 보여주는 책이며, 가장 먼저 배워야 할 것이고, 『논어』와 『맹자』가 오히려 그 다음이라고 하여[1] 『대학』의 중요성을 강조한 이래, 『대학』은 성리학에서 가장 먼저 배워야 할 중요한 경전으로 인식되었다. 현재까지도 사서를 배우는 거의 모든 교육기관에서는 『대학』을 맨 먼저 교수하고 있으며, 사서의 편찬 자체도 『대학』을 가장 앞세우고 있다.

그러나 달리 생각해본다면, 원래부터 『대학』이 처음 배우는 사람이 덕에 들어가는 문이자 가장 먼저 배워할 것이었다면, 『대학』이 송대(宋

---

1) 『大學章句』: 子程子曰, "大學, 孔氏之遺書, 而初學入德之門也. 於今可見古人爲學次第者, 獨賴此篇之存, 而論孟次之. 學者必由是而學焉, 則庶乎其不差矣."

代)에 와서야 표장(表章)되었을 리가 없다. 『대학』이 처음 편찬되었을 때부터 처음 배우는 사람들이 가장 먼저 배우는 책이 되었어야 한다. 송대에 와서야 『대학』이 중시되었다는 것은 그야말로 『대학』의 새로운 해석을 통한 재발견이었다고 하지 않으면 안 된다. 그 새로운 해석과 재발견을 가능하게 했던 것은 바로 성리학자들의 도통설(道統說)이었다. 도통설의 핵심은 유학의 도가 공자, 증자, 자사, 맹자를 거쳐 전해져 내려왔다는 것이고, 거기에 따라 공자의 『논어』, 증자의 『대학』, 『자사』의 『중용』, 맹자의 『맹자』가 중시되기 시작하였다. 성리학자들이 이렇게 도통설을 내세운 것은 당시에 득세하고 있던 불교와 도교에 대항하여 유학의 아이덴티티를 재확립하려는 것이었다.

따라서 정자나 주자에 의한 『대학』의 재해석이 시대적 소명에 의한 것이었고, 그 시대적 소명을 충실히 수행해낸 것이었다고 할지라도, 그것이 과연 『대학』의 원의에 부합하는 것인가에 대한 의문은 이후로 계속 제기되었다. 그 대표적인 학자로는 명대의 왕수인(王守仁), 한국의 정약용(丁若鏞), 일본의 이토 진사이, 오규 소라이가 있다.

이 장에서는 일본의 대표적인 고학자라고 할 수 있는 진사이와 소라이가 주자의 『대학』 해석을 비판하고 『대학』의 원의를 밝힌 작업의 궤적을 추적해보고자 한다. 그들이 '『대학』의 원의'라고 제시한 것이 과연 얼마나 '원의'에 가까운 것이었느냐는 새로운 문제가 제기될 수 있을지라도, 『대학』을 해석하는 또 하나의 시각을 분명하게 보여줄 수 있을 것이라고 생각한다. 비교의 기본 텍스트로 사용한 것은 주자의 『대학장구(大學章句)』와 진사이의 『대학정본(大學定本)』, 소라이의 『대학해(大學解)』이다. 세 텍스트를 비교하면서 주자와 진사이·소라이의 생각의 차이를 뚜렷하게 보여주는 항목을 중심으로 논의를 전개하기로 하겠다.

2.『대학』의 저자 : 증자의 문인/제·노(齊·魯)의 유학자

　　주자는 『대학』 전체를 경 1장과 전 10장으로 나누고, 경은 공자의 말을 증자가 서술한 것이고, 전은 증자의 뜻을 문인이 기록한 것이라고 해설하였다.[2) 『대학』의 체제가 삼강령과 팔조목으로 이루어져 있다고 파악하는 주자로서는, 삼강령과 팔조목이 다 제시되어 있는 "대학의 도는 밝은 덕을 밝히는 데 달려 있다[大學之道, 在明明德]" 이하 "박하게 할 데에 도탑게 하는 사람을 있지 않다[其所薄者厚, 未之有也]"까지를 공자가 말한 경으로 보고, 「강고」에 이르기를 '덕을 밝힐 수 있다'[康誥曰, 克明德]" 이하는 공자의 경을 그 제자인 증자가 해설한 전으로 보았던 것이다.

　　소라이는 주자의 견해를 대체로 받아들이는 입장이지만, 공자가 말한 것이라고 해서 경(經)이라고 한 것은 옳지 않고, 『대학』은 경(經)도 아니고 전(傳)도 아니며 기(記)[3)라는 문체라고 주장한다.[4) 예를 들어 『주역』의 십익(十翼)은 공자가 지은 것이지만, 경(經)이라고 하지 않고 전(傳)이라고 하는데, 그것은 문체가 다르기 때문이라는 것이다.[5)

　　그러나 진사이는 「대학비공씨지유서변(大學非孔氏之遺書辨)」에서 『대

---

2)『大學章句』: 右經一章, 蓋孔子之言, 而曾子述之. 凡二百五字. 其傳十章, 則曾子之意而門人記之也.

3)　소라이가 기(記)라고 한 것은 "전장제도에 대한 기술"이라는 의미이다.[금장태, 『도와 덕』, 164쪽 참조]. 소라이에 의하면 경(經)은 대강령이고, 전(傳)은 스승이 전한 것을 제자가 기록한 것이다.『辨名』(東京 : 岩波書店, 1978) 253쪽 : 經者, 大綱領也. …… 至於傳, 乃弟子記其師所傳, 故謂之傳.

4)『大學解』9쪽 : 大學之爲書, 記也, 非經也, 非傳也.

5)『大學解』9쪽 : 孔子作十翼, 猶且謂之傳, 辭殊也. 소라이는 그런 의미에서 공자가 효를 말한 것이라고 해서 『효경』이라고 말한 것도 잘못이라고 비판한다.

학』이 공자와 그 문하에서 남긴 글이라는 것을 부정하였다. 그의 주장의 핵심은 공자의 사상을 가장 잘 드러내고 있는 것은 『논어』와 『맹자』인데, 『대학』의 내용은 위의 두 책과 일치하지 않는다는 것이었다. 그가 자신의 주장을 뒷받침하기 위해 제시한 근거들은 다음과 같다.

1) 『논어』와 『맹자』에서 격물·치지·성의·정심을 언급한 적이 없다. 그러므로 팔조목은 공자와 맹자의 본뜻이 아니다.

2) 『대학』에서 분치·공구·호오·우환이 없어야 한다고 말하는데, 이는 『논어』와 『맹자』에서 말한 것과는 다르다.

3) 『대학』은 "마음이 거기에 있지 아니하면 보아도 보이지 않고 들어도 들리지 않으며, 먹어도 그 맛을 알지 못한다[心不在焉, 視而不見, 聽而不聞, 食而不知其味]."라 하여 제심(制心)을 말하는데, 공자도 제나라에서 소(韶)⁶⁾ 음악을 듣고 삼개월간 고기 맛을 알지 못했고, 안연이 죽었을 때 지나치게 애통해하였다. 그렇다면 공자도 마음을 놓아버린 것을 면하지 못한 것인가? 『대학』의 주장은 마음을 억지로 제재하려는 것으로 『맹자』에서 말하는 고자의 주장과 같다.

4) 공자와 맹자는 인·의·예를 말했지 명덕을 언급한 적이 없다.

5) 맹자는 존심(存心), 양심(養心)을 말했지 정심(正心)을 말하지 않았다.

6) 『대학』은 군주를 대상으로 쓴 것이지, 일반 학자를 위해 말한 것이 아니다.⁷⁾

7) 『대학』에서 성의(誠意)를 말하는데, 성(誠)은 몸에 베푸는 것이지 뜻에 베푸는 것이 아니다.

---

6) 순임금의 음악을 말한다.

7) 주자의 『대학장구』는 군주의 일을 기록한 『대학』을, 재해석을 통해 일반 학자들의 학문 방법을 제시한 책으로 자리매김한 것으로 볼 수 있다. 아래에서 재론.

8) 『대학』이 문왕·무왕·주공의 교훈을 인용하지 않고, 초나라 사
   람의 말을 인용하고 있는 것은 공자와 맹자의 뜻과는 어긋난다.

9) "재물을 내는 데 큰 도리가 있다[生財有大道]."라고 말하는데, "재
   물을 내는 데"에 어찌 "큰 도리"가 있을 수 있겠는가? 공자 문하
   의 말이 아니다.

10) "이것을 일러 나라는 이익을 이익으로 여기지 않고 의로움을 이
    익으로 여긴다[此謂國不以利爲利, 以義爲利也]."는 말은 공자와 맹자
    의 정신에 어긋난다.

또한 진사이는 『대학정본』에서도 『대학』이 증자에게서 나온 것이라
면, 전(傳) 십장이 모두 증자의 말일 것인데, 유독 "증자가 말했다. '열
눈이 보는 바이고 열 손이 가리키는 바이니, 엄하구나![曾子曰, 十目所視,
十手所指, 其嚴乎!]"에서만 "증자가 말했다"라고 한 것을 보면, 『대학』을
증자의 문인이 기록했다는 주자의 말은 믿을 수 없다고 주장한다.[8] 그
런 식의 논리라면 『예기』의 여러 편에 "증자왈"이라는 말이 많은데, 그
편도 증자의 문인이 기록했다고 볼 수 있느냐는 것이다.[9]

이러한 근거를 제시한 진사이는 누구의 손에서 나온지도 모르는 『대
학』을 공자의 말이라고 오해하게 한 주자의 『대학』 해설은 도를 매우 해
치는 것이라고 비판하고 있다. 진사이는 "『대학』은 공자 문하의 저술이
아니다."라는 단순한 사실을 전달하려는 것이 아니라, 이러한 주장을
통해서 『대학』의 경전으로서의 권위를 부정하고, 사서의 하나로 표장하
면서 심지어 『논어』와 『맹자』보다도 앞세우는 정자, 주자를 비롯한 성

---

8) 『大學定本』 14쪽 : 若使此篇果出於曾子之意, 則傳十章皆是曾子之言, 奚獨於此稱曾子曰乎?

9) 『大學定本』 14쪽 : 禮記諸篇, 稱曾子曰者亦多, 豈皆曾子文人之所記哉?

리학자들의 견해를 부정하려는 의도를 드러낸 것으로 보인다. 그러면서 진사이는 『대학』의 저자는 누구인지 알 수 없고, 다만 제나라나 노나라의 여러 유학자들일 것이라고만 추측하고 있다.

3. 『대학』의 체제 : 삼강령·팔조목/삼강령·팔조목의 부정

[자료 1 : 주자의 『대학』 분류]

분류	『대학』 원문	내용 요약
경 일장	大學之道~其所薄者厚, 未之有也	삼강령·팔조목
전 수장	康誥曰, 克明德~皆自明也	명명덕 해석
전 이장	湯之盤銘曰~無所不用其極	신민 해석
전 삼장	詩云, 邦畿千里~沒世不忘也	지어지선 해석
전 사장	子曰, 聽訟吾猶人也~此謂知本	본말 해석
전 오장	此謂知本(格物·致知章 補充)	망실(원래 격물·치지 해석)
전 육장	所謂誠其意者~故君子必誠其意	성의 해석
전 칠장	所謂修身在正其心者~修身在正其心	정심·수신 해석
전 팔장	所謂齊其家者~身不修不可以齊其家	수신·제가 해석
전 구장	所謂治國必先齊其家者~治國在齊其家	제가·치국 해석
전 십장	所謂平天下在治其國者~以義爲利也	치국·평천하 해석

『대학』은 원래 『예기』의 한 편이었다. 이것을 보통 『고본대학』이라고 부른다. 이 『고본대학』을 『예기』로부터 독립시켜 재해석하면서 주자는

순서를 재배치하고 어떤 부분은 빠져 있다고 생각하여 스스로 보충하였다. 재배치의 기준은 삼강령·팔조목이었다. 주자는 『대학』 전체가 삼강령·팔조목이라는 기본 구조로 이루어져 있다고 보고, 『고본대학』을 그에 맞추어 재구성한 것이다. 위의 자료 1은 주자가 재구성한 『대학』의 체제를 도표로 나타낸 것이다. 또한 주자는 『고본대학』에 삼강령·팔조목의 체제를 기준으로 볼 때 핵심적인 격물·치지에 대한 설명이 빠져 있다고 보아, 스스로 「보망장」을 지어 보충하였다.

[자료 2 : 진사이의 『대학』 분류]

분류	『대학』 원문	내용 요약
제일장	大學之道~慮而後能得	삼강령
제이장	康誥曰, 克明德~皆自明也	명명덕 해석
제삼장	湯之盤銘曰~君子無不用其極	신민 해석
제사장	詩云, 邦畿千里~沒世不忘也	지어지선 해석
제오장	子曰, 聽訟吾猶人也~此謂知本 物有本末~近道矣 古之欲明明德於天下者~此謂知之至也	격물·치지 해석
제육장	所謂誠其意者~故君子必誠其意	성의 해석
제칠장	所謂修身在正其心者~修身在正其心	정심 해석
제팔장	所謂齊其家者~身不修不可以齊其家	수신 해석
제구장	所謂治國必先齊其家者~治國在齊其家	제가 해석
제십장	所謂平天下在治其國者~以義爲利也	치국·평천하 해석

진사이는 주자의 삼강령·팔조목설을 거부하고 『대학』이 삼강령·육조목의 체제로 구성이 되어 있다고 보았다. 그래서 『고본대학』을 재구성하면서 주자와는 달리 『대학』의 체제를 재분류하였다. 위의 자료 2는

진사이가 재분류한 『대학』의 체제를 도표화한 것이다. 이 표에서 눈에 띄는 점은 진사이가 주자처럼 『고본대학』에 격물·치지에 대한 내용이 빠져 있다고 보지 않고, 원래의 『고본대학』에 그것이 포함되어 있다고 본 점이다. 즉 표에서 나타낸 것처럼, "子曰, 聽訟吾猶人也~此謂知本", "物有本末~近道矣", "古之欲明明德於天下者~此謂知之至也"가 격물·치지를 서술한 내용으로 파악하고 있는 것이다. 그러나 진사이는 격물·치지는 선후·본말의 차례를 알아 바르게 하는 것이라 하여 팔조목에 포함시키지는 않으며, 『대학』은 삼강령·육조목으로 이루어져 있다고 주장하고 있다. 즉, 성의·정심·수신은 명덕의 지선이고, 제가·치국·평천하는 신민의 지선이라는 것이다.[10] 이에 대해서는 아래에서 재론하기로 하겠다.

[자료 3 : 소라이의 『대학』 분류]

분류	『대학』 원문	내용 요약
제일장	大學之道~知所先後, 則近道矣	대학의 가르침이 갖추어짐
제이장	古之欲明明德於天下者~此謂知之至也	명명덕자는 덕을 힘써야 함
제삼장	所謂誠其意者~故君子必誠其意	근본을 아는 자는 덕을 힘써야 함
제사장	詩云, 瞻彼淇澳~此謂知本	근본을 아는 것이 앎의 지극함
제오장	所謂修身在正其心者~修身在正其心	덕에 힘쓰지 않는 잘못
제육장	所謂齊其家者~身不修不可以齊其家	수신이 근본임
제칠장	所謂治國必先齊其家者~治國在齊其家	치국·제가도 수신이 근본임
제팔장	所謂平天下在治其國者~以義爲利也	혈구·득인·산재

---

10) 『大學定本』 4쪽 : 自誠意至修身者, 明德之至善, 齊家治國平天下者, 新民之至善也.

소라이도 진사이와 마찬가지로 『대학』이 삼강령·팔조목의 체제로 구성되어 있다는 주자의 견해를 받아들이지 않았으며,[11] 격물·치지의 내용이 『고본대학』에 빠져 있다고 생각하지 않았다. 『고본대학』에 빠져 있는 글이 있는 것이 아니라, 그것이 완전한 글이라는 것이다. 위의 자료 3은 소라이가 분류한 『대학』의 체제이다. 이 표에서 눈에 띄는 점은 소라이의 분류가 전적으로 『고본대학』의 순서를 따르고 있다는 점이다. 주자와 진사이가 『고본대학』을 자신들의 주장을 뒷받침하기 위해 재배치하였다면, 소라이는 『고본대학』의 순서를 따르면서 주자의 『대학장구』의 순서 배치와 내용 해설을 비판하고 있는 것이다. 그래서 소라이는 주자의 『대학장구』는 『대학』을 왜곡한 것이고, 『고본대학』이야말로 『대학』의 본래 모습을 보여주고 있다고 판단한다.

4. 『대학』의 성격 : 대인의 학문/태학에서의 양로의례

주자는 『대학장구』 서문에서 "『대학』은 옛날 태학에서 사람을 가르치던 법"[12]이라고 하고, 또 "『대학』이란 대인의 학문"[13]이라고 하였다.

---

11) 소라이는 삼강령·팔조목이 학문의 방법을 서술한 것이라고 보지 않는다. 이는 『대학』을 학자의 학문 과정을 서술하는 책으로 보는 주자와 달리 소라이는 군주가 태학에서 양로의례를 시행하여 백성들에게 효도와 공손을 가르치는 책이라고 완전히 달리 보고 있기 때문에 나타난 결과이다.

12) 『大學章句』 : 大學之書, 古之大學所以敎人之法也.

13) 『大學章句』 : 大學者, 大人之學也.

8세에는 소학에 들어가 물 뿌리고 쓸고 응대하는 법을 배우고, 15세에 이르면 대학에 들어가 궁리·정심·수기·치인의 도를 배운다는 것이다.[14] 주자가 일반적인 교육과정의 하나로 『대학』을 생각하고 있음을 엿볼 수 있다.

소라이는 주자가 『대학』을 대인의 학문이라고 한 것에 대해서 "학문의 도에 대·소가 있다는 말은 듣지 못했다."[15]고 비판하였다. 옛날의 이른바 학문이란 시·서·육예를 배우는 것일 뿐으로,[16] 주자의 분류에 따르면 소학에 해당하는 것이지만, 시·서·육예의 공부라는 것이 소학에 해당하는 일만은 아니라는 것이다.[17] 소라이는 주자가 이러한 견해를 갖게 된 것은 그가 고대의 제도를 이해하지 못하고 후세의 견해로 삼대(三代)를 보았기 때문이라고 보았다.[18] 주자가 『대학장구』의 "서문 가운데 대·소학의 교법으로 말했는데, 모두 그 자신의 의견으로 만든 것이지 옛날의 제도가 아니니 따를 수 없다."[19]는 것이다.

소라이는 『대학』을 태학에서 행한 양로의례를 기록한 서물(書物)로 보았다. 『대학』은 "천자와 제후가 학궁을 세워 그 가운데서 양로 등의 예를 행하여 사람을 가르치는 것을 말한다."[20]는 것이다.

---

14) 『大學章句』: 人生八歲, 則自王公以下, 至於庶人之子弟, 皆入小學, 而敎之以灑掃應對進退之節, 禮樂射御書數之文. 及其十有五年, 則自天子之元子衆子, 以至公卿大夫元士之適子, 與凡民之俊秀, 皆入大學, 而敎之以窮理正心修己治人之道.

15) 『大學解』 7쪽 : 未聞學問之道有大小焉.

16) 『大學解』 7쪽 : 古所謂學, 學詩書六藝而已.

17) 『大學解』 7쪽 : 六藝豈小學所專事哉?

18) 『大學解』 8쪽 : 朱熹酒不深考經傳, 率以後世視三代.

19) 『大學解』 8쪽 : 其序中所言大小學敎法, 皆其意見所造, 非古也, 不可從矣.

20) 『大學解』 10쪽 : 此言天子諸侯所以建學宮行養老等禮於其中敎人者.

양로·향사의 예로 인륜을 밝히는 것이 옛날의 가르침이지, 후세에 한결같이 의리를 강론하는 것을 가르침으로 삼은 것과는 같지 않다.[21]

『대학』의 뜻은 인군을 주로 해서 말했는데, ……주희는 ……사람 사람마다 성인이 되는 것을 주로 해서 말했다.[22]

위의 인용문에서 소라이는 『대학』은 주자가 해설하는 것처럼 공부하는 사람이 학문하는 과정을 서술한 것이 아니라, 천자나 제후가 태학에서 양로의 예를 행하여 사람들을 가르친 것을 서술한 것으로 보고 있다.[23] 군주가 몸소 노인을 봉양하고 태학에서 나이 순서로 앉음으로써 백성들이 분명하게 우리 군주의 덕이 효도와 공손임을 안다는 것이다.[24] 그렇다면 소라이가 『대학』의 주체로 상정하고 있는 것은 공부하는 사람이 아니라 천자와 제후인 것이다.

종묘·조정 위에서는 국인들이 참여하여 볼 수 없고, 들에서 사냥을 하여 군대를 연습하는 것은 효제(孝悌)를 오로지 하지 않는다. 오직 대학의 예는 인군과 세자의 높음으로 국인과 더불어 행한다. 그 예가 작위로 하지 않고 나이로 하는 것이 향인의 자제와 같다. 학궁의 제도는 물로 둘러서 보는 것을 제한하므로, 비록 국인이라도 그 예에 직접 참여하지 않는 사람은 볼 수가 없다. 군주가 행사에서 그 덕을 밝히지 않음이 없는 것이 오직 대학이 지

---

21) 『大學解』8쪽 : 養老鄕射之禮, 所以明人倫也, 古之敎也, 非如後世一以講義理爲敎也.

22) 『大學解』9쪽 : 且其旨主人君以言之 ……朱熹 ……主人人爲聖人言之.

23) 그러므로 소라이는 "대학의 도"를 "대학의 예"로 풀이한다.

24) 『大學解』11쪽 : 人君躬養老齒於學, 則民曉然以知吾君之德爲孝弟也.

극한 것이 된다. 그러므로 이 편에서 특별히 말했을 뿐이다.[25]

군주가 조정에서 행하는 일이나 혹은 야외에 나와서 하는 일은 나라 사람들과 함께 하지 않고, 태학에서의 행사도 일반인들은 참여할 수 없는데, 오직 군주가 태학에 나와서 양로의 예를 행할 때에만 일반 백성들이 참여할 수 있기 때문에, 그것을 통해서 효도와 공손을 배울 수 있다는 것이다. 2절에서 설명한 것처럼, 소라이는 『대학고본』이 완전한 형태라고 보고, 그것을 재배치하고 심지어 「보망장」을 보충하기도 한 주자의 『대학』 이해가 옛 제도에 대한 주자의 오해에서 비롯되었다고 비판하고, 태학에서의 양로의례 거행을 통한 교화라는 『대학』 본래의 의미를 찾고자 한 것이라고 할 수 있다.

5. 명덕 : 내면의 밝은 덕/외면에 드러난 덕

[자료 1 : 『대학』 원문]

大學之道, 在明明德.

[대학의 도는 밝은 덕을 밝히는 데에 달려 있다.]

---

25) 『大學解』 11쪽 : 宗廟朝廷之上, 非國人所與觀, 而田獵於野, 以習軍旅, 不專於孝弟. 唯大學之禮, 以人君世子之尊, 而與國人行之. 其禮不以爵而以齒, 如鄕人子弟然. 學宮之制, 環之水, 以節觀者, 則雖國人不與其禮者, 亦得縱觀之. 故凡人君之行事, 莫有不明其德者, 而唯大學爲其至者. 是以此篇特言之耳.

[자료 2 : 주자의 주석]

大學者, 大人之學也. 明, 明之也. 明德者, 人之所得乎天, 而虛靈不昧, 以具衆理而應萬事者也. 但爲氣稟所拘, 人欲所蔽, 則有時而昬. 然其本體之明, 則有未嘗息者. 故學者當因其所發而遂明之, 以復其初也.

[대학이란 대인의 학이다. '명'은 밝힌다는 것이다. 명덕이란 사람이 하늘로부터 얻어서 텅 비고 신령하여 어둡지 않아 뭇 이치를 갖추어 만사에 응하는 것이다. 다만 기품에 구애되고 인욕에 가리워 때때로 어두워진다. 그러나 본체의 밝음은 일찍이 쉰 적이 없기 때문에, 배우는 사람이 마땅히 그 발로된 것을 따라 드디어 밝혀서 그 처음을 회복한다.]

주자는 자료 2에서 명덕을 해석하여 "명덕이란 사람이 하늘로부터 얻어서 텅 비고 신령하여 어둡지 않아 뭇 이치를 갖추어 만사에 응하는 것이다."라고 하였다. 주자가 명덕을 내면의 덕으로 파악하고 있음을 알 수 있다.

진사이는 명덕을 "성인의 덕이 빛나게 발로되어 어두운 곳과 먼 곳에 이르기까지 비치지 않음이 없는 것을 말한다."[26]고 한다. 주자가 배우는 사람이 자신의 밝은 덕을 밝혀서 다른 사람에게까지 미쳐가는 것을 명덕이라고 한데 반하여, 진사이는 성인이 자신의 덕을 천하에 밝힌다는 뜻으로 풀이하고 있는 것이다. 그 예로 진사이는 『서경』「우서」에서 요임금의 덕을 찬미하여 "빛남이 사방에 입혀지고 위아래에 이른다."[27]고 한 것, 「태서」에서 문왕의 덕을 찬미하여 "해와 달이 사방에 비치는

---

26) 『大學定本』3쪽 : 聖人之德, 光輝發越, 至於幽隱之地, 遐陬之遠, 無所不照.

27) 『書經』「堯典」: 光被四表, 格于上下.

것과 같다,"[28]고 한 것을 든다. 그래서 『대학』의 다음 문장에서 "천하에 밝은 덕을 밝힌다."고 표현했다는 것이다.[29]

주자는 또한 자료 2에서 명덕이 "기품에 구애되고 인욕에 가리워 때때로 어두워지므로, 배우는 사람이 마땅히 그 발로된 것을 따라 드디어 밝혀서 그 처음을 회복한다."고 하였다. 주자의 이와 같은 말에 따르면 밝힌다는 것은 성인의 일이 아니라 배우는 사람에 대해서 말한 것이다.

그러나 진사이는 앞서 말한 『서경』 「우서」 「태서」 등의 말에 따르면 밝힌다는 것은 성인의 덕을 천하에 밝히는 것이므로, 물욕을 제거하여 그 처음을 회복하는 것이 아님이 분명하다[30]고 주자의 견해를 비판하고 있다. 계속해서 진사이는 명덕은 오히려 그 뜻이 크기 때문에 성인의 덕을 찬미할 수 있고, 배우는 사람들이 그 말을 감당하기에는 부족하므로,[31] 『시』·『서』·『좌전』의 시대에는 명덕을 말했지만 공자와 맹자 시대에는 인·의·예·지를 가르침으로 삼고 효·제·충·신을 요점으로 삼아 일반 학생들을 가르쳤다고 주장한다.[32] 그런 의미에서 진사이는 명덕을 일반 사람들의 마음을 지칭하는 용어로 삼은 주자의 명덕에 대한 정의는 잘못되었으며,[33] 그러한 주장은 본래 불교로부터 나온 것이라고 비판하고 있다.[34]

....

28) 『書經』「泰誓下」: 若日月之照臨. 光于四方.

29) 『大學定本』3쪽 : 觀下文所謂欲明明德於天下, 可見矣.

30) 『大學定本』5쪽~6쪽 : 今虞書贊帝堯之德, 而曰克明, 則可知稱聖德之明于天下, 而非除物欲以復初之謂也.

31) 『大學定本』3쪽 : 明德二字, 其義甚大, 唯可以贊聖人之德, 非學者之所能承當.

32) 『大學定本』3쪽 : 明德二字, 多見於詩書左傳, 而至於論孟, 則專以仁義禮智爲敎, 孝弟忠信爲要.

33) 『大學定本』3쪽 : 至於以此爲心之稱, 則失其義益甚矣.

34) 『大學定本』4쪽 : 此虛靈不昧四字, 本出於禪書.

소라이는 주자가 명덕을 "텅 비고 신령스러워 어둡지 않다[虛靈不昧]"고 표현한 것은 근거 없는 말이라고 비판하고 있을 뿐만 아니라, 진사이가 "성인의 덕이 빛나게 발로된 것"이라고 한 것도 옛 뜻에 맞지 않는다고 비판한다. 그러면서 소라이는 '명(明)'을 "일에 시행하여 백성들에게 분명하게 보여주는 것"이라고 정의한다. 이는 앞서 말한 것처럼, 소라이가 『대학』의 성격은 태학에서 양로의례를 행해서 백성들에게 보여주어 가르치는 것이라고 보기 때문에 그에 따른 당연한 주장이다. 배우는 사람이 내면의 덕을 닦아 다른 사람도 그렇게 되도록 하는 것이 명덕이라고 하는 주자의 주장뿐만 아니라, 성인이 자신의 덕을 천하에 밝히는 것이 명덕이라고 하는 진사이의 주장도 태학에서 행하는 양로의례라는 『대학』의 성격을 제대로 표현하지 못하고 있다고 보기 때문이다.

소라이는 "명덕(明德)"을 "현덕(顯德)", 즉 "드러난 덕"이라고 풀이한다. "드러난 덕"이란 "숨은 덕[玄德]"에 대비하여 말한 것으로, 군주의 덕을 지칭한다. "군주의 덕은 높은 지위에 있어서 백성들이 모두 바라보는 바이므로, 한 마디 말을 하거나 한 가지 행동을 하면 뚜렷이 천하 사람들이 모두 알게 되어 숨기기 어렵기 때문에 '명덕'이라고 했다."[35]는 것이다. 반면에 순임금이 임금이 되기 전 아랫자리에 있었을 적에는 성스러운 덕이 있었더라도 백성들이 알지 못하였기 때문에 『서경』에서 "숨은 덕"[36]이라고 일컬었다는 것이다.[37]

진사이가 명덕을 성인의 덕이라고 지칭하는 반면에 소라이는 군주의

---

35) 『大學解』 10쪽 : 君上之德, 崇高之位, 民所具瞻, 出一言, 行一事, 顯然乎天下皆知之, 難可隱蔽, 故謂之明德.

36) 『書經』 「舜典」 : 曰若稽古帝舜. 曰重華協于帝. 濬哲文明, 溫恭允塞, 玄德升聞, 乃命以位.

37) 『大學解』 10쪽 : 方舜之在下, 一鄕之士也. 雖有聖德, 民莫得識之, 故書謂之玄德.

덕이라고 말하고 있다. 이는 평생을 학자로 지낸 진사이와 정치 일선에 나섰던 소라이의 차이가 반영된 것이라고 할 수 있으며, 또 한편으로는 소라이의 정치지향성을 보여주는 것이기도 하다.[38] '명명덕'을 군주가 태학에서 행하는 양로의례를 통해 백성을 가르치는 정치적 행위로 해석함으로써, 주자가 『대학』의 재해석을 통해 일반적인 학문의 행위로 『대학』을 해석하는 것을 전면적으로 부정하고 『대학』의 원의를 살리려고 한 것이다.

6. 신민/친민과 지선

[자료 1 : 『대학고본』 원문]

大學之道…… 在親民.

[대학의 도는…… 백성들과 가까이 하는 데에 달려 있다.]

[자료 2 : 주자의 주석]

程子曰, "親, 當作新." 新者, 革其舊之謂也, 言旣自明其明德, 又當推以及人, 使之亦有以去其舊染之汚也.

[정자가 "'친'은 마땅히 '신'으로 써야 한다."고 했다. 새롭게 한다는 것은 옛 것을 개혁하는 것을 말한다. 말하자면 이미 스스로 그 밝은 덕을 밝히고, 또한 마땅히 미루어 다른 사람에게 미쳐서 그들로 하여금 옛날에 물든 더러움을 제거하도록 하는 것이다.]

---

38) 마루야마 마사오, 『일본정치사상사연구』, 188쪽 참조.

자료 1에서 보는 것처럼 『고본대학』의 원문은 '친'으로 되어 있는데, 자료 2에서 정자는 '친'을 '신'으로 고쳐야 한다고 주장하였다. 이는 백성을 친애해야 할 대상으로 보기보다는 새롭게 해야 할 대상으로 보는 것으로, 치자의 입장에서 피치자인 민(民)을 바라보는 사대부로서의 성리학자들의 시각을 드러내는 것이라고 할 수 있다.[39] 자료 2에서 주자는 정자의 견해를 받아들이면서 "새롭게 한다는 것은 옛 것을 개혁하는 것을 말한다. 말하자면 이미 스스로 그 밝은 덕을 밝히고, 또한 마땅히 미루어 다른 사람에게 미쳐서 그들로 하여금 옛날에 물든 더러움을 제거하도록 하는 것이다."라고 말하고 있다. 진사이도 『대학』의 아래 문장에 '작신민(作新民)'이라는 구절이 나온다는 것에 근거하여, 정자의 '신(新)'자로 고쳐야 한다는 설을 지지하였다.

소라이는 『고본대학』을 따라서 '친(親)'을 그대로 읽는 것이 『대학』의 본의에 맞는 것이라고 주장한다. 『대학』의 예는 나라 사람들 가운데 천한 자들을 군주가 아버지처럼 섬기고, 세자도 그들과 함께 나이를 따져서 처신하여 나라 사람들로 하여금 교화되어 백성들이 아래에서 효(孝)·제(悌)·경(敬)·양(讓)을 행하여 화목하고 또한 윗사람들을 부모처럼 친애하도록 한다는 것이다.[40] 그러므로 소라이는 정자가 '친'을 '신'으로 고친 것을 잘못이라고 비판한다. 백성을 새롭게 한다는 것은 나라를 바꾸는 일이므로 창업(創業)에 해당하고, 『대학』은 수성(守成)하는 군주가 받드는 일이라는 것을 전혀 알지 못했다는 것이다.[41]

---

39) 제3부 제2장, 「주자와 오규 소라이의 『논어』 해석(1)」 194쪽 참조.

40) 『大學解』 10쪽 : 大學之禮, 國人之賤者, 而人君父事之, 世子與之齒, 是親近之而不敢遠之. 又從而孝養之, 親愛之至也. 夫然後國人化之, 而孝弟敬讓行乎下, 百姓親睦, 亦親其上如父母.

41) 『大學解』 11쪽 : 殊不知新民者革命之事, 而大學者守成之君所奉也.

[자료 3 : 『대학』 원문]

大學之道…… 在至於至善.

[대학의 도는…… 지극한 선에 이르는 데 달려 있다.]

[자료 4 : 주자의 주석]

止者, 必至於是而不遷之意. 至善, 則事理當然之極也. 言明明德新民,
皆當至於至善之地而不遷.

[이른다는 것은 반드시 여기에 이르러 옮기지 않는다는 뜻이다. 지극한 선은 일의
이치가 마땅히 그러한 표준이다. 밝은 덕을 밝히는 것과 백성을 새롭게 하는 것이 모
두 마땅히 지극한 선의 경지에 이르러 옮기지 않는다는 말이다.]

자료 4에서 주자는 '지극한 선'을 "밝은 덕을 밝히는 것과 백성을 새
롭게 하는 것이 모두 마땅히 지극한 선의 경지에 이르러 옮기지 않는
것"이라고 말한다. 그렇다면 주자가 삼강령이라고 말하지만, 지선이 셋
중의 한 강령이라기보다는 두 강령의 지선을 지칭하는 것이므로 실제
로는 두 강령인 셈이다.

이 점에서는 진사이의 견해도 주자와 다르지 않다. "『대학』의 도는
이 세 가지에 있는데, 명명덕과 신민 두 가지는 또한 지선에 머무는 것
을 요체로 한다는 것"[42]이다. 지어지선이 명덕·신민의 표적이라고도
말하고 있다.[43] 더 나아가서 진사이는 『대학』 전체의 체제와 관련지어,
성의·정심·수신은 명덕의 지선이고, 제가·치국·평천하는 신민의 지

....

42) 『大學定本』 3쪽 : 大學之道, 在斯三者, 而明明德新民二者, 又以止至善爲要也.

43) 『大學定本』 4쪽 : 止至善, 卽明德新民之標的也.

선이라고 설명한다.[44] 이렇게 『대학』의 체제가 일관되어 있기 때문에 『대학』에 삼강령은 있지만, 팔조목은 없는 것이라고 하여,[45] 진사이는 『대학』이 삼강령, 팔조목의 체제로 이루어져 있다는 주자의 주장을 받아들이지 않는다.

소라이는 군주가 태학에서 양로의 예를 행해서 백성들로 하여금 성인들이 제시한 "효도와 공손이 천하의 지극한 선이 되는 줄을 분명하게 알아 다른 데서 구하지 않는 것"[46]을 지극한 선에 머무는 것이라고 풀이한다.

이상에서 본 것처럼, 진사이는 주자의 견해를 비판적으로 보면서도 항목에 따라서는 따르는 경우가 있지만, 소라이는 비판적으로 보면서 구체적인 항목에서도 따르는 경우가 매우 적다. 소라이는 오히려 진사이의 그러한 부분이 진사이의 철저하지 못한 점으로 보고 진사이조차도 비판한다. 주자학 비판이라는 점에서 소라이가 진사이보다 훨씬 철저한 것이다. 주자학의 지양과 일본 고학의 성립이라는 흐름으로 보면 후대의 소라이에게서 전대의 진사이에게서보다 주자학 비판이 강하게 나타난다는 것은 자연스러운 일이라 할 수 있을 것이다.

[자료 5 : 『대학』 원문]

康誥曰, "作新民." 詩曰, "周雖舊邦, 其命惟新." 是故君子無所不用其極.

「강고」에서 "새로워지는 백성을 진작하여 일으키라."고 하였으며, 『시』에서 "주나라가 비록 옛 나라이나, 그 명이 새롭다."고 하였으니, 그러므로 군자는 그 지극함

---

44) 『大學定本』 4쪽 : 自誠意至修身者, 明德之至善, 齊家至平天下者, 新民之至善也.

45) 『大學定本』 4쪽 : 大學有三綱領, 而無八條目.

46) 『大學解』 13쪽 : 民曉然以知孝弟之德爲天下至善, 而不復它求.

을 쓰지 않는 바가 없다.]

[자료 6 : 주자의 주석]

鼓之舞之之謂作, 言振起其自新之民也. ……自新新民, 皆欲止於至善也.

[고무하는 것을 '작'이라고 말하니, 스스로 새로워지는 백성을 진작하여 일으키는
것을 말한다. ……스스로를 새롭게 하고, 백성을 새롭게 하여 모두 지극한 선에 이르
고자 한 것이다.]

자료 5의 '작(作)'을 주자는 자료 6에서 "고무하는 것을 '작'이라고 말
하니, 스스로 새로워지는 백성을 진작하여 일으키는 것을 말한다."고
해설하였다. 소라이는 주자가 "스스로 새로워지는 백성"이라고 한 것을
비판하고, 이는 혁명 시의 일로서 "옛 풍속을 씻어 새롭게 하여 이 백성
을 새롭게 만드는 것처럼 한다."[47]고 풀이하였다. 소라이는 맹자가 등
문공에게 왕도를 실천하는 사람의 스승이 되라고 권하면서 자료 5의 시
를 인용한 것을 예로 들면서 맹자가 이 시를 인용한 것은 그것이 혁명
시의 일을 말하기 때문이라고 말하고, 옛 사람들이 전거를 인용할 때에
그 본래의 뜻을 잃지 않은 것을 알 수 있다고 하였다.[48]

소라이는 또한 자료 5 『대학』 원문의 "군자는 그 지극함을 쓰지 않는
바가 없다[君子無所不用其極]"는 것을 주자가 문왕이 "스스로를 새롭게 하
고, 백성을 새롭게 하여 지극한 선에 이르고자 한 것"(자료 6)이라고 해
설한 것을 비판하고, '극(極)'이란 바로 '예'로서,[49] 선대의 성왕이 행한

---

47) 『大學解』 26쪽 : 洗其舊俗以新之, 如新造是民然.

48) 『大學解』 27쪽 : 觀於孟子勸滕文公爲王者師, 而引此詩, 亦革命事, 可見古人所引用, 必不失
其義也.

양로의 예를 후세의 군자들이 행하여 이 예가 지선이 됨을 밝힌 것이라고 주장하였다.[50] 앞서 말한 것처럼 군주가 효도와 공손의 덕으로 보여주면 백성은 반드시 지선으로 여겨 다른 것을 구하지 않는다는 것이다. 『대학』의 주체를 임금으로 보는 그의 해석을 전체 『대학』의 해석에 적용하고 있음을 볼 수 있다.

7. 격물 · 치지 : 학자의 궁리/성인의 도

[자료 1 : 『대학』 원문]

知止而后有定, 定而后能靜, 靜而后能安, 安而后能慮, 慮而后能得.

[이를 데를 안 뒤에 정함이 있으니, 정한 뒤에 고요할 수 있고, 고요한 뒤에 편안할 수 있고, 편안한 뒤에 생각할 수 있고, 생각한 뒤에 얻을 수 있다.]

[자료 2 : 주자의 주석]

止者, 所當止之地, 卽至善之所在也. 知之, 則志有定向. 靜, 謂心不妄動. 安, 謂所處而安. 慮, 謂處事精詳. 得, 謂得其所止.

['지'는 마땅히 이르러야 할 바의 곳이니, 바로 지극한 선이 있는 곳이다. 이것을 안다면 뜻이 일정한 방향을 갖는다. '정'은 마음이 함부로 움직이지 않는 것을 말한다. '안'은 처하는 곳에서 편안함을 말한다. '려'는 일을 처리하기를 정밀하고 상세하

---

49) 『大學解』 27쪽 : 極者, 謂禮也.

50) 『大學解』 27쪽 : 斯禮乃先王盛德所建, 以新其民受天命者, 是以後世君子無所不遵用之, 亦以明斯禮之爲至善也.

게 하는 것을 말한다. '득'은 이를 곳을 얻는 것을 말한다.]

자료 2에서 주자는 "뜻이 일정한 방향을 갖는 것"을 '정(定)'이라고 풀이하고 있다. 개인의 마음이라는 면에서 말하고 있음을 알 수 있다. 그런데 소라이는 머물 곳을 안 다음에 정함이 있다는 것은 "사람들이 군주가 양로의 예를 몸소 행하여 지극히 높은 사람으로서 자제의 직에 처하는 것을 보고 다시 의심하지 않는 것"[51]이라고 풀이하였다. 이처럼 소라이는 『대학』 전체를 모두 양로의 예를 행하는 것과 관련지어 풀이하고 있다.

[자료 3 : 『대학』 원문]

物有本末, 事有終始, 知所先後, 則近道矣.

[사물에는 근본과 말단이 있고, 일에는 끝과 시작이 있으니, 먼저 하고 나중에 할 것을 알면 도에 가까울 것이다.]

[자료 4 : 주자의 주석]

明德爲本, 新民爲末. 知止爲始, 能得爲終. 本始所先, 末終所後.

[덕을 밝히는 것은 근본이 되고, 백성을 새롭게 하는 것은 말단이 된다. 이를 데를 아는 것은 시작이 되고 얻을 수 있는 것은 끝이 된다. 근본과 시작은 먼저 해야 할 것이고, 말단과 끝은 나중에 해야 할 것이다.]

주자는 자료 4에서 '명덕'을 '본'으로, '신민'을 '말'로, '지지'를 '시'

---

51) 『大學解』 13쪽 : 人覩其君躬行養老之禮, 以至尊處乎子弟之職, 而不復疑焉.

로, '능득'을 '종'으로 보고, '본'과 '시'를 먼저 하고 '말'과 '종'을 나중에 한다고 주장하였다. 본말과 선후의 관계에 대해서 진사이는 주자의 견해를 받아들인다. '본'을 먼저 하고 '말'을 나중에 하는 것은 당연한 것으로, 성인은 일상생활에서 마땅히 급히 힘써야 할 것을 아는 데 힘쓰지, 알아도 군자에게 해롭지 않은 것은 반드시 알려고 하지 않았다는 것이다.[52] 예를 들어 『맹자』에서 "요임금과 순임금의 지(知)가 만물을 두루 하지 않고 먼저 힘쓸 것을 급히 했다."[53]고 한 것처럼, '본'을 먼저 하고 '말'은 나중에 해도 된다는 것이다. 그러나 주자가 사물의 이치를 다 궁구해야 한다고 말한 것은 이에 배치되는 것으로서 "배우는 사람들로 하여금 요·순·공자도 못한 것을 하도록 하는 것이며",[54] 그 폐단이 심하고 "실로 유학에 큰 재앙을 끼친 것"[55]이라고 강하게 비판하고 있다. 진사이가 이렇게 비판한 것은 성의·정심·수신·제가·치국·평천하라는 실천적인 일에 격물·치지를 앞세운다면 그 실천성을 담보할 수 없다고 보기 때문이라고 생각된다. 그래서 진사이는 주자의 팔조목설을 받아들이지 않으며, 육조목이 있을 뿐이라고 주장하고 있다.

진사이는 격물이란 사물의 이치를 다 궁구하는 것이 아니라, 일의 본말·선후를 살펴서 바르게 하는 것이라고 말한다.[56] 그래서 "古之欲明明德於天下者~致知在格物"[A]는 본·시를 앞세우고 말·종을 뒤로 하는 차례를 말하고, "物格而后知至~國治而后天下平"[B]는 그 효과를

---

52) 『大學定本』13쪽 : 聖人務知人倫日用當務之急者, 而不知而不害爲君子者, 不必求知之也.

53) 『孟子』「盡心上」: 堯舜之知而不徧物, 急先務也.

54) 『大學定本』10쪽 : 若朱氏之所謂, 是强學者, 以堯舜孔子之所不能也.

55) 『大學定本』10쪽 : 實斯道之大厄也.

56) 『大學定本』11쪽 : 格物者, 正先後之謂, 面非窮物理之事也.

말했다는 것이다.[57] 만약 주자처럼 팔조목설을 내세운다면 [A]로 충분하고, [B]는 사족이 되고 만다는 것이다.[58] 더 나아가 진사이는 물과 사를 아래의 성의 · 정심 · 수신 · 제가 · 치국 · 평천하와 관련지어 설명하고 있다. 즉, 물이란 의 · 심 · 신 · 가 · 국 · 천하이고, 사란 성 · 정 · 수 · 제 · 치 · 평이라는 것이다.[59] 또한 이것이 바로 격물치지이기 때문에 주자가 「격물 · 치지」장을 따로 만들어 보충한 것은 지은이의 본뜻을 크게 잃은 것이라고 비판한다.[60]

소라이는 '시'를 먼저 하고 '종'을 나중에 한다는 것은 받아들이지만, '본'을 먼저 하고 '말'을 나중에 한다는 것은 받아들이지 않았다. 나무를 자를 때 뿌리보다 가지를 먼저 자르듯이[61] 공부를 하는 순서는 '말'을 먼저 하고 '본'을 나중에 한다는 것이다. 소라이는 주자가 수신이 근본이라고 말하면서도 격물을 앞세운 것도[62] 바로 말을 먼저 하고 본을 나중에 하기 때문이라고 주장한다. 소라이는 주자처럼 해석한다면 "물유본말(物有本末)"이라는 한 마디 말로 충분하다고 본다.[63] 본과 시가 먼저 하는 것이라면, 본말만 말하면 그에 따라 시종은 저절로 정해지는 것이기 때문이다. 그래서 소라이는 물과 사를 굳이 나눈 것은 본을 나중에 하고 말을 먼저 해야 하는 까닭이라고 말하고 있는 것이다.

---

57) 『大學定本』 11쪽 : 上言其序, 而此言其效.

58) 『大學定本』 11쪽 : 若從章句八條目之說, 則其次序節目, 上文旣盡之矣.

59) 『大學定本』 9쪽 : 物者, 卽下文所謂曰意曰心曰身曰家曰國曰天下六者是也, 事者, 所謂曰誠曰正曰修曰齊曰治曰平六者是也.

60) 『大學定本』 9쪽 : 章句別立釋本末傳, 補格物致知傳, 大失作者之本意.

61) 『大學解』 15쪽 : 仆樹, 根其本也, 然必先伐其條幹, 而後及其根.

62) 『大學解』 15쪽 : 且明言修身爲本, 迺先格物者何也.

63) 『大學解』 15쪽 : 朱熹曰, "本始所先, 末終所後." 果其言是乎? 物有本末, 一言足矣.

소라이에 의하면 '물'은 도의 한 마디로서 스승이 가르치고 제자가 배우는 것이라고 한다.[64] 요즘 말로 한다면 한 과목이라고 말할 수 있다. '물'이라고 말한 것은 선왕의 법언(法言)이 있는 것이 천지에 '물'이 있는 것과 같기 때문에 물이라고 했다는 것이다.[65] 그 예로 소라이는 『주례』의 "향삼물(鄕三物), 사오물(射五物)", 『좌전』의 "예지선물(禮之善物)", 「제통」의 "부제지위물(夫祭之爲物)", 『맹자』의 "순명어서물(舜明於庶物)", "만물개비어아(萬物皆備於我)"를 든다. '사(事)'는 그 과목을 배우는 일이다. 물에 본말이 있는데 본이라고 해서 먼저가 아니고 말이라고 해서 나중이 아니라, 반대로 말을 먼저 하고 본을 나중에 하는 것이기 때문에 물과 사를 동시에 언급했다고 보는 것이다. 그렇지 않다면 "사유종시(事有終始)"라는 말은 의미가 없게 된다. "향삼물(鄕三物)"을 예로 들어보면, 덕행은 본이고 육예는 말이다.[66] 그러나 그렇다고 해서 덕행을 먼저 배우고 육예를 나중에 배우는 것이 아니다. 「내칙」에 의하면 배울 때는 반드시 육예를 먼저 배우게 되어 있는 것이다.[67] 그러므로 "근도(近道)"를 해석할 때 보통 "도에 가깝다"고 풀이하지만, 소라이는 "근(近)"을 특별히 강조하고, "가까이 나아간다."는 뜻으로 풀이한다. 순서를 따라 나아가 도에 가까이 갈 수 있다는 것이다.[68]

---

64) 『大學解』14쪽 : 物者, 道之一節…… 師以此敎之, 弟子以此學之.

65) 『大學解』17쪽 : 自古有先王之法言, 猶天地有物, 故謂之物.

66) 『大學解』15쪽 : 德行爲本, 六藝爲末.

67) 『大學解』15쪽 : 稽諸內則, 學之必由六藝始.

68) 『大學解』15쪽 : 循序以進, 庶可以適道, 故曰近道.

[자료 5 : 『대학』 원문]

古之欲明明德於天下者, 先治其國, 欲治其國者, 先齊其家, 欲齊其家者, 先脩其身, 欲脩其身者, 先正其心, 欲正其心者, 先誠其意, 欲誠其意者, 先致其知, 致知在格物.

[옛날에 밝은 덕을 천하에 밝히고자 하는 사람은 먼저 그 나라를 다스렸고, 그 나라를 다스리고자 하는 사람은 먼저 그 집을 가지런히 하였으며, 그 집을 가지런히 하고자 하는 사람은 먼저 그 몸을 닦았고, 그 몸을 닦고자 하는 사람은 먼저 그 마음을 바르게 하였으며, 그 마음을 바르게 하고자 하는 사람은 먼저 그 뜻을 성실하게 하였고, 그 뜻을 성실하게 하고자 하는 사람은 먼저 그 앎을 지극히 하였으니, 앎을 지극히 하는 것은 사물을 연구하는 데 달려 있다.]

[자료 6 : 주자의 주석]

明明德於天下者, 使天下之人皆有以明其明德也. ……此八者, 大學之條目也.

[밝은 덕을 천하에 밝힌다는 것은 천하 사람으로 하여금 모두 그 밝은 덕을 밝히도록 하는 것이다. ……이 여덟 가지는 대학의 조목이다.]

자료 6에서 주자는 『대학』 원문의 "명명덕어천하(明明德於天下)"를 "천하의 사람들로 하여금 모두 그 밝은 덕을 밝히도록 한다."고 풀이하였다. 그러나 진사이는 세상은 넓고 백성은 무수히 많은데 한 시대의 사람들로 하여금 '허령불매한' 본체를 온전하게 해서 조금도 인욕의 사사로움이 없게 하는 것은 불가능하다고 비판한다.[69]

---

69) 『大學定本』 10쪽 : 四海之廣, 兆民之衆, 豈有能使擧一世之人, 皆全其虛靈不昧之體, 而無一毫人欲之私也.

소라이는 "명명덕어천하(明明德於天下)"를 "천자의 덕을 행사에 베풀어 나라와 국가에 적용하여 천하에 보여주고 천하가 교화되어 효도와 공손이 풍속을 이루는 것"[70]으로, "국(國)"은 "왕기(王畿)"로, "가(家)"는 "왕의 궁중"으로, "신(身)"은 "인군(人君)"으로, 풀이하였으며, 또한 "신수(身修)"는 "예악을 몸에 터득하는 것"으로, "심정(心正)"은 "예에 한결같은 것"으로, "의성(意誠)"은 "자연스러운 것"으로 풀이하였다.[71] 여기에서 말하는 '행사'와 '예'는, 군주가 태학에서 양로의 예를 행하여 백성들에게 효도와 공손을 가르친다는 앞의 내용과 연결해서 파악해보면, 바로 양로의례를 말한다. 소라이가 『대학』의 성격을 태학에서 행하는 양로의례로 파악하고 있다는 것을 다시 한 번 보여주는 해석이라고 할 수 있다.

[자료 7 : 『대학』 원문]

物格而后知至, 知至而后意誠,

[사물이 연구된 이후에 앎이 지극해지고, 앎이 지극해진 이후에 뜻이 성실해진다.]

[자료 8 : 주자의 주석]

物格者, 物理之極處無不到也. 知至者, 吾心之所知無不盡也.

[사물이 연구되었다는 것은 '사물의 이치가 지극한 곳'에 이르지 않음이 없는 것이다. 앎이 지극해졌다는 것은 내 마음이 아는 바가 다하지 않음이 없는 것이다.]

자료 8에서 주자는 '물격(物格)'을 '사물의 이치가 지극한 곳에 이르지

---

70) 『大學解』 16쪽 : 天子之德, 施諸行事, 用諸家國, 以示天下, 天下化之, 孝弟成俗.

71) 이상은 모두 『대학해(大學解)』 16쪽 참조.

않음이 없는 것'으로, '지지(知至)'를 '내 마음이 아는 바가 다하지 않음이 없는 것'으로 풀이하였다. 소라이는 이것이 주자 자신의 생각일 뿐, 전혀 근거가 없는 말이라고 본다. 소라이는 궁리는 배우는 자의 일이 아니고 성인의 일이라고 주장한다. 궁리라는 말은 『주역』에 나오는데, 성인이 『주역』을 만든 것을 찬미한 말이지, 배우는 자의 일이 아니라는 것이다.[72] 도란 수천 년 동안 많은 성인들이 심력과 지혜를 다해서 세운 것인데, 배우는 사람들로 하여금 자기의 마음으로 사물의 리를 구하여 도를 삼게 한다면, 또한 스스로 헤아리지 못하는 것이 심하다는 것이다.[73] 또한 선왕의 가르침을 버리고 따르지 않으며, 자기의 마음으로 사물의 리를 궁구하고자 하면 잘못이라는 것이다.[74] 그래서 소라이는 반드시 선왕의 시·서·예·악의 가르침을 따라 익숙하게 익혀서 저절로 앎을 이루는 것을 "물격이지지(物格而知至)"라고 말한다.[75] 주자가 마음을 이치를 추구하는 방향으로 나아갔다면, 소라이는 객관적으로 성립되어 있는 성인의 도를 따를 것을 주장하는 것을 알 수 있다. 소라이는 주자처럼 마음으로 사물의 리를 추구한다는 것은 결국은 불교에 빠지고 만다고 비판한다.[76] 불타는 성인이 없는 서역에서 태어났기 때문에 홀로 자기의 지식을 써서 궁리를 했을 뿐,[77] 성인을 가진 동방에서

---

72) 『大學解』18쪽 : 且窮理見於易, 迺以贊聖人作易之言, 非學者事矣.

73) 『大學解』18쪽 : 數千載之久, 數十聖人之心力智巧, 而後道立焉者. 若是其艱哉, 而乃俾學者以己心求諸死物之理, 以爲道, 則亦不自揣之甚已.

74) 『大學解』18쪽 : 舍先王之敎而不由, 獨欲以己心窮彼事物之理, 亦可謂妄矣哉. 이러한 견해를 밀고 나갈 때의 위험성에 대해서는 제3부 제2장, 「주자와 오규 소라이의 『논어』 해석(1)」, 184쪽 주 77) 참조.

75) 『大學解』18쪽 : 必遵先王詩書禮樂之敎, 服習之熟, 自然有以致其知, 是之謂格物而知至.

76) 『大學解』19쪽 : 其求必陷於佛氏而後已.

77) 『大學解』19쪽 : 佛生於西域無聖人之邦, 而獨用其知以窮理者也.

는 배우는 사람들이 각각 궁리할 필요가 없다는 것이다.

8. 성의 : 학문 방법으로서의 정성/양로의례에 서의 정성

[자료 1 : 『대학』 원문]

所謂誠其意者, 毋自欺也, 如惡惡臭, 如好好色, 此之謂自謙. 故君子必愼其獨也.

[이른바 그 뜻을 성실히 한다는 것은 스스로를 속이지 않는 것이니, 나쁜 냄새를 싫어하는 것처럼 하며, 아름다운 색을 좋아하는 것처럼 하는 것이다. 이것을 일러 스스로 만족한다고 한다. 그러므로 군자는 반드시 홀로 있을 때에 삼간다.]

[자료 2 : 주자의 주석]

誠其意者, 自脩之首也. 毋者, 禁止之辭. 自欺云者, 知爲善以去惡, 而心之所發有未實也. 謙, 快也, 足也. 獨者, 人所不知而己所獨知之地也.

[그 뜻을 성실히 하는 것은 스스로를 닦는 첫 머리이다. '무(毋)'는 금지하는 말이다. 스스로를 속인다는 것은 선을 행해서 악을 제거해야 한다는 것을 알면서도, 마음이 발로되는 것이 아직 진실하지 못함이 있는 것이다. '겸(謙)'은 상쾌함이며, 만족함이다. '독(獨)'은 다른 사람들은 알지 못하고 , 자기는 홀로 아는 경우이다.]

자료 2에서 주자는 뜻을 성실하게 하는 것이 스스로를 닦는 첫 머리[首]라고 하는데, 이는 격물·치지의 공부를 통해 지식을 얻은 뒤의 수양의 첫 단계라고 보는 의미가 있다. 진사이의 경우는 성의가 공부의 시작이라고 말하는데,[78] 이는 격물·치지는 선후·본말의 차례를 알아 바르게 하는 것으로서 일반적인 학문의 태도를 말할 뿐, 구체적인 공부의 한 단계로 파악하고 있지 않다는 의미이다. 그런 의미에서 진사이는 주자의 팔조목설을 반대하는 것이다.

자료 2에서 주자는 '의(意)'가 '마음이 발로된 것[心之所發]'이라고 하였는데, 진사이는 '의(意)'란 '마음이 생각하는 것[心之所思]'으로 성의란 마음이 생각하는 것을 성실하게 하는 것이라고 보았다.[79] 만약 '의(意)'를 '마음이 발로된 것'이라고 본다면, '마음'이 '본'이 되고 '의'가 '말'이 되며, '마음'이 근원이 되고 '의'가 흐름이 되는데,[80] 그렇다면 『대학』본문에서 "그 뜻을 성실하게 하려면 먼저 그 마음을 바르게 한다."고 했어야 할 것이다. 그런데도 그렇게 말하지 않고 "그 마음을 바르게 하려면 먼저 그 뜻을 성실하게 한다."고 말한 것은 분명 뜻이 먼저이고 마음이 나중이기 때문에 그렇게 말했다는 것이다.[81] 그런데도 불구하고 마음이 발로되는데 나아가서 성실을 구하고자 하면, 생각이 급박하여 성인 문하의 가르침과 같을 수 없다는 것이다.[82] 성인 문하의 배움은 본래 자연스럽게 성대할 수 있는 것이지, 긴급하고 급박하게 굴할 수 없는 것이기 때문이라는 것이다.[83]

일반적으로 자료 1의 "所謂誠其意者毋自欺也"를 "所謂誠其意者, 毋

----

78) 『大學定本』13쪽 : 此大學用功之始.

79) 『大學定本』13쪽 : 誠意者, 誠心之所思也.

80) 『大學定本』13쪽 : 若使意爲心之所發焉, 卽是心本而意末, 心源而意委.

81) 진사이는 천하·국·가·신·심·의가 말로부터 본으로 가는 것이라고 파악한다. 『大學定本』13쪽 : 自天下而國, 而家, 而身, 而心, 而意, 自末之本.

82) 『大學定本』13쪽 : 若欲就心之所發求誠, 則意思局促, 不復似聖門之敎.

83) 『大學定本』13쪽 : 聖門之學, 本可以從容盛大得, 而不可以緊急促迫求之也.

自欺也"라고 끊고, "이른바 그 뜻을 성실하게 하는 것은 스스로 속이지 않는 것이다."라고 해석한다. 그러나 소라이는 이 문장이 "所謂誠其意者"에서 끝나야 한다고 본다. 그 이유는 소라이가 이 장 이하를 태학의 양로의례에서 주고받았던 문답으로 보기 때문이다. 즉, 태학의 양로의례에서 집경(執經)·집강(執講)·집독(執讀)의 직책이 있어서 집강이 묻고 집경이 대답을 하는데, "所謂誠其意者"는 집강의 물음이고 "毋自欺也" 이하는 집경의 대답이라는 것이다.[84]

또한 '자기(自欺)'를 소라이는 태학에서 양로의 예에 참여한 사람이 "마음으로는 그것을 좋아하지 않더라도 애써 좋아하여 온화한 기운과 부드러운 용모를 가지려고 하는 것"[85]을 가리킨다고 하였다. 또한 신독은 선을 좋아하는 성실함을 양로의 예를 행하는 날에 바로 가질 수 없으므로 평소에 삼간다는 것이지,[86] 주자가 자료 2에서 말한 것처럼 "다른 사람들은 알지 못하고, 자기는 홀로 아는 경우"를 말하는 것이 아니라고 한다. 소라이는 주자처럼 '성의(誠意)'를 학문의 방법으로 삼는다면, 마음으로 마음을 다스리는 것으로 눈으로 눈을 보려는 것과 같아서 불가능하다고 비판하고 있다.[87]

---

84) 『大學解』 20쪽 : 釋奠有講學之禮, 立執經執講執讀之官, 執讀釋經, 執講發問, 執經答之.

85) 『大學解』 21쪽 : 雖心不好之, 而勉强好之, 以欲我之有和氣婉容也.

86) 『大學解』 22쪽 : 苟欲好善之有誠, 卽不可襲取於行禮之日, 而在求諸己也.

87) 『大學解』 22쪽 : 朱熹以誠意爲爲學之方 …… 殊不知以心治心, 猶如以目視目, 理所必不能也.

9. 정심 : 마음을 바르게 함/양로의례에의 집중

[자료 1 : 『대학』 원문]

所謂脩身在正其心者, 身有所忿懥, 則不得其正, 有所恐懼, 則不得其正, 有所好樂, 則不得其正, 有所憂患, 則不得其正. 心不在焉, 視而不見, 聽而不聞, 食而不知其味.

[이른바 몸을 닦는 것이 그 마음을 바르게 하는 데에 있다고 하는 것은, 몸에 분하고 노여워하는 바가 있으면 그 바름을 얻지 못하고, 두려워하는 바가 있으면 그 바름을 얻지 못하며, 좋아하는 바가 있으면 그 바름을 얻지 못하고, 근심하는 바가 있으면 그 바름을 얻지 못하기 때문이다. 마음이 거기에 있지 않으면 보아도 보이지 않고, 들어도 들리지 않으며, 먹어도 맛을 알지 못한다.]

[자료 2 : 주자의 주석]

心有不存, 則無以檢其身, 是以君子必察乎此而敬以直之, 然後此心常存而身無不脩也.

[마음이 보존되지 않으면 몸을 검속할 것이 없다. 그러므로 군자는 반드시 이것을 살펴 공경하여 바르게 한 다음에 이 마음이 항상 보존되어서 몸이 닦아지지 않음이 없다.]

『대학』이 공자 문하에서 남긴 책이 아니라고 주장했던 진사이는 정심(正心)의 설은 성인 문하의 학문이 아니라고 단언한다.[88] 성인의 가르침은 오로지 인의를 도로 삼아 인으로 마음을 보존하고 예로 마음을 보존한다는 것이다.[89] 「대학비공씨지유서변(大學非孔氏之遺書辨)」에서처럼 진

----

88) 『大學定本』 15쪽 : 正心之說, 非聖門之學也.
89) 『大學定本』 15쪽 : 聖人之敎 …… 以仁存心, 以禮存心.

사이는 그 증거로 『논어』와 『맹자』에서 정심을 말하지 않았다는 것을 든다. 예를 들어 『논어』에서는 도와 덕을 말했지만 정심을 말하지 않았고,[90] 맹자도 심을 말하기는 했지만, 양심 · 본심이라고 말하여 인의를 행하는 근본을 가리켜 말했을 뿐이라는 것이다.[91] 그런데 지금 『대학』이 인의를 가르침으로 삼지 않고, 마음을 검속해서 자료 1에서처럼 분치(忿懥) · 공구(恐懼) · 호락(好樂) · 우환(憂患)이 없도록 하려는 것은 눈금이 없는 자처럼 기준으로 삼을 것이 없어서 마음을 제지하지 못한다는 것이다.[92] 진사이의 의도는 『대학』처럼 마음에서 기준을 찾으려 한다면 불가능하고, 외적 기준을 찾아야 한다는 것이다. 그 기준은 바로 예이며 이런 점에서는 아래에서 서술하는 소라이의 견해와 일치한다.

자료 1의 "마음이 거기에 있지 않으면 보아도 보이지 않고, 들어도 들리지 않으며, 먹어도 맛을 알지 못한다[心不在焉, 視而不見, 聽而不聞, 食而不知其味]."는 문장에 대해서 주자는 "마음이 보존되지 않으면 몸을 검속할 것이 없다. 그러므로 군자는 반드시 이것을 살펴 공경하여 바르게 한 다음에 이 마음이 항상 보존된다."고 풀이하였다. 이에 대해서 진사이는 주자의 해석은 이 구절을 맹자의 "놓아버린 마음을 구한다."는 설로 오해했기 때문에 나온 것이라고 비판한다.[93] 예를 들어 공자는 발분망식(發憤忘食)하였고,[94] 삼 개월 동안 고기 맛을 알지 못했다.[95] 이는

---

90) 『大學定本』15쪽 : 論語曰道曰德, 而未嘗有言正心者. 소라이는 또한 공자는 도움이 되는 것이 세 가지 즐거움이고, 손해가 되는 것이 세 가지 즐거움이라고 했는데, 『대학』에서처럼 호락(好樂)이 있으면 바름을 얻지 못한다고 말한다면 공자도 잘못된 것이냐고 반문하고 있다.

91) 『大學定本』15쪽 : 孟子雖屢言心, 亦皆曰良心曰本心, 指示行仁義之本而爲言.

92) 『大學定本』15쪽 : 今大學不以仁義爲敎, 而徒欲檢束其心, 不使忿懥恐懼好樂憂患害之, 是猶無寸之尺, 無星之秤, 無所審度焉.

93) 『大學定本』16쪽 : 此所謂心不在焉者, 即宋儒求放心之說也.

성인의 마음이 선을 좋아하는 데 독실하여 마음이 이에 전일하여 다른 일을 돌보지 않았기 때문인데, 『대학』의 논리대로 한다면 공자도 마음을 놓아버린 것을 면하지 못한다고 해석하는 것이 가능하겠느냐는 것이다.[96]

소라이는 자료 1의 『대학』 원문이 양로의 예를 행할 때의 마음가짐을 서술한 것이라고 이해한다.[97] 평소에 분치(忿懥)·공구(恐懼)·호락(好樂)·우환(憂患)이 있으면, 예를 행할 때에 마음이 행하는 예에 있지 않게 된다는 것이다. 양로의 예에 음식을 먹는 예가 있기 때문에 "먹어도 그 맛을 알지 못한다."고 말하고, 그것을 빌려서 마음에 다른 생각이 있으면 예가 어긋난다고 말하여, 안과 밖이 어긋나면 덕이 아님을 밝혔다고 본다.[98] 또한 소라이는 진사이와 마찬가지로 주자의 설은 마음으로 마음을 제어하려는 것으로 성인의 가르침에는 그런 것이 없고,[99] 예를 가지고 마음을 제어하는 것이 옳다[100]고 주장하고 있다.

---

94) 『論語』「述而」: 葉公問孔子於子路, 子路不對. 子曰, "女奚不曰, 其爲人也, 發憤忘食, 樂以忘憂, 不知老之將至云爾."

95) 『論語』「述而」: 子在齊聞韶, 三月不知肉味, 曰 "不圖爲樂之至於斯也."

96) 『大學定本』16쪽: 聖人之心, 篤於好善, 故心專乎此, 而或至於不照管他事, 此所以爲聖人也. 若以大學律之, 則是雖聖人, 亦不免放心, 豈可乎哉?

97) 『大學解』30쪽: 此以行禮時言之. ……養老之禮, 有省醴養老之珍之事, 故曰, "食而不知其味", 皆借言心有所挾, 則禮有所失, 以明內外扞格者之非德也.

98) 위의 주 97) 참조.

99) 『大學解』30쪽: 祇以心治心, 聖人之教所無也.

100) 『大學解』30쪽: 禮以制心, 古之訓也.

10. 맺음말

이상에서 서술한 것처럼 주자는 『대학』이 일반적인 교육과정의 하나를 서술하고 있는 것이라고 보았고, 진사이는 성인의 덕을 천하 사람들에게 펴는 방법을 서술하고 있는 것으로 보았으며, 소라이는 구체적으로 태학이라는 교육기관에서 군주가 행했던 양로의례를 서술하고 있는 것으로 보고 있다. 필자는 『대학』이 원래 『예기』의 한 편이었다는 점에 주목하고자 한다. 즉, 『대학』은 배우는 사람의 학문을 논하는 책이기 이전에 '예'를 실천하는 구체적 방법을 제시하는 책일 수 있다는 것이다. 마찬가지로 소라이는 『대학』을 태학에서 경로사상을 실행하던 구체적 방법과 그 원리를 서술한 것으로 보고 있다.

그러나 소라이가 주장하듯이 『대학』이 태학에서의 양로의례를 서술한 것이라고 할지라도, 주자가 그것을 일반 학생이 공부하는 과정으로 재해석한 것은 군주나 그 자제들을 대상으로 하였던 『대학』의 범위를 확대하여 모든 사람이 공부할 때 적용할 수 있는 학문의 방법으로 삼은 것으로, 『대학』의 보편적 해석이라는 성과를 달성하고 있는 것이다. 이는 주자의 인간관이 이기론을 통해 현실적인 인간의 차별성을 인정한다고 하더라도, 모든 사람이 성인이 될 수 있다는 낙관론에 의거하고 있다는 것을 보여준다. 고전이 그 자체로 중요한 것이 아니라 시대와의 만남을 통해서 끊임없이 해석됨으로써 그 시대에 의미를 갖는다는 해석학적 입장에서 보면, 정자와 주자는 불가와 도가의 도전에 맞서 그것들을 포용하면서도 나름대로의 유학의 독자성을 세워나가야 했던 그 시대의 시대정신에 충실하게 『대학』을 재해석했다고 할 수 있다.

그렇다고 해서 정자와 주자의 해석을 통해 보는 것이 『대학』의 본래의 모습을 보는 것이라고 오해해서는 안 된다. 정자와 주자의 해석은

『대학』에 대한 다양한 해석의 하나일 뿐이며, 『대학』의 모습은 다양한 시점에서 바라볼 수 있는 것이기 때문이다. 진사이나 소라이의 『대학』 해석은 『대학』의 대상을 모든 학생으로 보고 『대학』의 내용을 모든 학생이 공부하는 과정으로 파악한 주자의 해석을 부정하고, 『대학』을 원래의 모습으로 즉, 군주나 귀족의 자제를 교육하고, 군주가 태학에서 행하던 양로의례를 기록한 것으로 보던 원래의 태학의 모습을 회복하려는 것이었다. 이것은 보편으로부터 다시 특수로 돌아간 것이다. 필자는 이것이 일본 사상에 뿌리 깊은, 보편성[예를 들어 리(理)]보다는 특수성[예를 들어 기(氣)]을 옹호하는 생각의 발로라고 생각한다.[101] 일본 사상이 보편성보다는 특수성을 지향하는 방향을 지향하는 이유에 대해서 필자는 아직 뚜렷한 답을 갖고 있지 않다. 다만 일본이 메이지 유신 전까지는 중앙집권적인[102] 국가[보편]를 이루어본 적이 없고, 지방 분권적인 국가[특수]로 지속되어 왔다는 역사적 사실이 그 이유 중의 하나가 아닐까 생각하고 있다.

---

101) 제1부 제2장 「한국과 일본의 주자학 수용의 특징」 참조.
102) 중앙정부에서 지방의 관리를 파견할 정도의 중앙집권을 말한다. 일본의 경우 막부에 의한 통일을 이루었다고는 하지만, 그것은 여전히 지방의 정권을 인정한 상태에서 그 정권으로부터 중앙정부에 대한 충성을 이끌어내는 정도였다.

제2장

『중용』 해석

1. 머리말

제2부에서는 주자와 일본 고학파의 『대학』·『중용』 해석을 비교·연구하는 작업을 진행하고 있다. 제1장 「주자와 일본 고학파의 『대학』 해석」에서는 1) 주자가 『고본대학(古本大學)』의 재해석, 보충을 통해 『대학』을 공부하는 사람들이 『소학』을 배운 이후 치인하는 것을 배우는 과정을 서술한 것이라고 하여 『대학』의 보편성을 강조한 반면에, 이토 진사이(伊藤仁齋)와 오규 소라이(荻生徂徠)는 주자의 『대학』 해석을 부정하고 『고본대학』으로 돌아갈 것을 주장하여 그 특수성을 강조하였다는 점, 2) 특히 소라이는 『예기』의 한 편으로서의 『대학』은 군주가 양로의 예를 통해 백성들에게 효도와 공손을 가르치던 예를 서술한 것이라고 하여 주자와는 전혀 다른 『대학』 독법을 제시하였다는 점 등을 밝혔다.

제2장에서는 일본의 대표적인 고학자라고 할 수 있는 진사이와 소라

이가 주자의 『중용』 해석을 비판하고 『중용』의 원의를 밝힌 작업의 궤적을 추적해보고자 한다. 『중용』을 해석하는 또 하나의 시각을 분명하게 보여줄 수 있을 것이라고 생각한다. 비교의 기본 텍스트로 사용한 것은 주자의 『중용장구(中庸章句)』와 진사이의 『중용발휘(中庸發揮)』, 소라이의 『중용해(中庸解)』이다. 세 텍스트를 비교하면서 주자와 진사이·소라이의 생각의 차이를 뚜렷하게 보여주는 항목을 중심으로 논의를 전개하기로 하겠다.

2. 『중용』의 저자 : 자사 / 자사설의 보류 / 자사

주자는 "『중용』은 무엇을 위하여 지었는가? 자사 선생께서 도학이 그 전함을 잃을까 걱정하여 지었다."[103]고 하여, 『중용』을 자사가 지었다고 단정하였다. 이처럼 주자가 『중용』의 저자를 자사라고 단정한 것은 그의 도통론과 관련이 있는 것이었다. 즉, 주자는 유학의 도통이 요·순·우·탕·문·무·주공·공자·증자·자사·맹자로 이어지다가 맹자 이후에 끊어졌다고 생각하였고, 이 끊어진 도통을 잇는 것을 자신의 사명으로 삼았다. 따라서 주자는 공자·증자·자사·맹자를 헌장(憲章)함으로써 유학의 부흥을 꾀하였으며, 그 방법의 하나로 그들의 저서를 세상에 널리 알리기 위해 주석하는 일을 게을리 하지 않았다. 주자가 세상을 뜨기 3일 전까지도 『대학장구(大學章句)』를 교정하고 있었다는

---

103) 『中庸章句』 「序」 : 中庸何爲而作也? 子思子憂道學之失其傳而作也.

것은 그 일단을 보여주는 것이라고 할 만하다. 그런데 공자에게는 『논어』, 맹자에게는 『맹자』가 있었지만, 증자와 자사에게는 독립된 저서가 없었기 때문에 원래 『예기』의 두 편인 『대학』과 『중용』을 취해서 독립시켜 저자와 저서를 각각 연결시킨 것이었다.[104] 이처럼 주자는 『중용』의 저자가 자사라는 점을 의심하지 않았다.

진사이는 『중용』이 공자의 말을 부연한 것이라는 점은 인정했지만, 그것이 자사가 지은 것인지는 분명하지 않다고 말하고 있다.[105] 소라이는 『중용』의 저자가 자사라는 것은 인정하지만, 주자가 도통론에 입각해서 『중용』을 도를 전하는 책으로 보고, 따로 '중용의 도'[106]를 내세운 것에 대해서는 비판적이었다.[107] '도'란 말로 전할 수 있는 것이 아니고 행사를 통해서 보여줄 수 있는 것이기 때문에[108] 선왕도 시·서·예·악을 통해서 사람들을 가르쳤고,[109] 공자도 박문약례(博文約禮)를 통해서 제자들을 가르쳤는데,[110] 자사가 중용이라는 도를 전하기 위해 『중용』을 지었다고는 볼 수 없다는 논리였다. 그래서 소라이는 자사가 도를 전하기 위해 『중용』을 지을 필요성이 있었다면, 선왕과 공자가 자사 이전

---

104) 물론, 『대학』과 『중용』이 독립된 책으로 편찬된 것은 이전에도 있었다. 구양수 등이 『대학』과 『중용』을 독립시킨 것이 그 예이다. 그러나 이것을 도통론과 연결하여 사서를 성립시킨 것은 주자의 공이었다. 이후로 『중용』이 확실히 자사의 저서인가에 대해서는 여러 이론(異論)들이 제시되었다.

105) 『中庸發揮』 3쪽 : 中庸又演繹孔子之言, 其書雖未의知子思之所作與否.

106) 소라이는 중용은 도가 아니라 덕이라고 주장하는데, 이에 대해서는 4절 '중용의 성격'에서 더 자세히 다루도록 하겠다.

107) 『中庸解』 2쪽 : 宋程朱二家, 立道統之說, 而專以爲傳導之書, 於是乎又有中庸之道也, 可謂妄已.

108) 『中庸解』 2쪽 : 孔子曰, "我欲載之空言, 不如見之於行事之深切著明也."

109) 『中庸解』 2쪽 : 先王造詩書禮樂以敎之.

110) 『中庸解』 2쪽 : 雖顔子之聰明, 亦必循博文約禮之敎, 而後見夫如有所立卓爾.

에 벌써 그런 종류의 책을 썼을 것이라고 지적하고 있다.[111]

3. 『중용』의 체제 : 33장/상하/31장

[자료 1 : 『십삼경주소(十三經注疏)』본 『예기정의(禮記正義)』의 『중용』 분류][112]

분류		『중용』 원문	내용 요약
禮記正義 52권	제일장	天命之謂性~萬物育焉	道出於天, 存養省察, 聖神功化
	제이장	仲尼曰~道其不行矣夫	君子中庸
	제삼장	子曰舜其大知也與~其斯以爲舜乎	舜之禮
	제사장	子曰人皆曰子知~不能斯月守也	道不行
	제오장	子曰回之爲人也~中庸不可能也	中庸不可能
	제육장	子路問强~强哉矯	强
	제칠장	子曰素隱行怪~察乎天地	費隱
	제팔장	子曰道不遠人~小人行險以徼幸	道不遠人
	제구장	子曰射有似乎君子~父母其順矣乎	君子之道
	제십장	子曰鬼神之爲德~誠之不可揜如此夫	鬼神之德
	제십일장	子曰舜其大孝也與~大德者必受命	大德者
	제십이장	子曰無憂者~父母之喪無貴賤一也	周初之事
	제십삼장	子曰武王周公~治國其如示諸掌乎	孝道
	제십사장	哀公問政~及其成功一也	政治

---

111) 『中庸解』 2쪽 : 若使道可以空言明之, 先王孔子旣先爲之, 豈待子思哉?

112) 다음 자료에 의거 정리. 『禮記正義(下)』(十三經注疏6), 北京 : 北京大學出版社, 1999.

	제십오장	子曰好學近乎知~懷諸侯則天下畏之	修身治人
	제십육장	齊明盛服~所以懷諸侯也	修身治人
	제십칠장	凡爲天下國家有九經~道前定則不窮	豫
禮記正義53권	제십팔장	在下位不獲乎上~不誠乎身矣	明善治民
	제십구장	誠者天之道也~擇善而固執之者也	天道, 人道
	제이십장	博學之審問之~雖柔必强	勸學
	제이십일장	自誠明謂之性~明則誠矣	誠明
	제이십이장	唯天下至誠~與天地參矣	與天地參
	제이십삼장	其次致曲~唯天下至誠爲能化	至誠
	제이십사장	至誠之道~故至誠如神	至誠如神
	제이십오장	誠者自成也~悠也久也	不誠無物
	제이십육장	今夫天~純亦不已	天命
	제이십칠장	大哉聖人之道~至道不凝焉	聖人之道
	제이십팔장	故君子尊德性~敦厚以崇禮	尊德性道問學
	제이십구장	是故居上不驕~其此之謂與	明哲保身
	제삼십장	子曰愚而好自用~不敢作禮樂焉	作禮樂
	제삼십일장	子曰吾說夏禮~蚤有譽於天下者也	君子之道
	제삼십이장	仲尼祖述堯舜~不大聲以色	至誠
	제삼십삼장	子曰聲色之於以化民~至矣	上天

[자료 2 : 주자의 『중용』 분류]

분류	『중용』 원문	내용 요약
제일장	天命之謂性~萬物育焉	道出於天, 存養省察, 聖神功化
제이장	仲尼曰~無忌憚也	中和
제삼장	子曰中庸~民鮮能久矣	中庸至矣
제사장	子曰道之不行也~先能知味也	過不及

제오장	子曰道其不行矣夫	道不行
제육장	子曰舜其大知也與~其斯以爲舜乎	舜之禮
제칠장	子曰人皆曰予知~不能斯月守也	道不行
제팔장	子曰回之爲人也~弗失之矣	顔回之禮
제구장	子曰天下國家可均也~中庸不可能也	中庸不可能
제십장	子路問強~強哉矯	强
제십일장	子曰素隱行怪~唯聖者能之	君子之中庸
제십이장	君子之道~察乎天地	費隱
제십삼장	子曰道不遠人~君子胡不慥慥爾	道不遠人
제십사장	君子素其位而行~反求諸其身	素位而行
제십오장	君子之道~父母其順矣乎	行遠必自邇
제십육장	子曰鬼神之爲德~誠之不可揜如此夫	鬼神之德
제십칠장	子曰舜其大孝也與~大德者必受命	大德者
제십팔장	子曰無憂者~父母之喪無貴賤一也	周初之事
제십구장	子曰武王周公~治國其如示諸掌乎	孝道
제이십장	哀公問政~雖柔必强	政治
제이십일장	自誠明謂之性~明則誠矣	誠明
제이십이장	唯天下至誠~與天地參矣	與天地參
제이십삼장	其次致曲~唯天下至誠爲能化	至誠
제이십사장	至誠之道~故至誠如神	至誠如神
제이십오장	誠者自成也~故時措之宜也	不誠無物
제이십육장	故至誠無息~純亦不已	至誠無息
제이십칠장	大哉聖人之道~其此之謂與	聖人之道
제이십팔장	子曰愚而好自用~吾從周	反古之道
제이십구장	王天下有三重焉~有譽於天下者也	王天下
제삼십장	仲尼祖述堯舜~天地之所以爲大也	天地之大
제삼십일장	唯天下至聖~故曰配天	至聖
제삼십이장	唯天下至誠~其孰能知之	至誠
제삼십삼장	詩曰衣錦尙絅~至矣	君子之道

『중용』은 원래 『예기』의 한 편이었다. 『십삼경주소(十三經注疏)』본의 『예기정의(禮記正義)』 안에 포함되어 있는 『중용』을 검토해보면, 주자의 판본에서처럼 "이것은 몇 장이다."라고 구체적으로 적시하고 있지는 않지만, 문단을 나눈 것에 의해 정리해본다면 33장으로 나누고 있음을 볼 수 있다(자료 1). 주자도 이것을 33장으로 나누고 있지만(자료 2), 어느 부분을 나누었는지를 비교해보면 일치하지 않는다. 즉, 주자 자신의 『중용』 이해에 따라 장을 나누고 있는 것이다.

특이한 점은 주자가 『예기정의』와는 달리 "자왈(子曰)"이라는 글자를 장을 나누는 하나의 표지로 사용하고 있다는 점이다.[113] 이는 주자가 『중용』의 구성이 "자왈(子曰)"이나 "중니왈(仲尼曰)"이라는 글자가 맨 앞에 놓고서 그 말을 부연한 것이거나(2, 3, 4, 5, 6, 7, 8, 9, 11, 13, 16, 17, 18, 19, 30장), 내용을 서술하고 공자의 말로 결론을 짓거나(14, 15장), 혹은 공자의 말을 앞뒤에 놓아 주장 내용을 뒷받침하는 구조로 되어 있다(28장)고 인식했음을 보여준다. 10장과 20장은 "자로문강(子路問强)", "애공문정(哀公問政)"이라는 구절이 "자왈(子曰)"이라는 글자 앞에 있으나, 그것이 문답임을 고려한다면 "자왈(子曰)"이라는 글자가 맨 앞에 놓인 장과 같은 형식이라고 볼 수 있을 것이다.[114]

이는 『중용장구』의 20장의 구성을 통해서도 확인할 수 있다. "애공문정(哀公問政)"부터 "수유필강(雖柔必强)"까지가 『예기정의』에서는 14장부

---

113) 주자는 "자왈(子曰)"이라는 글자를 장을 나누는 하나의 표지로 사용하고 있다고 직접적으로 표현하고 있지는 않으나, "내가 옛날에 『중용』을 읽을 때 자사가 지은 것이라고 생각했는데, 또한 때때로 다시 '자왈(子曰)'이라는 글자가 있었다. 익숙하게 읽은 후에야 자사가 공자의 설을 참고하여 이 책을 지은 것을 이해하였다."고 하여 『중용』 이해에 있어 "자왈(子曰)"이라는 글자의 중요성을 강조하고 있다.

114) 물론 33장의 "詩云, 子懷明德, 不大聲以色." "子曰, 聲色之於以化民, 末也."처럼 짧은 시 구절에 대한 공자의 해석과 같은 경우는 그 예외가 된다.

터 20장으로 구성되어 있는데, 주자는 20장 한 장으로 묶었다. 그 가운데 『예기정의』가 15장으로 분류한 장은 "자왈, 호학근호지(子曰, 好學近乎知)"로 시작한다. 주자가 "자왈(子曰)"을 장 분류의 표지로 했다면, 마땅히 이 문장은 새 단락의 시작이 되어야 한다. 그러나 주자는 이 문장이 앞 문장을 이어서 20장으로 내용이 연속된다고 파악하였다. 그래서 주자는 "자왈, 호학근호지(子曰, 好學近乎知)"의 "자왈(子曰)"은 잘못 들어간 글자라고 풀이하여 자신의 장 분류를 합리화하였다.[115] 거꾸로 주자가 "자왈(子曰)"을 장 분류의 표지로 인식하지 않았다면, 이런 식으로 주석을 붙일 필요가 전혀 없는 것이다.

한편으로 주자는 『대학』에서처럼 스스로 내용의 일부를 보충하는 일은 하지 않고 있다. 『대학』보다는 『중용』이 비교적 완정한 상태로 전해지고 있다고 생각했던 것으로 보인다. 다른 시각에서 보자면 자신의 철학 체계를 세워가는 데 『대학』이 『중용』보다 더 중요하다고 생각했기에 경(經)에 대한 첨가라는 후대에 비판을 받을 수도 있는 과감한 작업인 『대학』에 대한 보충까지도 감수했다고 볼 수 있다.

[자료 3 : 진사이의 『중용』 분류]

분류		『중용』 원문	내용 요약
상편	제일장	天命之謂性~脩道之謂敎	道敎性
	제이장	道也者~萬物育焉	道
	제삼장	仲尼曰~無忌憚也	中庸之意
	제사장	子曰中庸~民鮮能久矣	中庸至矣

---

115) 『中庸章句』 20장 : 子曰二字, 衍文.

상편	제오장	子曰道之不行也~道其不行矣夫	道不行
	제육장	子曰舜其大知也與~其斯以爲舜乎	舜之禮
	제칠장	子曰人皆曰予知驅~不能斯月守也	守
	제팔장	子曰回之爲人也~弗失之矣	顔回之禮
	제구장	子曰天下國家可均也~中庸不可能也	中庸不可能
	제십장	子路問强~强哉矯	强
	제십일장	子曰素隱行怪~唯聖者能之	君子之中庸
	제십이장	君子之道~察乎天地	費隱
	제십삼장	子曰道不遠人~君子胡不慥慥爾	道不遠人
	제십사장	君子素其位而行~反求諸其身	素位而行
	제십오장	君子之道~父母其順矣乎	人倫日用
하편	제십육장	子曰鬼神之爲德~誠之不可揜如此夫	鬼神之德
	제십칠장	子曰舜其大孝也與~大德者必受命	大德者
	제십팔장	子曰無憂者~父母之喪無貴賤一也	周公之事
	제십구장	子曰武王周公~治國其如示諸掌乎	武王周公之孝
	제이십장	哀公問政~雖柔必强	政治
	제이십일장	自誠明謂之性~明則誠矣	誠明
	제이십이장	唯天下至誠~與天地參矣	與天地參
	제이십삼장	其次致曲~故至誠如神	至誠
	제이십사장	誠者自成也~純亦不已	至誠無息
	제이십오장	大哉聖人之道~其此之謂與	聖人之道
	제이십육장	子曰愚而好自用~有譽於天下者也	實德
	제이십칠장	仲尼祖述堯舜~天地之所以爲大也	孔子之道之大
	제이십팔장	唯天下至聖~故曰配天	孔子之德之大
	제이십구장	唯天下至誠~至矣	至誠

진사이의 『중용』 분류에서 특징적인 것은 진사이가 『중용』을 상편과

하편으로 나누고, 상편은 『중용』 본서이며 하편은 『중용』의 원문이 아니라고 보는 점이다. 이는 진사이가 『중용』이 자사가 지은 것인지 분명하지 않다고 보는 관점과 관련이 있다. 『중용』에 한나라의 유학자들이 그르친 것이 많기 때문에 현재의 『중용』을 전적으로 자사의 저술로 볼 수 없다는 것이다. 위 자료 3의 분류를 참고해보면 진사이는 상편은 자사의 저술로 인정하지만, 하편은 자사의 저술이 아니라 한나라 유학자들의 저술이 『중용』에 잘못 편입된 것으로 파악하고 있는 것으로 보인다. 예를 들어 하편의 첫 장인 16장은 귀신을 논하고 24장은 정상·요얼을 논하고 있는데, 그것은 괴(怪)·력(力)·난(亂)·신(神)을 말하지 않고 "아직 사람을 섬길 수 없는데, 어떻게 귀신을 섬길 수 있겠는가?"라고 말한 공자의 정신에 어긋나므로[116] 공자의 말이 아니고, 아마도 다른 책이 잘못 끼어들어간 것이 분명하다고 말하고 있다.[117] 24장의 주석에서는 다음과 같이 말하고 있다.

정상(禎祥)·요얼(妖孽)의 설은 비록 옛날부터 있었지만, 공자와 맹자에 이르러 입에서 끊고 말하지 않았다. 왜 그런가? 두려워하여 닦고 살피면 비록 하늘에 변화가 있더라도 나라에 해로움이 없고, 그렇게 하지 않으면 비록 하늘에 변화가 없더라도 몸은 시해를 당하고 나라는 망한다. 그러므로 일식이나 지진 등의 변화는 『춘추』에 보존되어 있지만, 사람을 가르침에 이르러서는 오로지 도덕·인의로 말하고, 일체의 혹세무민(惑世誣民)하는 설은 모두

---

116) 진사이는 공자가 이렇게 귀신을 부정한 것은 사람이 귀신에 빠지게 되면 반드시 인도를 소홀히 하고, 사람을 미혹시킬까 걱정해서라고 말한다. 『中庸發揮』 24쪽 : 獨至於吾夫子, 其言之若此者, 蓋以溺於鬼神, 則必忽人道, 而其說易惑人故也.

117) 『中庸發揮』 24쪽 : 此章恐非夫子之語······ 則亦他書之脫簡不疑.

말과 의논에서 끊었다. 그것은 사람들이 이상한 것을 좋아하는 마음을 열어 줄까 깊이 걱정한 것이었다. 이 장은 아마도 공씨가 남긴 말이 아닐 것이다.[118)]

정상(楨祥)·요얼(妖孽)의 설은 공자·맹자에 와서 말하지 않았는데, 그것은 사람들이 혹세무민(惑世誣民)하는 설에 속아 넘어갈까 근심해서라는 것이다. 또한 진사이는 이 구절에서 정상·요얼은 인간의 생사화복(生死禍福)과는 관계가 없다고 강조하고 있다. 이는 귀신을 적극적으로 긍정한 소라이와 구분되는 점인데, 진사이와 소라이가 주자의 생각으로부터 벗어나는 거리가 진사이에 비해 소라이가 더 멀다는 것을 보여준다. 두 사람은 모두 주자를 받아들였다가 비판하면서 자신의 사상을 성립시켜 가지만, 진사이가 이 장 귀신의 설명에서 귀신을 부정하고 이성적으로 설명하려는 주자의 자장 내에 있다고 본다면, 소라이는 주자의 생각으로부터 완전히 벗어나 귀신을 긍정하고 그것을 부정하는 주자를 비판하는 데에서 보듯이, 전대의 진사이보다 후대의 소라이가 주자의 자장에서 훨씬 더 벗어나고 있는 것이다. 이것은 에도 시대 일본 사상의 일반적인 흐름에 부합되는 것이고, 그것이 고학파의 성립과 국학의 성립이라는 일련의 흐름과도 맥을 같이하는 것이라고 평가할 수 있다.

마찬가지로 진사이는 20장도 『중용』 원문이 아니라고 본다. 『중용』이

---

118) 『中庸發揮』37쪽 : 楨祥妖孽之說, 雖自古有之, 然至於孔孟, 則絕口不語. 何者? 恐懼修省, 則雖有天變, 無害於國, 若否, 則雖無天變, 身弑國亡, 故日食地震等變, 存之春秋, 而至於其敎人, 則專以道德仁義爲言, 而一切「惑世誣民之說, 皆絕之於言議. 蓋深恐啓人好異之心也. 此章恐非孔氏之遺言.

4천 2백여 자이고 20장이 780자로 5분의 1이나 차지하고 있는데, 이처럼 「애공문정(哀公問政)」한 편 전체를 인용할 리가 없으므로, 20장은 따로 한 편의 글이었는데 잘못 『중용』에 들어간 것이지 『중용』 본문이 아닌 것이 분명하다는 것이다.[119] 진사이는 이것을 진선(陳善)과 왕백(王柏)의 설을 들어 증거하고 있다.

상편과 하편을 나눈 것 이외로, 장을 나눈 것은 상편은 주자의 1장을 진사이가 두 장으로 나눈 것 말고는 대체로 일치하고, 하편은 주자의 분류와 다른 점이 눈에 띄는데, 이는 세밀한 사색의 결과라기보다는 기왕 하편은 『중용』의 원문이 아니라고 보았기 때문에 주자의 분류와는 상관없이 스스로가 생각하는 내용에 따라 분류한 것으로 보인다. 또한 상편의 분류에서는 주자처럼 "자왈(子曰)"을 하나의 분류 지표로 사용한 것을 알 수 있는데, 주자와 동일하게 "자왈(子曰), 호학근호지(好學近乎知)"의 "자왈(子曰)"을 연문으로 보고 있는 데서 그것을 확인할 수 있다.

[자료 4 : 소라이의 『중용』 분류]

분류	『중용』 원문	내용 요약
제일장	天命之謂性~故君子愼其獨也	道性天
제이장	喜怒哀樂之未發~萬物育焉	率性之謂道
제삼장	仲尼曰~無忌憚也	擇中庸
제사장	子曰中庸~子曰道其不行矣夫	道
제오장	子曰舜其大知也與~其斯以爲舜乎	舜之例
제육장	子曰人皆曰予知驅~不能斯月守也	道不行

<hr>

119) 『中庸發揮』4쪽 : 且中庸一書, 僅僅四千二百餘字, 而第二十章, 實計七百八十字, 則殆居五分之一.

제칠장	子曰回之爲人也~弗失之矣	顔回之例
제팔장	子曰天下國家可均也~中庸不可能也	君子之中庸
제구장	子路問强~强哉矯	强
제십장	子曰素隱行怪~君子之道費而隱	君子之中庸
제십일장	夫婦之愚~察乎天地	孝悌
제십이장	子曰道不遠人~君子胡不慥慥爾	孝悌忠信
제십삼장	君子素其位而行~小人行險以徼幸	孝悌忠信
제십사장	子曰射有似乎君子~登高必自卑	行遠必自邇
제십오장	詩曰妻子好合~誠之不可揜如此夫	誠
제십육장	子曰舜其大孝也與~大德者必受命	大德者
제십칠장	子曰無憂者~治國其如示諸掌乎	登高行遠
제십팔장	哀公問政~不可以不知天	政治
제십구장	天下之達道五~所以行之者一也	務德
제이십장	凡事豫則立~明則誠矣	性敎誠
제이십일장	唯天下至誠~與天地參矣	率性建道
제이십이장	其次致曲~唯天下至誠爲能化	聖人之敎
제이십삼장	至誠之道~故至誠如神	能化
제이십사장	誠者自成也~故時措之宜也	誠者能備
제이십오장	故至誠無息~純亦不已	誠者不息
제이십육장	大哉聖人之道~其此之謂與	孔子之事
제이십칠장	子曰愚而好自用~民弗從	孔子爲聖人
제이십팔장	故君子之道~有譽於天下者也	孔子
제이십구장	仲尼祖述堯舜~天地之所以爲大也	孔子之德
제삼십장	唯天下至聖~其孰能知之	祖述憲章
제삼십일장	詩曰衣錦尙絅~至矣	中庸之德

　　소라이는 주자의 『중용』 분류를 따르지 않고 있으며, "자왈(子曰)"을

120

장 분류의 지표로 사용하고 있지도 않다. 앞서 말한 것처럼 이는 소라이가 주자의 자장으로부터 진사이보다 훨씬 더 벗어나 있음을 보여준다. 그렇다고 해서 『예기정의(禮記正義)』의 분류를 따르고 있는 것도 아니고, 오직 자신의 『중용』 이해에 따른 분류를 채택하고 있다. 예를 들어 "애공문정(哀公問政)"으로부터 "수유필강(雖柔必强)"까지를 주자는 한 장으로 보고 정치에 관한 논의로 본 반면에, 소라이는 그것을 세 장으로 나누어 각각 다른 내용을 논의한 것으로 본다. 즉, "애공문정(哀公問政)"으로부터 "불가이부지천(不可以不知天)"까지가 정치에 관한 논의로 나라를 다스리는 것이 어버이를 섬기는 것에 근본하고 있다는 것을 보여주는 것이고, "천하지달도오(天下之達道五)"로부터 "소이행지자일야(所以行之者一也)"까지는 다른 한 장으로 반드시 덕에 힘써야 한다는 것을 말한 것이며, "범사예즉립(凡事豫則立)"으로부터 주자가 20장까지로 본 "수유필강(雖柔必强)"을 넘어서, 21장으로 본 "자성명위지성(自誠明謂之性)~명즉성의(明則誠矣)"의 "명즉성의(明則誠矣)"까지는 또 다른 한 장으로 성(性)과 교(敎)가 하나[誠]로 돌아간다는 것을 말했다는 것이다.

4. 『중용』의 성격 : 이단비판서/『논어』의 부연/ 선왕의 도에서 유자의 도로

주자는 『중용장구(中庸章句)』의 서문에서 "『중용』은 무엇을 위하여 지었는가? 자사 선생께서 도학이 그 전함을 잃을까 걱정하여 지었다."라고 하였다. 주자가 1절에서 설명한 도통론에 입각하여 『중용』의 성격을 규정하고 있음을 알 수 있다. 즉, 요ㆍ순ㆍ우ㆍ탕ㆍ문ㆍ무ㆍ주공ㆍ공자ㆍ

증자로 이어지던 도통이 끊어질까 걱정하여 『중용』을 지었다는 것이다. 그렇다면 자사는 왜 도통이 끊어질까 걱정한 것일까? 주자에 의하면 그 것은 이단 때문이다. 자사의 시대에 이르러 성인(공자)과의 거리가 멀어 져서 이단이 일어나자, 자사는 시대가 더 가면 더 갈수록 그 참됨을 잃 을까 두려워하여 『중용』을 지었다는 것이다.[120] 주자는 자사 당시의 이 단이 무엇인지를 적시하지 않고, 후대의 이단으로는 노자와 불가를 들 고 있는데, 이는 그가 『중용』을 사서로 내세운 것이 노자와 불가라는 이 단과의 대결의식에서 나온 것이었음을 보여주고 있다.[121]

진사이는 『중용』이 공자의 말을 연역한 것이고, 그 말이 『논어』와 합 치된다고 주장한다.[122] 즉 진사이는 『중용』이 공자의 『논어』의 뜻을 부 연하여 지은 것이기 때문에 수사(洙泗)의 유언(遺言)이며, 『논어』·『맹자』 와 표리를 이루어 세상의 교육에 크게 보탬이 될 것이라고 인정하는 것 이다. 이처럼 진사이는 『중용』을 공자와 연결시키고 있기 때문에, 주자 가 도통론에 입각하여 요순 이래로 전수되어온 도통이 끊어질까 걱정 하여 『중용』을 지었다는 설을 비판하고 있다.[123] 공자의 가르침이란 인 의 두 글자를 벗어나지 않고, 인의의 밖에 따로 중용이란 것이 없기 때

---

120) 『中庸章句』「序」: 子思則去聖遠而異端起矣. 子思懼夫愈久而愈失其眞也. 於是推本堯舜以來相傳之意, 質以平日所聞父師之言, 更互演繹, 作爲此書.

121) 다시 말하면 그의 이단과의 대결의식을 『중용』 해석에 투영한 것이라고 이해할 수 있다.

122) 『中庸發揮』 3쪽 : 中庸又演繹孔子之言, 其書雖未的知子思之所作與否. 然以其言合於論語, 故取之.

123) 『中庸發揮』 4쪽 : 先儒謬爲堯舜以來傳授心法, 孔門蘊奧之書, 以高遠隱微之說解之. 소라 이도 주자가 『중용』의 저술을 도통설과 연결시키는 것을 "또한 반드시 이 책을 기다린 다음에 도 가 전해졌다면, 시·서·예·악은 두엄이나 묵은 자취가 되고 만다[此必待此書而後道有傳焉, 則詩 書禮樂土苴陳迹]."고 비판하고 있다[『中庸解』 3쪽]. 도는 이미 시·서·예·악에 실려 있기 때문에 도를 잇기 위해 『중용』을 지었다는 주자의 설에 동의할 수 없다는 것이다.

문이라는 것이다.[124)]

소라이는 주자와 마찬가지로 자사가 이단을 비판하기 위해 『중용』을 지었다는 것을 인정한다. "공자의 칠십 제자가 세상을 떠난 후, 추로(鄒魯)의 학술이 점차 그 참됨을 잃고 노자의 무리가 그 사이에서 싹터 나와 천(天)을 말하고 성(性)을 말하여, 성인의 도를 거짓된 것으로 여기고, 학자들은 거기에 미혹되었기 때문에"[125)] 자사가 『중용』을 지었다는 것이다. 그러나 소라이는 자사가 『중용』에서 천(天)을 말하고 성(性)을 말한 것이 그 본질이라고는 생각하지 않는다. 천(天)에 근본하고 성(性)에 근본한 것은 첫째, 중용의 덕이 인정에서 멀지 않음을 말하여 그것이 거짓이 아님을 밝힌 것이고, 둘째, 덕을 이룬 사람이 정성스러울 수 있음을 말하여 예악이 거짓이 아님을 밝힌 것이며, 셋째, 공자의 덕이 지극함을 찬미했는데, 이 세 가지는 모두 노자에게 대항하기 위한 것이었다고 소라이는 주장한다.[126)] 소라이는 이처럼 자사가 겨냥한 것은 바로 노자였다고 분명하게 지적하고 있다.

소라이가 『중용』의 성격을 규명하면서 더욱 관심을 기울인 것은 『중용』이 이후에 끼친 영향이다. 비록 노자에 대항하기 위해 부득이한 일이었다고 하더라도, 공자가 언급하지 않았던 성(性)을 언급한 것은 유자(儒者)들로 하여금 천하를 편안하게 하는 도인 선왕의 도를 잊어버리고 구설에 올려 남을 이기려고 하는 유자의 도로 떨어지게 했다는 것이었다.[127)] 소라이가 보기에 선왕의 도는 천하를 편안하게 하려는 실천적인

---

124) 『中庸發揮』4쪽 : 孔孟之教, 不出乎仁義二字, 而仁義之外, 又無所謂中庸者也.

125) 『中庸解』1쪽 : 七十子既歿, 鄒魯之學稍稍有失其眞者, 而老氏之徒萌蘗於其間, 遒語天語性, 以先王之道爲僞, 學者惑焉.

126) 『中庸解』1~2쪽 : 本天本性, 言中庸之德不遠人情, 以明其非僞. 言成德者之能誠, 以明禮樂亦非僞. 又贊孔子之德極其至, 皆所以抗老氏也.

도리였으나, 유자의 도는 언어를 통해 남을 이기려는, 선왕의 도보다는 훨씬 낮은 차원의 도리였던 것이다.

5. 중용의 의미 : 무과불급(無過不及)/집중무권(執中無權)/효제충신(孝悌忠信)

『중용장구』「서」에서 주자는 도통(道統)이 요임금이 순임금에게 준 "윤집궐중(允執厥中)"이라는 말로부터 시작되었고, 그 말을 순임금이 다시 우임금에게 전해주면서 "인심은 오직 위태롭고 도심은 오직 은미하니, 오직 정밀하고 오직 한결같아야 진실로 그 중을 잡을 것이다[人心惟危, 道心惟微, 惟精惟一, 允執厥中]."라는 말로 확장하였다고 말하고 있다.[128] 도통의 핵심이 중(中)에 있다는 말이다.

이에 대해서 진사이는 의문을 제기하였다. 진사이는 "인심은 오직 위태롭고 도심은 오직 은미하니, 오직 정밀하고 오직 한결같아야 진실로 그 중을 잡을 것이다."라는 말은 『상서(尙書)』「대우모(大禹謨)」에 나오는데, 「대우모」는 『고문상서(古文尙書)』에만 있는 것으로서 『고문상서』 자체가 진(晉)나라와 수(隋)나라 때 나와 신빙성이 떨어지고,[129] 요임금과

---

127) 『中庸解』2쪽 : 此夫先王之道, 所以安天下也. 苟非其人, 道不虛行, 故孔門之學以修德爲務. 子思之言不其然乎? 雖然有所爭, 斯有所辨, 迺語孔子之所未言以發之. 故語性之弊, 內外之辨, 於是乎出. 儒者遂忘夫先王之道爲安天下而設焉. 『中庸解』3쪽 : 先王之道降爲儒者之道, 颺之口舌, 欲以服人.

128) 『中庸章句』「序」: 蓋自上古聖神繼天立極, 而道統之傳有自來矣. 其見於經, 則允執厥中者, 堯之所以授舜也. 人心惟危, 道心惟微, 惟精惟一, 允執厥中者, 舜之所以授禹也. 堯之一言, 至矣, 盡矣, 而舜復益之以三言者, 則所以明夫堯之一言, 必如是而後可庶幾也.

순임금이 다스리던 때에는 인심이 순박하여 임금과 신하가 가르치고 경계하는 말도 일상생활에서 항상 실행할 수 있는 인륜과 정치에 그쳤을 뿐, 심(心)·성(性)·명(命)·리(理)와 같은 고원하고 미묘한 설을 언급할 리가 없으므로, 위의 말도 요임금과 순임금의 때에 나온 말이 아니라는 것이 분명하다고 주장한다.[130] 또한 "인심은 오직 위태롭고 도심은 오직 은미하다."고 하는데, 도심(道心)은 본래 뚜렷이 드러나서 쉽게 볼 수 있으므로 은미한 것이 아니고, 인심(人心)은 비록 쉽게 욕심에 흐르기는 하지만 사람이 반드시 의리지심(義理之心)을 갖고 있기 때문에 오로지 위태롭다고는 할 수 없다는 것이다.[131] 이로부터 진사이는 "인심은 오직 위태롭고 도심은 오직 은미하니, 오직 정밀하고 오직 한결같아야 진실로 그 중을 잡을 것이다."라는 말이 공자와 맹자의 본지에 합하지 않는다는 결론을 이끌어내고 있다. 도통론을 내세워 『중용』에 의미를 부여하고자 한 주자의 노력은 진사이에 의해 전적으로 부정되고 있는 것이다.

한편으로 주자는 그의 『중용장구』에서 『중용』이라는 책의 이름을 풀이하여 "중(中)이라는 것은 치우치지 않고 기울지 않으며 지나치거나 미치지 못함이 없다는 이름이고, 용(庸)은 평상(平常)이다."라고 하였다.[132] 이것은 정자의 "치우치지 않는 것을 중(中)이라고 하고 바뀌지 않

129) 『中庸發揮』7쪽 : 大禹謨篇, 本係古文書, 而古文尙書, 自漢已來, 隱沒不傳, 而晩出于晉隋之間, 其言多可疑者.

130) 『中庸發揮』7쪽 : 唐虞之間, 世醇民朴, 其君臣敎戒之言, 惟止於人倫政術, 日用常行之間, 而不及於心性命理高遠微妙之說, 則此語非唐虞之言, 彰彰然明矣.

131) 『中庸發揮』7쪽 : 道心本顯然易見者而非微, 人心雖固易流於欲, 然人必有義理之心, 不可專謂之危.

132) 『中庸章句』 : 中者, 不偏不倚 無過不及之名, 庸, 平常也.

는 것을 용(庸)이라고 한다."¹³³⁾는 말을 받아들인 것이었다.¹³⁴⁾

진사이는 주자가 치우치지 않고 기울지 않으며 지나치거나 미치지 못함이 없는 것을 중(中)이라고 한 것은 타당하지 않다고 주장하였다. 그에 의하면 중(中)이란 일을 처리하면서 마땅함을 얻는 것인데, 그것은 반드시 권(權)을 통해서 얻어진다.¹³⁵⁾ 이처럼 중(中)의 핵심이 권(權)이라고 보기 때문에, 진사이는 권(權)의 의미를 내포하지 않는 중(中)은 참다운 의미의 중(中)일 수 없다고 본다. 그것은 맹자가 "중(中)을 잡고서 권(權)이 없으면 하나를 잡은 것과 같다."고 말한 중(中)에 머무르고 만다는 것이다.¹³⁶⁾ 따라서 진사이는 주자가 '치우치지 않고 기울지 않으며 지나치거나 미치지 못함이 없는 것'이라고 말한 것 가운데, '지나치거나 미치지 못함이 없는 것'은 중(中)에 대한 하나의 훈(訓)이 될 수는 있으나 권(權)을 써서 마땅함을 얻은 후에야 '지나치거나 미치지 못함이 없는 것'이 중(中)이 될 수 있는 것이고, '치우치지 않고 기울지 않는 것'은 그 안에 권(權)의 의미가 있지 않으므로 중(中)이라는 글자의 뜻과는 거리가 멀다고 주장한다.¹³⁷⁾ 예를 들어 정자가 '치우치지 않고 기울지 않는 것'을 설명하기 위해 "하나의 대청을 말하면 그 가운데가 중(中)이 되고, 한 집을 말하면 대청이 중(中)이 아니라 마루가 중(中)이 되며, 한 나라를 말하면 마루가 중(中)이 아니라 나라의 가운데가 중(中)이 된다. 이런 종류

---

133) 『中庸章句』: 不偏之謂中, 不易之謂庸.

134) 임옥균, 「왕부지의 『중용』 해석(1)-주자의 해석과의 비교를 중심으로」, 『동양철학연구』 48집, 2006, 354쪽 참조.

135) 『中庸發揮』 5쪽: 中必待權而後得當.

136) 『中庸發揮』 5쪽: 若執中無權, 則有一定不變之弊. 故孟子曰, "執中無權, 猶執一也."

137) 『中庸發揮』 5쪽: 所謂無過不及者, 亦非不可訓中也. 然在用權得其當之後, 不可以無過不及, 便爲中也. 如不偏不倚之語, 於中字義益遠矣.

를 미루어보면 알 수 있다."[138]고 한 것도 그 속에 권(權)의 의미가 함축되어 있지 않기 때문에 "중(中)을 잡고서 권(權)이 없는" 중(中)에 불과하다는 것이다.[139]

또한 진사이는 『논어』와 『맹자』에 중(中)이라는 글자가 몇 자 보이지 않고, 그것도 사람의 기질에 대해 말한 것임을 감안한다면 공자와 맹자의 학문은 인의(仁義)를 핵심으로 삼았을 뿐, 중(中)을 긴요한 공부로 삼지 않았다고 본다. 중(中)이라고 말하면 범범해서 근거가 없는 말이 되기 쉽기 때문에 공자의 문하는 중(中)보다는 예(禮)를 강조했다고 진사이는 주장하고 있다.[140] 이러한 점이야말로 공자가 여러 성인들보다 뛰어나고 만세에 사표가 된 이유라는 것이다.[141]

소라이는 중(中)을 '지나치거나 미치지 못함이 없는 것'이라고 하여 주자의 중(中) 해석을 받아들이고 있지만, 용(庸)을 평상(平常)이라고 한 주자와 달리 용(庸)을 '평상시에 백성에게 실행할 수 있는 것'이라고 규정하였다. 치자(治者)의 입장에서 중용의 의미를 해석한 것이다. 그러나 이것은 성인이 명한 측면으로부터 말한 것이라고 하고, 중용을 실천하는 사람의 입장에서 말하면 "그렇게 높지 않아서 쉽게 행할 수 있는 덕"이 중용이라고 말하고, 그 구체적인 조목으로는 효제충신(孝悌忠信)을 들었다. 여기서 소라이가 중용을 도가 아니라 덕이라고 규정하는 것이 중요

---

138) 『二程全書』 권18 「伊川先生語4」: 言一廳則中央爲中, 一家則廳中非中而堂爲中, 言一國則堂非中而國之中爲中. 推此類可見矣.

139) 그러면서도 진사이는 중(中)을 단독으로 쓰지 않고 용(庸)을 연용해서 중용(中庸)이라고 말할 때는 지나치거나 미치지 못함이 없어서 평상시에 행할 수 있는 도를 가리킨다고 할 수 있다고 하여, 주자가 '치우치지 않고 기울지 않는 것'을 중(中)으로 본 것을 제한적으로 인정하고 있다.

140) 『中庸發揮』 6쪽: 中有泛然無據之患, 而禮有秩然不紊之理. 中有執一廢百之弊, 而禮有遇事變化之妙也.

141) 『中庸發揮』 6쪽: 此吾夫子之德所以獨超出群聖, 而師表萬世也.

한 점이다. 소라이에게 도는 천하를 편안하게 하는 선왕의 도가 있을 뿐
이고, 중용은 또 하나의 도를 제시하는 것이 아니라 선왕의 도를 실현해
나가는 구체적 방법의 하나인 것이다. 소라이는 공자가 6경을 통해 선왕
의 도를 전했는데, 자사의 『중용』이 또 하나의 도를 제시하는 책이라고
한다면, 선왕의 가르침이 오히려 부족한 것이 되고, 자사의 지혜가 공자
보다 나은 것이 되고, 6경은 하찮은 책이 되고 만다고 비판하고 있다.[142]

효제충신(孝悌忠信)이 중용의 덕행이 되는 것을 가장 잘 보여주는 것
이 『중용』 제12장이라고 소라이는 생각하고 있다. 그 내용을 보자.

군자의 도가 네 가지인데, 나는 하나도 잘하지 못한다. 아들에게 구하는
바로 아버지를 섬기지 못하며, 신하에게 구하는 바로 임금을 섬기지 못하며,
아우에게 구하는 바로 형을 섬기지 못하며, 벗에게 구하는 바로 먼저 베풀지
못한다. 평범하고 한결같은 덕을 행하며 평범하고 한결같은 말을 삼가, 행동
에 부족한 바가 있으면 감히 힘쓰지 않을 수 없으며, 말에 넘치는 바가 있으
면 감히 다할 수 없어서, 말이 행동을 돌아보며 행동이 말을 돌아볼 것이니,
군자가 어찌 독실하게 하지 않겠는가?[143]

이 장을 해석하면서 소라이는 아들에게 구하는 바는 효(孝)이고, 신하
에게 구하는 바는 충(忠)이고, 아우에게 구하는 바는 제(悌)이고, 벗에게
구하는 바는 신(信)이라고 말한다.[144] 이것은 아주 높고 아주 멀리 있는

---

142) 『中庸解』 3쪽 : 此必待此書而後道有傳焉, 則詩書禮樂土苴陳迹. 是豈非老莊之見也. 若或
曰, "先王之敎猶有所未盡焉", 則思孟之知勝於先王孔子也. 故孔子傳六經, 所以傳先王之道也.

143) 『中庸』 : 君子之道四, 丘未能一焉. 所求乎子, 以事父未能也, 所求乎臣, 以事君未能也, 所求
乎弟, 以事兄未能也, 所求乎朋友, 先施之未能也. 庸德之行, 庸言之謹, 有所不足, 不敢不勉, 有餘
不敢盡, 言顧行, 行顧言, 君子胡不慥慥爾?

128

일은 아니지만, 그 지극함에 미쳐서는 성인[공자]도 또한 할 수 없는 것이 있다는 것이다.[145] 이처럼 소라이는 중을 효제충신(孝悌忠信)이라는 이해하기 쉽고 실천하기 쉬운 덕목들과 관련시킴으로써 고학파의 실천적 지향을 잘 드러내고 있다.

6. 중화의 해석 : 수양의 기초/고악경(古樂經)의 일부/예악의 기초

[자료 1 : 『중용』 원문]

喜怒哀樂之未發, 謂之中, 發而皆中節, 謂之和. 中也者, 天下之大本也, 和也者, 天下之達道也. 致中和, 天地位焉, 萬物育焉.

[기쁨과 노여움과 슬픔과 즐거움이 아직 발로되지 않은 것을 중(中)이라 이르고 발로되어 모두 절도에 맞는 것을 화(和)라 이르니, 중은 천하의 큰 근본이고 화는 천하에 두루 통하는 도이다. 중과 화를 이루면 천지가 자리를 잡으며 만물이 길러진다.]

[자료 2 : 주자의 주석]

喜怒哀樂, 情也. 其未發, 則性也. …… 大本者, 天命之性, 天下之理皆由此出, 道之體也. 達道者, 循性之謂, 天下古今之所共由, 道之用也. …… 蓋天地萬物本吾一體, 吾之心正, 則天地之心亦正矣, 吾之氣順, 則天地之氣亦順矣. 故其效驗至於如此.

---

144) 『中庸解』 21쪽 : 所求乎子者, 孝也, 所求乎臣者, 忠也, 所求乎弟者, 悌也, 所求乎朋友者, 信也.
145) 『中庸解』 21쪽 : 是皆非極高至遠之事, 然及於其至, 則雖聖人亦有所不能焉.

[기쁨과 노여움과 슬픔과 즐거움은 정(情)이고, 이것이 발로되지 않은 것은 바로 성(性)이다. ……큰 근본은 하늘이 명한 성으로, 천하의 이치가 모두 이로 말미암아 나오니, 도의 본체이다. 두루 통하는 도는 성을 따름을 이르는 것으로, 천하와 고금이 함께 따르는 것이니, 도의 작용이다. ……천지와 만물은 본래 나의 한 몸이므로, 나의 마음이 바르면 천지의 마음이 또한 바르고, 나의 기운이 순조로우면 천지의 기운도 또한 순조롭다. 그러므로 그 효험이 이와 같은 데에 이른다.]

자료 2의 주석에서 주자는 희로애락(喜怒哀樂)이 이미 발로된 것을 정(情)으로, 아직 발로되지 않은 것을 성(性)으로 하여 이발(已發)과 미발(未發)을 모두 심(心)으로 아우르고, 중(中)을 하늘이 명한 성(性)으로서 천하의 모든 이치가 나오는 도의 본체로, 화(和)를 고금의 천하 사람들이 모두 따르는 도의 작용으로 파악하여, 중화(中和)를 최고의 원리로 높였으며, 이로부터 천지만물이 나와 일체라는 만물일체설(萬物一體說)까지 이끌어내고, 나의 공부가 천지만물에까지 연결되어 있음을 말하여, 중화(中和)의 효험을 밝혔다. 그래서 주자는 이 장이 "성신공화(聖神功化)의 지극함을 말하여 배우는 사람들이 여기에서 자신을 돌이켜 구해서 자득하여 바깥 유혹의 사사로움을 제거하고 본연(本然)의 선(善)을 채우기를 바랐으니, 양시(楊時)의 이른바 한 편의 체요(體要)라는 것이다."[146]라고 하여 그 중요성을 강조하였다.

이 주석은 주자의 이른바 중화구설로부터 중화신설에 이르는 공부 방법이 반영된 것이다. 주자가 24세 때에 스승인 이동(李侗)을 만났을 때 이동이 가르친 것은 미발시(未發時)의 기상(氣象)을 체인하라는 것이었다.

---

146) 『中庸章句』: 終言聖神功化之極, 蓋欲學者於此反求諸身而自得之, 以去夫外誘之私, 而充其本然之善, 楊氏所謂一篇之體要是也.

이것이 이동 자신의 오랜 공부 방법이었다는 것은 주자가 쓴 「연평선생이공행장(延平先生李公行狀)」에서 확인할 수 있다.[147] 주자는 이것이 불교의 방법과 비슷하다고 생각하여[148] 완전히 그에 몰입하지는 않았던 것으로 보인다. 그러는 도중에 주자는 장식(張栻)을 만나게 되는데, 장식은 이발시(已發時)의 찰식단예설(察識端倪說)을 주장하였고, 주자는 그것을 받아들여 중화구설을 정립하였다. 즉, 미발을 성(性)으로, 이발을 심(心)으로 본 다음,[149] 미발시(未發時)의 체인을 부정하고 이발시(已發時)의 선찰식(先察識)을 주장한 것이다. 그러나 채원정(蔡元定)과의 만남을 통해서 자신의 구설을 재검토하게 되고, 그 결과 중화신설을 정립하게 된다. 이 중화신설에서 주자는 스스로 이전에 미발을 성(性)으로, 이발을 심(心)으로 보았던 것을 반성하고, 심(心)은 성(性)인 미발과 정(情)인 이발을 모두 포괄하는 것으로 정리하면서 미발시(未發時)에 존양하고 이발시(已發時)에 성찰하는 경(敬)의 공부 방법이 필요하다고 역설하였다.[150]

진사이는 자료 1이 본래 『중용』 본문이 아니고 고악경의 탈간인데, 잘못 『중용』에 끼어들어간 것이라고 보았다.[151] 『중용』의 설이 『논어』와 『맹자』에 부합하지 않기 때문이라는 것이다.[152] 진사이는 그 증거를 다음과 같이 들었다.

---

147) 『朱子大全』卷97「行狀·延平先生李公行狀」.

148) 『朱子語類』卷103「羅氏文人·李愿中」: 若一向如此, 又似坐禪入定.

149) 『朱子大全』卷32「書·答張敬夫」: 已發者人心, 而凡未發者皆其性也.

150) 『朱子大全』卷32「書·答張欽夫」: 心主乎一身, 而無動靜語默之間. 是以君子至於敬, 亦無動靜語默, 而不用其力焉. 未發之前是敬也, 固已主乎存養之實, 已發之際是敬也, 又常行於省察之間. 주자의 중화설에 대해서는 이상호, 「주자의 〈중화설〉 변천에 대한 고찰」(『유교사상연구 4·5합집』, 1992년), 최정묵, 「주자의 중화설에 대한 고찰」(『동서철학연구』 제20호, 2000년)을 참조할 것.

151) 『中庸發揮』 6쪽 : 本非中庸本文, 蓋古樂經之脫簡, 誤攙入于中庸書中耳.

152) 『中庸發揮』 6쪽 : 其說非止叛六經語孟.

첫째, 육경이나 『논어』·『맹자』와 어긋난다. 예를 들어 미발·이발의 설은 육경 이래 여러 성인의 책에 없던 것이다. 둘째, 맹자가 자사의 문인에게 수업을 했으니, 마땅히 『중용』의 말을 조술해야 할 것인데, 말하지 않고 있다. 셋째, 중(中)이라는 글자와 같은 경우는 순임금이나 삼대(三代)의 글에 모두 이발로 말했는데, 『중용』에서만 유독 미발로 말하고 있다. 넷째, 『서경』의 전(典)이나 모(謨)에서 말하는 중(中)이라는 글자는 모두 발로되어 절도에 맞는 경우를 말했는데, 『중용』에서는 도리어 화(和)라고 명명하였다. 다섯째, 미발의 중(中)이라고 말한다면 육경과 『논어』·『맹자』는 모두 작용만 있고 본체는 없는 책이 되고 만다. 여섯째, 중용이라면 중용의 뜻을 논해야 하는데, 중화의 이치를 논한다는 것은 모순이다. 일곱째, 중(中)이라는 글자는 『중용』에 여러 차례 나오는데, 모두 이발로 말하였고 하나도 미발로 말한 것이 없다. 여덟째, 화(和)라는 글자는 『중용』 끝까지 다시는 언급하지 않고 있다. 아홉째, 『중용』의 뒷부분에서는 군신·부자·부부·곤제·붕우의 사귐을 천하의 달도라고 하였다. 열째, 『중용』의 뒷부분에서는 대본(大本)과 달도(達道)를 병칭하지 않고 대본(大本)만을 말하고 있다.[153]

진사이는 이처럼 이 장이 『논어』와 『맹자』의 뜻에 부합하지 않는데도 주자가 "미발의 중(中)을 도학의 근본준칙으로 삼아 지금까지 천고 학문

---

153) 『中庸發揮』 6~7쪽 : 以其叛六經語孟者言之, 如未發已發之說, 六經以來, 群聖人之書, 皆無之, 一也. 孟子受業於子思門人, 當祖述其言, 而又不言, 二也. 如中字, 虞廷及三代之書, 皆以已發言之, 而此處獨以未發言之, 三也. 典謨所謂中字, 皆說發而中節之地, 而此反以和名之, 四也. 若以未發之中爲言, 則六經語孟, 皆爲有用無體之書, 五也. 以其一書之中, 自相矛盾者言之, 此書本以中庸名篇, 當專論中庸之義 而首論中和之理, 六也. 中字後章屢出, 皆以已發言之, 而不有一以未發言者, 七也. 且若和字, 子思當屢言之, 而終篇又無復及之者, 八也. 此以喜怒哀樂, 發皆中節, 爲天下之達道, 而後以君臣父子夫婦昆弟朋友之敎, 爲天下之達道, 九也. 此以大本達道竝稱, 而後單言天下之大本, 偏而不備, 十也.

의 깊은 해로움이 되고 있기 때문에"[154] 변론하지 않을 수 없다고 강하게 비판하고 있다. 결국 진사이는 이 장에 대한 주자의 해석이 유학의 형이상학화를 가져왔다고 보고 비판하고 있는 것이다.

소라이도 미발을 성(性)으로, 이발을 정(情)으로 보는 것은 주자와 같지만, 그 내용은 다르다. 왜냐하면 소라이가 말하는 성(性)이 주자와 다르기 때문이다. 주자가 말하는 성(性)은 사람으로 말하자면 누구에게나 동일한 인의예지(仁義禮智)이지만, 소라이가 말한 성(性)은 성질(性質)이기 때문에 사람 사람마다 다르다. 따라서 정(情)으로 발로되는 것도 기쁨[喜]이 많기도 하고 노여움[怒]이 많기도 하고 슬픔[哀]이 많기도 하고 즐거움[樂]이 많기도 하여 각각 같지 않다.[155]

또 미발과 이발에 대한 해석도 주자와 같지 않은데, 주자가 심통성정(心統性情)을 설명의 틀로 하여 심(心)에서 아직 발로되지 않은 것을 성(性), 이미 발로된 것을 정(情)으로 규정하는 반면에, 소라이는 미발은 사람이 태어나 아직 어려서 성질의 차이가 아직 드러나지 않은 것을 지칭하고,[156] 이발은 이미 성장한 다음에 성질의 차이가 발로되어 만 가지로 같지 않은 것을 지칭한다고 규정하는 것이다.[157] 이렇게 만 가지로 같지 않음에도 불구하고 배워서 예악의 절도에 맞을 수 있는 까닭은[158] 희로애락(喜怒哀樂)의 미발인 중(中)이 물건이 중앙에 있어서 어디로든 이동할 수 있는 것처럼, 사람의 성(性)도 각각 다르지만 조류나 어류의

---

154) 『中庸發揮』 7쪽 : 以未發之中爲道學之根本準則, 到今爲千古學問之深害, 不容於不辨.

155) 『中庸解』 6쪽 : 其所發見, 或多喜, 或多怒, 或多哀, 或多樂, 亦各不同, 是所謂情也.

156) 『中庸解』 6쪽 : 喜怒哀樂之未發者, 指人性之初, 嬰孩之時, 其性質之殊, 未可見以言之.

157) 『中庸解』 6쪽 : 發而皆中節者, 謂旣長之後, 性之異稟旣發, 有萬不同.

158) 소라이는 중절을 예악의 절도에 맞는 것으로 해석한다. 『中庸解』 6~7쪽 : 苟能學言, 則皆可以中禮樂之節也.

성(性)이 다른 것처럼 그렇게 다르지 않고 바뀔 수 있는 가능성을 갖기 때문이다.[159) 그것을 화(和)라고 표현한 것은 팔음(八音)의 조화나 오미(五味)의 조화, 『좌전』에서 말한 안영(晏嬰)의 화동(和同)의 변처럼[160) 비

159) 『中庸解』 7쪽 참조.

160) 경공(景公)이 사냥에서 돌아옴에 안자(晏子)가 천대(遄臺)에서 모시고 있었는데, 양구거(梁丘據)가 수레로 달려왔다. 그러자 경공이 말하였다. "오직 양구거만이 나와 뜻이 맞는가 보군!" 안자가 말하였다. "양구거 역시 맞장구치는 사람입니다. 어찌 뜻이 맞을 수 있겠습니까?" 경공이 말하였다. "뜻이 맞는 것[和]과 맞장구치는 것[同]이 다른가?" 안자가 대답하였다. "다릅니다. 뜻을 맞춘다는 의미의 조화는 국을 끓이는 것과 같습니다. 물과 불, 식초와 젓국, 소금과 매실을 넣어 생선과 고기를 삶음에 땔나무로 불을 때고, 요리사가 맛을 맞춤에 조미료를 가지고 고르게 하여 부족한 맛을 채우고 지나친 맛을 덜게 합니다. 군자는 그것을 먹고 그 마음을 화평하게 하는 것입니다. 임금과 신하 역시 그렇습니다. 임금이 가(可)하다고 말하는 것 가운데 그렇지 않은 것이 있으면 신하는 그렇지 않은 것을 말씀드려 그것이 가함을 이루게 하는 것이고, 임금이 가하지 않다고 말하는 것 중에서 가한 것이 있으면 신하는 가함을 말씀드려 가하지 않은 점을 제거하게 하는 것입니다. 그렇게 함으로써 정치가 공평하게 되어 정도를 벗어나지 않고, 백성들은 다투는 마음이 없게 되는 것입니다. 그러므로 『시』에 말하기를 '또한 조화한 국이 이미 챙겨지고 이미 고르거늘 연주하여 조고(祖考)께 이름에 말이 없어서 때에 다툼이 없다네.' 라고 하였습니다. 선왕이 오미(五味)를 갖추고 오성(五聲)을 조화롭게 하는 것은 그 마음을 화평하게 하여 그 정치를 이룩하기 위함입니다. 소리 역시 맛과 같아서 일기(一氣)와 이체(二體), 삼류(三類)와 사물(四物), 오성(五聲)·육률(六律)·칠음(七音)·팔풍(八風)·구가(九歌)로 이루어집니다. 맑은 소리·탁한 소리, 작은 소리·큰 소리, 짧은 음·긴 음, 빠른 소리·느린 소리, 슬픈 소리·즐거운 소리, 강한 음·부드러운 음, 더딘 음·빠른 음, 높은 음·낮은 음이 나고 들며 두루 퍼져 서로 조화를 이룹니다. 군자는 그 소리를 듣고서 그 마음을 평온하게 하니, 마음이 평온해짐에 덕이 조화를 이루는 것입니다. 그러므로 『시』에 '덕음(德音)에는 하자가 없도다.' 라고 하였습니다. 그런데 지금 양구거의 경우는 그렇지 않습니다. 임금께서 '가(可)하다.' 고 하시는 것은 구거 역시 무조건 '가하다'고 하고, 임금께서 '아니다.' 라고 하시는 것은 구거 역시 무조건 '아니다.' 라고 하니, 만약 물을 가지고 물의 간을 맞춘다면 누가 그것을 먹을 수 있겠으며, 만약 거문고나 비파가 오로지 한 가지 소리만 낸다면 누가 그 소리를 들을 수 있겠습니까? 맞장구를 친다는 뜻의 동(同)이 불가(不可)하다는 것은 이와 같은 것입니다." 경공이 말하였다. "좋은 말이로구나!"[景公至自畋, 晏子侍於遄臺, 梁丘據造焉. 公曰, "維據與我和夫!" 晏子曰, "據亦同也, 焉得爲和?" 公曰, "和與同異乎?" 對曰, "異. 和如羹焉. 水火醯醢鹽梅, 以烹魚肉, 燀之以薪, 宰夫和之, 齊之以味, 濟其不及, 以洩其過. 君子食之, 以平其心. 君臣亦然. 君所謂可, 而有否焉, 臣獻其否, 以成其可, 君所謂否, 而有可焉, 臣獻其可, 以去其否. 是以政平而不干, 民無爭心. 故詩曰, 亦有和羹, 旣戒且平, 鬷假無言, 時靡有爭. 先王之濟五味和五聲也, 以平其心, 成其政也. 聲亦如味, 一氣二體, 三類四物, 五聲六律七音, 八風九歌, 以相成也. 淸濁小大, 短長疾徐, 哀樂剛柔, 遲速高下, 出入周流, 以相濟也. 君子聽之, 以平其心, 心平德和, 故詩曰, 德音不瑕. 今據不然, 君所謂可, 據亦曰可, 君所謂否, 據亦曰否, 若以水濟水, 誰能食之? 若琴瑟之專一, 誰能聽之? 同之不可也如是." 公曰, "善."(『晏子春秋』 「外篇」 第7, 『春秋左氏傳』 「昭公20年」)].

록 다르더라도 서로 어긋나지 않기 때문이라고 소라이는 말하고 있다.[161]

『중용』원문에서 중(中)을 천하의 대본(大本)이라고 말하고 화(和)를 천하의 달도(達道)라고 말한 까닭에 대해서, 소라이는 성인이 한편으로는 성(性)의 같음을 보고서 중용의 덕을 세워 천하의 사람들로 하여금 기초로 삼는 데 힘쓰도록 했기 때문이며, 한편으로는 성(性)의 다름을 보고서 예악의 도를 세워 천하의 사람들로 하여금 따라서 덕을 이루도록 했기 때문이라고 주장한다.[162]

소라이가 이 장에서 주자를 비판하는 것은 주자의 해석이 불가나 도가의 영향으로 홀로 그 자신을 선하게 한다는 가르침에 빠져, 천하를 편안하게 하는 성인의 도를 잊고 있다고 생각했기 때문이다.

내 한 생각의 발로가 지나치거나 미치지 못함이 없는데 맞는다고 해서 그것이 어떻게 천하의 달도(達道)가 되겠는가? 한 생각이 아직 발로되지 않은 즈음에 경계하고 두려워하며, 또 생각 생각이 발로되는 데에서 살핀다고 하니, 어찌 그리 박절하고 긴급한가? 나는 송나라 유학자가 그렇게 할 수 있는지 모르겠다. 자기가 할 수 없는데 입으로 말하여 남에게 강요할 수 있겠는가?[163]

---

161) 『中庸解』 7쪽 : 聖人有睹乎性之同, 而入中庸之德, 俾天下之人皆務以爲基焉, 故曰天下之大本也.

162) 『中庸解』 7쪽 : 聖人有睹乎性之異, 而入禮樂之道, 俾天下之人皆由以成德焉, 故曰天下之達道也.

163) 『中庸解』 8쪽 : 我一念之發, 中於無過不及之節, 何以爲天下之達道也? 旣戒懼於一念未發之際, 又察之於念念之發, 何其迫切緊急也? 吾未知宋儒能爲之耶. 己未能而口言之, 以强之人耶?

주자에 의하면 내 한 생각의 발로가 지나치거나 미치지 못함이 없는 데 맞는 것이 천하의 달도(達道)가 되고, 한 생각이 아직 발로되지 않은 즈음에 경계하고 두려워하며, 또 생각 생각이 발로되는 데에서 살핀다고 하는데, 그것은 불가능하다는 것이다. 불가능한 것을 남에게 요구하니, 그것은 사람을 미혹시키는 것이자 공담에 불과하다는 것이다.

이상 주자에 대한 진사이와 소라이의 비판은 주자가 중화설을 개인의 심성수양과 결부시켜 형이상화하고 사회적 실천을 소홀히 했다는 것으로 요약할 수 있다. 그러나 다른 한편으로 생각해본다면, 주자가 『중용장구』 서문에서 도통설을 제기하면서 자사의 문제의식이 이단과의 대결에 있었다고 주장한 것은 사실 주자 자신이 직면하고 있었던 송대의 문제의식을 『중용』 해석에 투영한 것이라고 볼 수 있다. 위진남북조와 수당을 거치면서 힘을 발휘한 노장과 불교에 비해 미약했던 유학을 되살리려 했던 주자는 노장이나 불교에 비해 유학에서 상대적으로 적은 자리를 차지하던 우주론과 심성론을 『중용』을 통해 부각시키려 했던 것이라고 파악할 수 있다. 이런 작업에 성공함으로써 주자는 그의 시대적 사명을 충실히 해냈던 것이다.

7. 진사이와 소라이의 독특한 『중용』 해석

1) 「인개왈여지(人皆曰予知)」 장에 대한 해석

[자료 1 : 『중용』 원문]

人皆曰予知驅而納諸罟擭陷阱之中而莫之知辟也. 人皆曰予知擇乎中庸

而不能期月守也.

진사이는 "'여지(予知)'의 '지(知)'는 아래 구절과 연결하여 읽는 것이 옳다."[164)고 주장하였고, 소라이는 "'지구(知驅)'에서 구두를 떼고, '지택호중용(知擇乎中庸)'에서 구두를 떼어야 한다."[165)고 주장하였다. 그렇다면 진사이와 소라이는 자료 1의『중용』원문을 "사람들이 모두 나는 수레를 몰 줄 안다고 말하지만, 함정 가운데로 몰아서 넣어도 피할 줄 아는 사람이 없다. 사람들이 모두 나는 중용을 택할 줄 안다고 말하지만 한 해나 한 달도 지킬 수 없다."고 해석한 것이다.

진사이와 소라이의 해석은 조선의 관본토처럼 '여지(予知)' 아래에서 구두를 떼지 않은 점에서 동일하다. 관본토의 해석은 지(知)를 강조하여 그것을 중용을 택하는 것과 관련짓고 있지만, 진사이나 소라이의 해석은 지(知)를 일반적인 동사로 해석할 뿐 방점은 중용을 택하는 것에 있다.

2)「자로문강(子路問强)」장에 대한 해석

[자료 2 :『중용』원문]

子路問强. 子曰, "南方之强與? 北方之强與? 抑而强與? 寬柔以敎, 不報無道, 南方之强也, 君子居之. 衽金革, 死而不厭, 北方之强也, 而强者居之."

----

164)『中庸發揮』14쪽 : 予知之知, 連下句讀爲是.
165)『中庸解』12쪽 : 知驅絶句, 知擇乎中庸絶句.

다수의 해석은 '억이강여(抑而强與)'의 '이(而)'는 '여(汝)'라는 2인칭 대명사로 보고, '이강자거지(而强者居之)'의 '이(而)'는 2인칭이 아닌, 단순한 접속사 '그리고'로 본다. 이 장에 대한 진사이의 해석은 이러한 다수의 해석과 동일한 것으로 보인다. 소라이는 문자의 구성으로 볼 때 '이강자거지(而强者居之)'의 '이(而)'가 접속사로 쓰였다면 당연히 '군자거지(君子居之)' 앞에도 '이(而)'가 있어야 하는데, 그렇지 않은 것으로 보아 '이강자거지(而强者居之)'의 '이(而)'는 『중용』 원문에서처럼 '너'라는 2인칭으로 쓰여야 한다고 본다.[166] 그래서 소라이는 자료 2의 『중용』 원문을 "자로가 강함에 대해서 묻자 공자는 '남방이 강함인가, 북방의 강함인가? 아니면 너의 강함인가? 너그럽고 부드러움으로 가르치고 무도한 사람에게 보복하지 않는 것은 남방의 강함이니, 군자가 거기에 해당한다. 쇠와 가죽으로 된 무기를 깔고 앉아서 죽더라도 싫어하지 않는 것은 북방의 강함이니, 너의 강함이 거기에 해당한다."고 해석하였다.

3) 「천지생물(天之生物)」 구절에 대한 해석

[자료 3 : 『중용』 원문]
天之生物必因其材而篤焉故栽者培之傾者覆之,

다수의 해석은 자료 3의 『중용』 원문을 "天之生物, 必因其材而篤焉. 故栽者培之, 傾者覆之."로 구두를 떼어 "하늘이 만물을 낳음에 반드시

---

166) 『中庸解』 14쪽 참조.

그 재질을 인하여 독실하게 한다. 그러므로 자라는 것은 북돋아주고 기울어지는 것은 엎어버린다."고 해석한다. 이 장에 대한 진사이의 해석은 이러한 다수의 해석과 동일한 것으로 보인다. 소라이는 "비유하자면 바람과 같이 의도적으로 번성함과 시듦을 택하지 않는 것이다. 번성하는 것은 화려하고 시드는 것은 사라진다. 이것이 그 재질을 따라서 독실하게 한다는 것이다."[167]라고 주석하였다. 이 주석에 따르면 소라이는 자료 3의 『중용』 원문을 "天之生物, 必因其材而篤. 焉故栽者培之, 傾者覆之?"라고 구두를 떼고,[168] "하늘이 만물을 낳는 것이 반드시 그 재질을 따라서 독실하게 한다. 어찌 일부러 자라나는 것이라고 해서 북돋아주고 기울어지는 것이라고 해서 엎어버리겠는가?"라고 해석한 것이다. 소라이의 해석은 '일부러'에 방점을 두어 하늘이 만물을 기르는 것은 의도적으로 하는 것이 아니라 자연 그 자체의 과정이라고 설명하고 있는 것이다. 이 구절의 해석에 관한 한 소라이의 해석이 일반 사람들의 상식에 가까운 것으로 보인다. 자라나는 것이라고 해서 북돋아주고 기울어지는 것이라고 해서 엎어버린다면, '독실하게 한다.'는 것과는 거리가 먼 것이 아니겠는가?

---

167) 『中庸解』 26쪽 : 辟如風乎, 無意擇榮枯也. 榮者華焉, 枯者殘焉. 此之謂因其才而篤焉.

168) 1926년에 출간한 『중용해(中庸解)』에서도 그렇게 구두를 떼고 있다.

8. 맺음말

제2장에서는 주자와 일본 고학파의 『중용』 해석을 비교·검토하였다. 『중용』의 저자에 대해서 주자는 자사가 지은 것이라고 하였고, 진사이는 『중용』을 자사가 지었다는 것이 확실하지 않다고 보았으며, 소라이는 『중용』을 자사가 지었다는 주자의 견해는 받아들이면서도, 주자가 내세운 도통론에 입각한 자사저작설은 받아들이지 않았다.

『중용』의 체제에 대해서는 주자는 원래의 『중용』이 들어 있었던 『예기정의』와는 다른 분류를 하였으며, '자왈(子曰)'이라는 두 글자를 장을 나누는 하나의 표지로 사용하고 있다. 진사이는 『중용』을 상편과 하편으로 나누고, 상편은 『중용』 본서이며, 하편은 한나라의 유학자들의 저술이 『중용』에 잘못 편입된 것이지, 『중용』의 원문이 아니라고 보았다. 소라이는 주자의 『중용』 분류를 따르지 않고 전적으로 자신의 견해에 따라 『중용』을 분류하였다.

『중용』의 성격에 대해서 주자는 자사가 이단이 일어나서 도통이 끊어질까 염려하여 지은 것이라고 보았고, 진사이는 『중용』이 『논어』의 뜻을 부연하여 지은 것이라고 보았으며, 소라이는 『중용』이 바로 그러한 성격을 갖기 때문에 도가 성인의 도에서 유자의 도라는 낮은 차원으로 떨어지고 말았다고 비판하고 있다.

『중용』의 의미에 대해서 주자는 "평상시에 치우침이나 기울어짐이 없고, 지나치거나 미치지 못함이 없는 것"이라고 하였다. 진사이는 중은 일을 처리하면서 마땅함을 얻는 것인데, 그것은 반드시 권을 통해서 얻어진다고 주장하였다. 소라이는 중을 지나침과 미치지 못함이 없는 것이라는 주자의 중에 대한 해석은 받아들이지만, 용을 평상이라고 한 주자와 달리 "평상시에 백성에게 실행할 수 있는 것"이라고 하여 치자의 입장에서 『중용』의 의미를 해석하였다. 그래서 소라이는 『중용』은 또 하나의 도가 아니라 선왕의 도를 실천하는 방법으로서의 덕이며, 효제충신(孝悌忠信)과 같은 일상생활에서 실천할 수 있는 덕목들이 바로 『중용』의 덕행이 된다고 주장하였다.

중화(中和)의 해석에서 주자는 희로애락(喜怒哀樂)이 발로되지 않은 것을 성(性)으로, 이미 발로된 것을 심(心)으로 하여 중화구설을 구상했다가, 다시 발로되지 않은 것을 성(性)으로, 이미 발로된 것을 정(情)으로 하는 중화신설을 정립하였다. 진사이는 중화를 언급한 구절이 『중용』의 원문이 아니라고 부정하고, 이 구절에 대한 주자의 형이상학적 해석이 후대 학문에 부정적 영향을 끼쳤다고 비판하였다. 소라이는 성(性)을 성질이라고 규정하고, 미발은 사람이 어려서 성질의 차이가 발로되지 않은 것, 이발은 이미 성장하여 성질의 차이가 발로된 것으로 보아, 주자와는 전혀 다른 방향의 해석을 하고 있다. 한편, 『중용』자체의 해석에서도 진사이와 소라이는 나름대로의 독특한 해석을 제시하고 있기도 하다.

論語

제3부

『논어』해석

제1장

주자와 이토 진사이의 『논어』 해석

1. 머리말

이토 진사이는 공자를 우주 제일의 성인, 『논어』를 우주 제일의 책이라고 하여, 공자와 『논어』를 최고, 최상의 성인이자 책으로 높였다. 그런데 진사이가 『논어』를 이렇게 높인 것은 그것이 고원해서가 아니라, 가장 평범한 일상 속에서 지고의 진리를 표현하고 있기 때문이었다. 이런 입장에서 진사이는 『논어』를 해석, 해설하여 『논어고의』를 썼고, 또 『논어』와 『맹자』의 자의를 밝히는 『어맹자의』를 썼다.

진사이의 아들 토오가이[伊藤東涯]가 『논어고의』 서문에 쓴 바에 의하면, 진사이는 40세 이전에 이미 『논어고의』의 초고를 썼고 50세 무렵까지 다섯 번이나 수정·보완하였다고 한다. 『논어』를 우주 제일의 책이라고 높였던 진사이가 『논어』 해설에 이처럼 힘을 기울인 것은 당연한 일이었다고 하겠다.

이 장에서는 이러한 진사이의 『논어』 해석 태도와 그 내용을 검토해보고자 한다. 진사이 자신이 주자의 해석을 염두에 두고 그것을 비판하면서 논의를 전개하고 있으므로, 주자의 『논어』 해석과의 비교를 중심에 두고 이 장을 전개해 가고자 한다. 글을 작성하면서 앞에 제시한 『논어고의』, 『어맹자의』를 주 자료로 삼고, 필요한 경우에는 『동자문』, 『인재일찰』도 참고하도록 하겠다.

2. 『논어』의 편찬자와 체제

『논어』의 편찬자에 대해서 정현은 "『논어』는 중궁·자유·자하 등이 찬정한 것이다."라고 하여 『논어』가 중궁·자유·자하에 의해 편찬되었다고 주장하였고, 정자는 "『논어』 책은 유자·증자의 문인에 의해 이루어졌다. 그러므로 그 책이 유독 두 선생을 자(子)라고 칭하였다."라고 하여 『논어』가 유자·증자의 문인에 의해 편찬되었다고 주장하였다. 진사이의 경우는 송나라의 유학자들이 『논어』를 해설한 것은 매우 많지만, 대부분 자기들의 견해에서 나왔고 불가와 도가의 설을 섞었으므로 믿을 수 없다고 하여 정자의 설을 부정하고, 한나라 유학자들의 설은 오히려 고대에 가깝고 전수한 뜻을 잃지 않았다고 하여 정현의 설을 지지하였다. 즉, 그는 정자가 말한 유자·증자뿐만 아니라 민자·염자도 또한 자(子)라고 칭하고 있다는 점을 들어 정자의 견해가 틀렸음을 지적하고, 『논어』가 자유·자하의 무리에 의해 편찬된 것이라고 하여 정현의 설을 지지한 것이다.

『논어』의 체제에 대해서 진사이는 『논어』 전체 20편이 전 10편, 후

10편의 체제로 구성되어 있다고 판단하였다. 『논어』를 편찬한 사람들이 먼저 전 10편을 편찬하여 서로 전습하다가, 뒤에 다시 후 10편을 편찬하여 전 10편에서 빠뜨린 내용을 보충해서, 합하여 20편을 만들었다는 것이다. 그 증거로 진사이는 전 10편의 마지막 편인 「향당」편의 내용을 든다. 1편에서 9편까지는 공자의 말을 기록하고(약간의 제자들의 말도 섞여 있지만), 10장 「향당」편에서는 공자의 향당과 조정에서의 일상생활의 모습을 그려 전 10편을 완결 지었다는 것이다. 진사이는 『논어』가 처음부터 20편의 체제로 이루어져 있었다면, 「향당」편이 마땅히 제20장에 왔을 것이라고 주장하고 있다. 사실 지금의 『논어』를 살펴보면 (진사이가 말하는 후 10편에서) 11편부터 18편까지는 공자의 말을 편찬하고(전 10편과 마찬가지로 제자들의 말도 약간 섞여 있다), 19편에서는 자장을 비롯한 제자들의 말을, 20편에서는 이전의 전거들에서 수집한 듯이 보이는 몇 개의 말을 나열하고 있어서, 진사이의 주장이 설득력을 갖고 있음을 보여준다.

또한 진사이는 후 10편의 내용 가운데 증점이 뜻을 말한 장, 자로가 정명을 물은 장, 계씨가 전유를 정벌한 일에 대해 논한 장은 장의 길이가 길고, 육언·육폐를 논한 장, 구사와 삼계를 논한 장, 익자삼우·손자삼우를 논한 장 등은 의론의 체제가 전 10장의 체제와는 다른 것도 후 10편이 전 10편을 보충한 자료라는 것을 보여주는 증거라고 보고 있다.

3. 『논어』 : 우주 제일의 책

진사이에게 공자는 최상지극우주제일(最上至極宇宙第一)의 성인이고, 『논어』는 최상지극우주제일(最上至極宇宙第一)의 책이다.[1] 진사이는 공

자의 덕은 여러 성인들을 넘어서며 공자의 도는 만세에 높이 뛰어나다
고 말하고, "삼왕에게 고찰해보아도 어긋나지 않고, 천지에 세워도 어
그러지지 않고, 귀신에게 질정해도 의심이 없으며, 백 세 동안 성인을
기다리더라도 의혹이 없다."는 『중용』의 말은 바로 공자를 찬미한 것이
라고 하였다. 그러한 공자의 언행을 기록한 『논어』가 진사이에게 최고
의 책이 되는 것은 당연하였다. 그는 다음과 같이 말하고 있다.

> 『논어』 한 책은 만세 도학의 규구(規矩)와 준칙(準則)이다. 그 말은 지극히
> 바르고 지극히 마땅하며 위로 꿰뚫고 아래로 꿰뚫어, 한 글자를 더하면 남고
> 한 글자를 줄이면 부족하다. 도는 여기에 이르러 다하고 배움은 여기에 이르
> 러 지극하니, 그것은 천지가 무궁하여 사람이 그 가운데 있으면서도 그 큼을
> 알지 못하는 것과 같다. 만세(萬歲)를 지나도 변하지 않고 사해(四海)에 적용
> 해보아도 어긋나지 않으니, 아, 크도다![2]

『논어』의 위대함을 상찬한 말 가운데 이 이상의 말이 있을까 의심이
들 정도로 최상의 찬사를 『논어』에 바치고 있다. 그래서 진사이는 『논
어』를 "최상의 지극한 우주 제일의 책"이라고까지 표현했던 것이다. 세
상에서 제일가는 책을 넘어서 우주에서도 제일의 책이라는 것이다. 따
라서 그는 『논어』를 자신을 가르쳐주는 스승이라고 생각했으며,[3] "하

---

1) 『童子問』 164쪽 : 孔子爲最上至極宇宙第一聖人, 論語爲最上至極宇宙第一書.

2) 『論語古義』 「總論」 3쪽 : 論語一書, 萬歲道學之規矩準則也. 其言至正至當, 徹上徹下, 增一字
則有餘, 減一字則不足. 道至乎此而盡矣, 學至乎此而極矣, 猶天地之無窮, 人在其中, 而不知其大.
通萬歲而不變, 準四海而不違, 於乎大矣哉!

3) 진사이는 "『논어』 20편은 그 한 마디 말, 한 마디 행동이 모두 나의 스승이 아님이 없다[論語
二十篇, 其一言一行, 皆莫非吾師也]."[『論語古義』 107쪽]고 말하고 있다.

늘이 공자를 태어나게 하지 않았다면 만고가 긴 밤과 같았을 것이다.”
라는 송나라 사람의 말을 빌려 『논어』를 만나게 된 다행스러움을 표현
하였다.[4] 그가 호를 경재(敬齋)에서 『논어』의 핵심 사상 가운데 하나인
인(仁)을 빌려 인재(仁齋)라고 바꾼 것도 이러한 인식에 기초한 것으로
보인다.

그런데 진사이가 이렇게 『논어』를 “최상의 지극한 우주 제일의 책”이
라고까지 표현한 것은 그것이 고원하기 때문이 아니라 바로 가장 평범
한 일상생활 속에서 진리를 표현하고 있기 때문이었다. 일상생활 속에
서 진리를 표현해야 그것이 참된 도이지, “한 사람이 아는데 열 사람이
알 수 없는 것은 도가 아니고, 한 사람이 행할 수 있는데 열 사람이 행할
수 없는 것은 도가 아니라”[5]는 것이다. 『주역』에서 『주역』의 도리를 “쉽
고 간단하다[易簡]”고 표현했듯이, 진사이는 알기 쉽고 행하기 쉬워서
천하와 만세에 적용될 수 있는 것이라야 도가 될 수 있다고 강조하고 있
는 것이다.

성인의 도는 천지의 상경(常經)이며 고금의 통의(通義)이니, 그것은 해와
달과 별이 하늘에 달려 있어서 만고에 떨어지지 않는 것과 같다. 지혜를 가
진 자는 모두 알 수 있고 뜻을 가진 자는 모두 행할 수 있어서, 비록 어리석
고 못난 부부라도 모두 알고 행할 수 있다.[6]

---

4) 『동자문(童子問)』에 다음과 같은 내용을 소개하고 있다 : 송나라 사람이 한 고찰의 대들보 위
에 ‘하늘이 공자를 태어나게 하지 않았다면 만고가 긴 밤과 같았을 것이다.”라고 열 개의 큰 글자
로 쓴 것을 보았다[宋人見於一古刹梁上書, 天不生孔子, 萬古如長夜, 十大字].
5) 『論語古義』「總論」4쪽 : 一人知之, 而十人不能知之者, 非道, 一人行之, 而十人不能行之者, 非道.
6) 『論語古義』288쪽 : 夫聖人之道, 天地之常經, 古今之通義, 猶日月星辰之繫於天, 而萬古不墜
也. 有智者皆可知, 有志者皆加行, 雖夫婦之愚不肖, 莫不與知能行焉.

위로는 왕공·대인으로부터 아래로 장사꾼·마부·절름발이·장님에 이르기까지 누구나 이 길을 따라 다니지 않음이 없다. 오직 왕공과 대인만이 다닐 수 있고 보통의 부부가 다닐 수 없다면 길이 아니며, 현명하고 지혜로운 자만 다닐 수 있고 어리석고 못난 자는 다닐 수 없다면 길이 아니다.[7]

진사이는 이것을 도덕과 의론의 관계로 설명한다. 성인이 돌아가시자 도덕이 쇠퇴하기 시작했고, 도덕이 쇠퇴하기 시작하자 의론이 높아지기 시작했다는 것이다. 도덕이 쇠할수록 의론은 높아지고, 의론이 높아질수록 도덕은 쇠하게 되는 법이라고 진사이는 말한다. 이를 통해서 공자와 맹자가 처한 시대 상황의 차이에 대한 진사이의 인식을 살펴볼 수 있다. 즉, 그는 공자의 시대는 도덕이 성했던 시대이고, 맹자의 시대는 의론이 성했던 시대라고 인식하고 있는 것이다. 공자의 시대에는 도덕이 성했기 때문에 오히려 도덕에 대한 의론이나 설명은 필요하지 않았고,[8] 맹자의 시대에는 의론이 성했기 때문에 다른 의론을 펼치는 사람들과의 대결을 위해 맹자는 부득이하게 공자의 도덕을 부연하여 설명할 수밖에 없었다고 진사이는 인식하고 있는 것이다.[9] 따라서 그는 자세하게 설명이 되어 있지 않은 『논어』를 이해하기 위해서는 『맹자』의

----

7) 『語孟字義』: 上自王公大人, 下至於販夫馬卒跛奚瞽者, 皆莫不由此而行. 唯王公大人得行, 而匹夫匹婦不得行, 則非道, 賢知者得行, 而愚不肖者不得行, 則非道.

8) 진사이는 "해가 중천에 떠 있으면 촛불을 밝힐 필요가 없기 때문에 다만 효·제·충·신을 말하면 충분하다[白日中天, 不待秉燭, 故只言孝悌忠信, 足矣]."[『童子問』81쪽]고 말하고 있는데, 해가 중천에 떠 있던 시대란 공자가 살아 있어서 도덕이 성했던 때를 비유하는 것이다. 그러나 해가 지면 촛불을 밝힐 필요가 있는 것이고, 그러한 역할을 한 것이 맹자라고 본다.

9) 그는 의론이 높은 예로 불교와 도가, 성리학을 든다. 인도는 효·제·충·신과 같이 일상생활에 밀접한 것이지 고원한 것이 아닌데, 불교와 도가, 성리학은 그런 것을 비근하다고 하여 버리고 고원한 의론만 일삼고 있다는 비판이다.

정의나 설명 등을 통해서 이해해야 한다고 강조한다.[10)]

이상과 같이 진사이가 도덕과 의론을 반비례하는 것으로 설명하는데, 그것을 행과 지라는 말로 바꾸어 설명할 수도 있다. 『논어』 원문에 대한 진사이의 해석을 통해서 검토해보기로 한다.

[자료 1 : 『논어』 원문 1]

子曰, "弟子入則孝, 出則弟, 謹而信, 汎愛衆, 而親仁, 行有餘力, 則以學文."

[공자가 말했다. "제자는 들어와서는 효도하고 나가면 공손하며 삼가고 미덥게 하며, 널리 사람들을 사랑하되 인한 사람을 친해야 하니, 행하고서 남은 힘이 있으면 글을 배워야 한다."]

[자료 2 : 주자의 주석 1]

愚謂, 力行而不學文, 則無以考聖賢之成法, 識事理之當然, 而所行或出於私意, 非但失之於野而已.

[나는 생각하건대 힘써 행하더라도 문을 배우지 않으면 성현의 성법을 알고 사리의 당연함을 알 방법이 없어서, 행하는 바가 혹 사사로운 뜻에서 나와 촌스러운 측면에서 잘못할 뿐만이 아니다.]

자료 1 『논어』 원문을 지행의 관점에서 분석해본다면, 공자는 효, 제, 근, 신, 애, 친을 행으로, 학문을 지로 나누어 행을 앞세우고 지를 행의 다음으로 돌린 것으로 분석할 수 있다. 정자도 『논어집주』에서 "제자의

---

10) 이에 대해서는 제4부 제1장 ,「주자와 이토 진사이의 『맹자』 해석」 302~303쪽에서 자세히 설명하도록 하겠다.

직분을 하고서 힘이 남거든 문을 배워야 하니, 그 직책을 다하지 않고 문을 앞세운다면 자기를 위한 학문이 아니다."[11]라고 하여, 공자의 생각을 충실히 따르고 있다. 그러나 주자는 자료 2의 주석에서 "나는 생각하건대 힘써 행하더라도 문을 배우지 않으면 성현의 성법을 알고 사리의 당연함을 알 방법이 없어서, 행하는 바가 혹 사사로운 뜻에서 나와 촌스러운 측면에서 잘못할 뿐만이 아니다."라고 하여 정자와는 달리 지를 강조하는 해설을 하고 있다. 이는 그가 행의 중요성을 인정하면서도 지를 앞세울 것을 주장하는 것과 관련이 있다.[12]

『논어』의 이 장을 해설하면서 진사이는 옛날에는 덕행을 학문으로 삼았기 때문에 학문이 이루어지면 도덕이 그로부터 서고, 견문이 더욱 넓어지고 몸소 행하는 것이 더욱 독실하게 되었는데, 후세에는 덕행은 덕행이고 학문은 학문이 되어 매양 문학이 승하고 덕행은 미치지 못하는 근심이 있게 되었다고 비판한다. 덕행을 중심으로 하면 학문은 그에 따라오게 되어 있는 것인데, 덕행과 학문을 갈라놓다 보니 결국은 학문이 덕행을 앞서고 덕행을 뒷자리로 물러나 버리고 말았다는 것이다. 그는 후세의 학자들이 이단이나 속된 유학자로 타락하고 마는 것도 바로 덕행을 위주로 하지 않고 문장을 배우는 것을 일로 삼기 때문이라고 그 이유를 밝히고 있다.

『동자문』에서 "천하의 선 가운데 어느 것이 최고입니까?"라는 질문에 진사이는 "배움을 좋아하는 것이 최고이고, 영민한 것은 그 다음이다. ……배움을 좋아하는 것은 천하에 넉넉하다. ……공자는 안연의

---

11) 『論語集注』 : 程子曰, "爲弟子之職, 力有餘則學文, 不修其職而先文, 非爲己之學也."
12) 임옥균, 『대진 : 청대중국의 고증학자이자 철학자』, 41쪽 참조.

총명함을 칭찬하지 않고 다만 그가 배움을 좋아하는 것을 칭찬했다."[13]
고 대답하였다. 타고난 자질보다는 스스로의 노력을 통해서 배워 수신
과 제가를 하고 국가와 천하를 다스려야 한다는 것이다. 진사이에 의하
면 공자는 사람을 취함에 매양 그 바탕이 아름다운 것을 칭찬하지 않고
그가 배움을 좋아하는 것을 깊이 칭찬했다. 타고난 바탕의 아름다움은
한계가 있지만, 학문의 공은 무궁하기 때문이다. 그러므로 진사이는 나
아가더라도 천하와 국가를 다스릴 수 없고, 물러나더라도 수신과 제가
를 할 수 없는 것은 모두 학문이 되기에 부족하다고 강조하고 있다.[14]
덕행과 연결되지 않는 학문은 학문이라고 할 수 없다는 것이다.

　　공자는 "안회는 배우기를 좋아하여 화를 옮기지 아니하고 잘못을 두 번
하지 않는다."고 하였으니, 성인이 도덕을 수행하는 것으로써 학문을 삼았
고, 지금 사람들처럼 도덕으로써 도덕을 삼고 학문으로써 학문을 삼지 않았
다는 것을 알 수 있겠다. 공자는 또 "알지 못하면서 행동한 것이 있는가? 나
는 이러한 일이 없노라. 많이 듣고서 그 좋은 것을 가려서 따르며, 많이 보고
서 기억해두는 것이 아는 것의 다음이 된다."고 하였고, 또 "많이 듣고서 의
심난 것을 빼고 그 나머지를 삼가 말한다면 허물이 적고, 많이 보고서 위태
로운 것을 빼고 그 나머지를 삼가 행동한다면 후회가 적다. 말에 허물이 적
고 행동에 후회가 적으면 녹이 그 가운데에 있다."고 하였으니, 견문으로써
작용을 삼았고 지금 사람들처럼 오로지 서책에 의지하고 의리를 강론하는
것으로써 학문을 삼는 종류와 같지 않다는 것을 알겠다. 맹자가 말한 '존양

---

13) 『童子問』 159쪽 : 問, "天下之善, 如何爲最?" 曰, "好學爲最, 穎敏次之. ……好學優於天下
矣. ……夫子不稱其聰明, 而特稱其好學."
14) 『仁齋日札』 168쪽 : 進焉而不可治天下國家, 退焉而不可修身齊家者, 皆不足以爲學也.

과 '확충'의 종류가 모두 곧 학문이니, 선유가 "학문은 지와 행을 겸하여 말한 것이다."라고 한 것이 도리를 얻은 것이다.[15]

진실로 학문을 따르지 않으면 비록 천하의 총명함으로써도 뭘 할 수가 없다. 그러므로 천하에 학문의 공보다도 귀한 것이 없고 또한 학문의 이익보다도 큰 것이 없다. (학문을 하면) 나의 성을 다할 수 있을 뿐만 아니라, 또한 남의 성도 다할 수 있으며, 사물의 성도 다할 수 있으며, 천지의 화육을 도울 수도 있으며, 천지와 나란히 서서 셋이 될 수도 있다.[16]

이처럼 진사이에 의하면 사람이 천지와 더불어 삼재(三才)가 될 수 있는 것도 바로 학문의 공이다. 그러므로 그는 "천세 뒤에 태어나서 천세의 앞을 시비할 수 있고, 칠척의 몸으로 천지와 더불어 서서 셋이 될 수 있기 때문에, 배움을 좋아하는 이익은 헤아릴 수 없다."[17]고 말하고 있다.

또한 「학이」편 "맹무백이 효에 대해 물었다."라는 장 이하의 세 장에 대해서 진사이는 다음과 같이 말하고 있다.

---

15) 『語孟字義』166쪽 : 孔子曰, "有顔回者好學, 不遷怒, 不貳過." 可見聖人以修道德爲學問, 而非若今人之以道德爲道德, 以學問爲學問也. 又曰, "蓋有不知而作之者, 我無是也. 多聞擇其善者而從之, 多見而識之, 知之次也." 又曰, "多聞闕疑, 愼言其餘則寡尤, 多見闕殆, 愼行其餘則寡悔. 言寡尤, 行寡悔, 祿在其中矣." 可見以見聞爲用, 而非若今人之專以所靠書册講義理爲學問之類也. 孟子所謂存養擴充之類, 皆卽是學, 先儒云, "學兼知行而言", 得之矣.

16) 『語孟字義』164쪽 : 苟不由學問, 則雖以天下之聰明不能, 故天下莫貴乎學問之功, 而又莫大於學問之益. 而非但可以盡我性, 又可以盡人之性, 可以盡物之性, 可以贊天地之化育, 可以與天地並立而參矣.

17) 『論語古義』75쪽 : 生乎千載之下, 而可以是非千載之上, 以七尺之軀, 而可與天地並立而參, 故好學之益, 不可量也.

도가 더욱 빌수록 말은 더욱 높고, 덕이 더욱 실하면 말은 더욱 낮은 것이 자연의 부호이다. 천하의 말이 높을 수는 있지만 낮을 수는 없는 것은 덕이 없기 때문이다. 「무백문효」 이하의 세 장은 천하의 말 가운데 이보다 낮은 것이 없으며 또한 이보다 실한 것이 없다. 오직 공자만이 그렇게 말할 수 있지 다른 사람은 말할 수 없으니, 그래서 성인의 말이 된다.[18]

성인의 말이 낮은 것은 그의 도와 덕이 높기 때문이고, 도와 덕이 낮은 사람은 오히려 반대로 말을 높게 한다는 것이다. 이것을 진사이는 비유를 들어 "높은 곳에 거처하는 사람은 낮은 곳을 보기 때문에 그 말이 낮지 않을 수 없고, 낮은 곳에 거처하는 사람은 높은 곳을 보기 때문에 그 말이 높지 않을 수 없다."[19]고 설명하고 있다. 그러므로 "고원한 말을 하기를 좋아하는 것은 모두 처한 곳이 낮기 때문"[20]이니, 성인의 말이 평이하다고 해서 소홀히 여겨서는 안 된다.[21] 진사이에 의하면 성인은 일상생활에서 실제로 실천할 수 있는 도리를 말하기 때문에 고원한 것을 말하지 않고 인정에 가까운 것을 말한다.

예컨대 즐거움이란 인정상 마땅히 있어야 하는 것이고, 슬픔 또한 인정상 벗어날 수 없는 것인데, 만일 인정상 마땅히 있어야 하는 것을 없애려고 하면 대상을 끊어버리는 데 이르고, 인정상 벗어날 수 없는 것을

---

18) 『論語古義』 20쪽 : 道愈虛, 則言愈高, 德愈實, 則言愈卑, 自然之符也. 故天下之言, 得能爲其高, 而不能爲卑, 無其德也. 若武伯問孝以下三章, 天下之言, 莫卑於此, 亦莫實於此. 惟孔子能言之, 而他人之所不能言焉, 所以爲聖言也.

19) 『童子問』 81쪽 : 居高者視卑, 故其言不得不卑, 居卑者視高, 故其言不得不高.

20) 『論語古義』 95쪽 : 其言好爲高遠者, 皆以其所處之卑也.

21) 『論語古義』 56쪽 : 성인의 말은 천하의 지극한 말이니, 이치는 여기에 이르러 다하고 가르침은 여기에 이르러 지극해진다. 그 말이 평이하다고 해서 소홀히 해서는 안 된다[聖人之言, 天下之至言, 理到此而盡矣, 敎到此而極矣, 不可以其語平易而忽諸].

없애려고 하면 본성을 해치는 데 이른다.[22] 이런 입장을 가지고 있으므로 진사이는 호락(好樂)도 삼가야 하는 것이지 있어서 안 되는 것은 아니라고 본다. 심지어 진사이는 『대학』에서 "좋아하고 즐거워하는 바가 있으면 그 바름을 얻지 못한다."고 한 말을 잘못이라고 비판하며, 그런 의미에서 『대학』을 공문(孔門)의 학문이 아니라고 비판하고 인정하지 않는다.[23] 또한 공(公)이란 것도 인정을 벗어나면 의미가 없는 것이라 하여 그 의의를 크게 보지 않는다. 다음의 『논어』 원문을 검토해보자.

[자료 3 : 『논어』 원문 2]

葉公語孔子曰, "吾黨有直躬者, 其父攘羊而子證之." 孔子曰, "吾黨之直者, 異於是. 父爲子隱, 子爲父隱, 直在其中矣."

[섭공이 공자에게 말하였다. "우리 고을에 정직하게 행동하는 자가 있으니, 그의 아버지가 양을 가로채자, 아들이 그것을 증명하였습니다." 공자가 말했다. "우리 고을의 정직한 자는 이와 다릅니다. 아버지는 자식을 위해 숨겨주고 자식은 아버지를 위해 숨겨주니, 정직함은 그 가운데 있는 것입니다."]

[자료 4 : 주자의 주석 2]

父子相隱, 天理人情之至也. 故不求爲直, 而直在其中.

[아버지와 아들이 서로 숨겨주는 것이 천리와 인정의 지극함이다. 그러므로 정직함을 구하지 않아도 정직함이 그 가운데 있다.]

---

22) 『論語古義』 41쪽 : 樂者人情之所宜有, 而哀亦人情之所不免, 苟欲去人情之所宜有, 則至於絶物, 欲滅人情之所不免, 則至於害性.

23) 『論語古義』 248쪽. 그는 「대학비공씨지유서변(大學非孔氏之遺書辨)」이라는 글을 지어 『대학』이 공문(孔門)의 학문이 아니라고 주장하였다.

자료 3 『논어』 원문에서 섭공은 아버지가 양을 훔치면 아들은 아버지와 아들이라는 인정을 넘어서서 공적인 입장에서 아버지의 죄에 대해서 증거 하는 것을 '직(直)'이라고 하였다. 반면에 공자는 아버지가 아들을 위해 숨겨주고 아들이 아버지를 위해 숨겨주는 그 인정 가운데 바로 '직(直)'이 있는 것이라고 하여 다른 견해를 보여주고 있다. 자료 4에서 주자는 "아버지와 아들이 서로 숨겨주는 것이 천리와 인정의 지극함이다."라고 말하여 공자의 입장을 지지하고 있다. 진사이는 "어찌 인정의 밖에 따로 이른바 천리란 것이 있겠는가?"[24]라고 하여 주자의 견해를 보충하면서, "인정을 도외시하고 은애를 떠나 도를 구하는 것은 실로 이단이 숭상하는 것이지, 천하의 달도가 아니다."[25]라고 하여 섭공의 견해를 비판하고 있다. 진사이는 여기에서 '공(公)'을 "옳은 것을 옳다고 하고 그른 것을 그르다고 하여, 친소와 귀천을 구별하지 않는 것을 공이라고 한다."[26]고 정의하고, 그것이 인정을 벗어나므로 보편적인 도리가 될 수 없다고 하면서, 다음과 같이 『논어』의 원문을 해설하고 있다.

　　송나라의 유학자는 매양 공(公)이라는 글자를 학문의 긴요처로 삼으니, "천리의 공", "공으로서 사람이 체득한다."고 말하는 것이 그것이다. 그러나 공이라는 글자는 노자의 책에 자주 보일 뿐, 우리 성인의 책에는 없다. 왜 그런가? 옳은 것을 옳다고 하고 그른 것을 그르다고 하여, 조금도 치우치거나 사사로움이 없는 것을 공(公)이라고 한다. 그러나 친소(親疏)를 가리지 않고 일괄적으로 행한다면 반드시 의(義)를 해친다. 아버지는 아들을 위해 숨겨주

---

24) 『論語古義』 197쪽 : 豈外人情, 而別有所謂天理者也?

25) 『論語古義』 197쪽 : 若夫外人情離恩愛, 而求道者, 實異端之所尚, 而非天下之達道也.

26) 『論語古義』 197쪽 : 是是而非非, 不別親疏貴賤, 謂之公.

고 아들은 아버지를 위해 숨겨주며, 월나라 사람이 활을 당겨 쏘거든 자기는 담소를 하면서 말하고, 형이 활을 당겨 쏘거든 눈물을 흘리면서 말하는 것은 공(公)이라고 말할 수는 없지만, 인정의 지극함이고 도가 보존되어 있는 곳이다. 그러므로 성인이 인(仁)으로 사랑을 다하고 의(義)로 구별을 세우는 것은 천도(天道)에 음양(陰陽)이 있고 지도(地道)에 강유(剛柔)가 있어서 하나를 폐할 수 없는 것과 같다. 그러므로 인하지만 의가 없으면 묵자(墨子)의 인이어서 행할 수 없고, 의롭지만 인이 없으면 양자(楊子)의 의라서 따를 수 없다. 만일 인에 거하고 의를 따르면 공(公)을 말하기를 기다리지 않아도 저절로 치우치거나 사사로움이 없을 것이다.[27]

인용문에서 월나라 사람과 형을 비교한 것은 『맹자』「고자(하)」편에 나온 내용이다. 진사이가 하고 싶은 말은 결국 공(公)은 유학의 핵심이 아니고 의(義)를 행하면 공(公)은 저절로 실행된다는 것이다. 그래서 진사이는 "성인은 예(禮)를 말하고 리(理)를 말하지 않으며, 의(義)를 말하고 공(公)을 말하지 않았다."[28]고 강조한다.

---

27) 『論語古義』293쪽 : 宋儒每以公字, 爲學問之緊要, 曰天地之公, 曰公而以人體之, 是也. 然公字, 屢見老莊之書, 而於吾聖人之書無之. 何者? 是是而非非, 少無所偏私, 謂之公. 然不擇親疏, 槩而行之, 則必有害於義. 夫父爲子隱, 子爲父隱, 越人關弓而射之, 則己談笑而道之, 其兄關弓而射之, 則垂涕泣而道之, 不可謂公. 然人情之至, 道之所存也, 故聖人仁以盡其愛, 義以立其辨, 猶天道之有陰陽, 地道之有剛柔, 不可偏廢也, 故仁而無義, 則墨子之仁, 不可行也, 義而無仁, 則楊子之義, 不可從也. 苟居仁由義, 則不待言公, 而自無所偏私矣.

28) 『論語古義』197쪽 : 聖人說禮而不說理, 說義而不說公.

4. 인정을 벗어나면 이단이다

진사이는 이단을 단서가 서로 달라서 한결같지 않은 것이라고 풀이한다. 그러므로 『논어』 「학이」의 "이단을 다스리면 해로울 뿐이다[功乎異端, 斯害也耳]."라는 문장을 "근본에 힘쓰지 않고 다만 단서가 다른 것을 다스리면 이익이 없고 해만 있을 뿐이다."[29]라고 해설하였다. 즉, 말단에만 힘쓰지 말고 근본에 힘쓰라는 것이 공자의 참뜻이었다는 것이다. 그래서 진사이는 학문의 방법이란 근본에 힘을 쓰면 말단은 저절로 다스려지기 마련이라고 강조하고, 불교와 노장만이 이단이 아니라 학자들이 도덕·인의에 힘쓰지 않고 기송·사장에 힘쓰는 것도 이단의 일종이라고 본다.[30]

또한 진사이는 앞 장에서 말한 인정을 기준으로 삼아, 인정에 토대를 두고 있는 것은 성인의 학문이며 인정을 벗어난 것은 바로 이단의 학문이라고 말하고 있다.[31]

불교·노자의 가르침과 근세의 선유(先儒)의 설과 같은 것은 공허하여 의

---

29) 『論語古義』 23쪽 : 不用力於根本, 而徒治其端之所異, 則無益而有害也.

30) 『論語古義』 23쪽 : 學問之道, 用力其本, 則末自治焉. 徒修其末, 則必有其本, 必然之理也. 後世之學, 不用力於道德仁義, 而徒從事於記誦詞章, 爭其多寡, 較其短長, 此亦攻異端之類焉耳.

31) 『論語古義』 130쪽 : 세속이 곧 도이며, 세속 밖에 다시 이른바 도라는 것은 없다. 그러므로 "군자의 도는 부부에서 그 단서를 시작한다."고 말했다. …… 어찌 반드시 세속 밖에서 도를 구하겠는가? 세속 밖에서 도를 구하는 것은 실로 이단의 종류이지 성인의 도가 아니다.[俗卽是道, 外俗更無所謂道者, 故曰 "君子之道, 造端於夫婦." …… 何必外俗而求道哉? 若夫外俗而求道者, 實異端之流, 而非聖人之道也.] 『童子問』 78쪽 : 알기 쉽고 행하기 쉬우며 평정하고 친절한 것이 도리어 만세 동안 바뀌지 않을 천하의 지극한 이치이다. 알기 어렵고 행하기 어려우며 높고 멀어 미칠 수 없는 설은 이단·사설이다.[易知易行平正親切者, 卻是萬世不易天下極至之理. 蓋難知難行高遠不可及之說, 乃異端邪說.]

거하기 어려운 이치를 높이 제창하고 고원하여 미칠 수 없는 설을 짓기를 좋아하여, 기이하여 웃음 지을 만하지 않음이 없고 높아 놀랄 만하지 않음이 없다. 그러나 그것은 천하에 통하고 만세에 전달되어 잠시도 떠날 수 없는 도가 아님을 어찌하랴? 그러므로 우리 유교와 이단 사이의 진위와 시비를 구별하고자 한다면 본래 많은 말을 할 필요가 없다. 다만 '떠날 수 있는가'와 '떠날 수 없는가'를 살펴보면 충분하다.[32]

인정을 떠나지 않는 것이 유교이며, 인정을 떠나 있는 것이 바로 이단이라는 것이다. 이처럼 진사이가 불교와 노자를 비판하는 주요 논리는 그것이 일상성을 떠나 고원한 데로 달려가고 있어서, 실제적인 학문이 도움이 되지 못하고 실천하기에 불가능한 것이 되고 말았다는 점에 있었다.[33]

애공이 물었다. "제자가 누가 배우기를 좋아합니까?" 공자가 대답하여 말했다. "안회라고 하는 사람이 배우기를 좋아하여 노여움을 옮기지 아니하며 허물을 두 번 하지 않았는데, 불행히도 명이 짧아서 죽었습니다. 지금은 없으니, 배우기를 좋아하는 자에 대해 듣지 못하였습니다."[34]

----

32) 『語孟字義』 99쪽 : 若佛老之敎, 及近世禪儒之說, 高唱空虛難憑之理, 好爲高遠不可及之說, 非不奇而可喜, 非不高而可驚, 然奈其非通乎天下達乎萬世, 而不可須臾離之道何? 故欲辯吾儒與異端之眞僞是非, 本不待費多言, 只察於其可得而離與不可得而離, 可矣.

33) 『童子問』 중62 : 입으로 말할 수 있지만 몸으로 행할 수 없는 것을 군자는 말하지 않는다. 묵자는 천하를 겸애하는 것을 도로 삼고, 불교는 삼계의 중생을 자기의 한 자식으로 여긴다고 하는데, 입으로 말할 수 있지만 몸으로 행할 수 없는 것이다.[口得言而身不能爲者, 君子不道. 墨子以兼愛天下爲道, 佛氏以三界衆生, 爲己一子, 皆口得言而身不能爲者也.]

34) 『論語』 「雍也」 : 哀公問, "弟子孰爲好學?" 孔子對曰, "有顔回者好學, 不遷怒, 不貳過, 不幸短命死矣. 今也則亡, 未聞好學者也."

위의 인용문에 대해서 정자는 『집주』에서 "안자의 노여움은 상대방에 있지 자기에게 있지 않았으므로 옮기지 않았다. …… 순임금이 사흉(四凶)을 죽인 것은 노여워할 만한 것이 사흉에게 있었으니, 자기와 무슨 관계가 있었겠는가?"[35]라고 하였으며, 또한 소주에서 "그 사람에게 노여워할 만한 일이 있어서 노여워한 것이지, 성인은 본래 노여움이 없다."[36]라고 하였다. 진사이는 정자의 이 말이 허무에 빠진 것으로 성인의 마음을 논한 것이 될 수 없다고 비판한다. 희로애락이란 인심의 작용으로 비록 성인이라도 또한 다른 사람과 다름이 없는 것이므로, 정자의 말처럼 그것이 본래 나에게 있느냐 대상에게 있느냐는 차이는 있을 수 없으며, 성인과 보통사람의 차이는 보통사람의 희로애락은 자기의 사사로움에 끌려 일어나고, 성인의 희로애락은 인의를 따라 발로되는 차이가 있을 뿐이라는 것이다.

이처럼 『논어』의 특징이라고 할 수 있는 인정에 기반한 일상성을 기준으로 진사이는 이단을 구분한다. 이 기준보다 한 단계 넘으면 허무의 학(學)인 불교와 노자가 되고,[37] 이 기준보다 한 단계 낮으면 공리(功利)의 학(學)인 신도(愼到)·한비자(韓非子)·상앙(商鞅)의 무리가 된다는 것이다.[38] 진사이에 의하면 누구나 다닐 수 있는 길이 참된 길이다. 누구나 다닐 수 없고 어떤 사람만 다닐 수 있는 길은 이단의 길이다. 그는 일상

---

35) 『論語集注』: 程子曰, "顔子之怒, 在物不在己, 故不遷. … 若舜之誅四凶也, 可怒在彼, 己何與焉?"

36) 『論語大全』: 蓋因是人有可怒之事而怒之, 聖人之心, 本無怒也.

37) 『論語古義』 135쪽 : 천하의 사람들 가운데 자품이 총민한 자들은 반드시 마음을 고원한 데 노닐어 힘을 쓰는 것이 깊지만, 도란 본래 일상생활 가운데 있고, 평평탕탕하며 매우 가까이 있다는 것을 알지 못한다. 그래서 결국은 반드시 이단인 허무·적멸의 종류가 되고 만다.[天下之人, 資稟聰敏者, 必遊心高遠, 用力艱深, 而不知道本在日用常行之間, 平平蕩蕩, 甚至近也. 其卒也, 必爲異端虛無寂滅之流.]

속에서 진리를 실천하는 것이 세속을 떠나 진리를 추구하는 것보다 어렵다는 것을 강조하여 "사람에게 어려운 것은 인사를 주선하고 세도를 유지하여 금수에 이르지 않게 하는 데 있다. 세속을 떠나 단절하여 홀로 그 몸을 선하게 하는 것이라면 무슨 어려움이 있겠는가?"[39]라고 반문하고 있다.

진사이는 역사적으로도 불교와 노자의 가르침이 사회에 쓸모 있는 역할을 하지 못했다고 말한다.[40] 요순으로부터 문무에 이르기까지 성왕들이 다스리던 시대에는 불교와 노자가 없어도 태평성대를 이루었으며, 불교와 노자가 흥성한 이후로 오히려 혼란하게 되었다는 것이다.[41] 또한 그들이 적멸과 허무를 그렇게 주장했지만, 다섯 가지 인륜은 없어

---

38) 『童子問』153쪽 : 일상에서 행하여 변하지 않는 것이 가장 어려운 일이자 중용의 극치이자 성인의 종지이다. 이보다 한 등급 높으면 허무의 학이 되니, 불·노의 학이 그것이고, 이보다 한 등급 낮으면 공리의 학이 되니, 신도·한비자·상앙의 무리가 그것이다.[平常不易, 此爲一大坎, 乃中庸之極, 而聖人之宗旨也. 高此一等, 則爲虛無老佛之學, 是已, 卑此一等, 則爲功利, 申韓商鞅之道, 是已.]

39) 『論語古義』224쪽 : 人之所難者, 在於周旋人事, 維持世道, 使不至于禽獸. 若夫絕世離俗, 獨善其身, 何難之有?

40) 『童子問』109쪽 : 성인은 천하로부터 도를 보고 불교와 노자는 한 몸으로부터 도를 본다. ……(불교와 노자는) 오직 청정·무욕하여 자기 한 몸의 편안함을 성취하려고 하기 때문에 끝내는 인륜을 버리고 예악을 폐하는데 이른다.[聖人從天下上見道, 佛老就一身上求道. ……專要淸淨無欲, 以成就一己之安, 卒至於棄人倫廢禮樂.]

41) 『語孟字義』98쪽 : 그런데 불교와 노자의 가르침은 그렇지 않다. 그것을 숭상하면 존재하지만 폐하면 없어진다. 있어도 쓰임이 되지 못하고 없어도 손해가 되지 않는다. 옛적 요·순·우·탕·문·무의 시기에는 세상이 모두 태평하고 백성이 모두 장수하여, 두 성씨가 없는 것으로써 근심을 삼지 않았다. 불교와 노자가 비로소 흥성하기 시작한 이래로 임금 가운데 그것을 숭상한 자가 매우 많았다. 그러나 크게 그것을 숭상하면 크게 혼란하고 작게 그것을 숭상하면 작게 혼란하였으니, 우리 성인의 도가 천하에서 하루라도 없을 수 없는 것과 같지 않다. 그러므로 있어도 쓰임이 되지 않고 없어도 손해가 되지 않는다고 말한 것이다.[若佛老之敎, 則不然, 崇之則存, 廢之則滅. 有焉而不爲用, 無焉而不爲損. 古昔堯舜禹湯文武之時, 世咸太平, 民皆壽考, 不以無二氏爲患. 自佛老始崇以還, 人主崇奉之者, 不爲不多. 然而大崇奉之則大亂, 小崇奉之則小亂, 非若吾聖人之道, 不能使天下一日無焉. 故曰, 有焉而不爲用, 無焉而不爲損.]

지지 않았고 무위는 회복할 수 없었다는 것이다.⁴²⁾ 진사이는 불교의 공 (空)과 노자의 허(虛)를 다음과 같이 비판한다.

불씨는 공(空)으로써 도를 삼고 노자는 허(虛)로써 도를 삼는다. 불씨는 산 천대지가 모두 환망한 것이라고 여기고, 노자는 만물이 모두 무(無)에서 생 겨난다고 여긴다. 그러나 천지는 만고토록 항상 위에서 덮고 아래에서 싣고 있으며, 일월은 만고토록 항상 위에서 비추어 아래로 임하고 있으며, 사시는 만고토록 항상 서로 미루어 옮겨가며, 산천은 만고토록 항상 솟아 있고 흘러 가며, 날개 달린 것·털 달린 것·비늘 있는 것·벌거벗은 것·심어진 것·덩 굴진 것은 만고토록 항상 이와 같이 존재한다. 형(形)으로써 변화하는 것은 만고토록 항상 형으로써 변화하고, 기(氣)로써 변화하는 것은 만고토록 항상 기로써 변화하여, 서로 전하고 서로 불리어 낳고 낳아 무궁하게 진전되니, 어디에서 이른바 공(空)과 허(虛)라는 것을 볼 수 있겠는가?⁴³⁾

불교가 공을, 노자가 허를 주장했지만, 천지는 여전히 만고 불변으로 존재하고 있다는 것이다. 그래서 진사이는 불교는 한 사람의 마음을 대 상으로 삼기 때문에 사사로운 설에 불과하며 성인의 도는 천하 사람들

....

42) 『論語古義』 273쪽 : 불교는 적멸을 가르침으로 삼고 노자는 허무를 도로 삼아 천하를 바꾸 려고 생각하였다. 그러나 지금에 이르기까지 2천여 년 동안 불교는 천하의 군신, 부자, 부부를 없앨 수 있었던 적이 없고, 노자 또한 태고의 무위를 회복할 수 있었던 적이 없다. 이에 우리 공 자의 가르침이 지극히 중정하고 고금을 관철하여 더 이상 더할 것이 없음을 더욱 알 수 있다.[夫 佛氏以寂滅爲教, 老氏以虛無爲道, 思以易天下. 然到今二千有餘歲, 佛氏未嘗能滅天下之君臣父子夫婦, 而老氏亦未嘗能復太古之無爲. 於是益知吾夫子之教, 大中至正, 貫徹古今, 不可以復加也.]

43) 『語孟字義』 101쪽 : 佛氏以空爲道, 老子以虛爲道. 佛氏以爲山川大地盡是幻妄, 老子以爲萬 物皆生於無. 然而天地萬古常覆載, 日月萬古常照臨, 四時萬苦常推遷, 山川萬古常峙流, 羽者毛者 鱗者裸者植者蔓者, 萬古常若此. 以形化者, 萬古常以形化, 以氣化者, 萬古常以氣化, 相傳相蒸, 生生無窮, 何所見夫所謂空虛者耶?

의 마음을 대상으로 삼기 때문에 성인의 도야말로 보편타당한 도라고 결론을 내린다.[44]

5. 인의 해석

공자가 생각하는 인은 타인을 사랑하는 마음을 갖는 것일 뿐만 아니라, 그러한 마음을 세상에 펼쳐서 구체적인 결과를 가져왔을 때에야 말할 수 있는 것이었다. 그러므로 정사에 종사하지 않았던 제자들에 대해서는 그의 인함을 실증할 수 없었기 때문에 "아직 인하다고 할 수 없다."고 했다. 그들이 인하지 않다고 부정한 것이 아니라, 그들의 인함을 아직 검증할 수 없었기 때문에 그렇게 말한 것이다. 한편으로는 제자들이 인하지 않다고 생각했던 관중에 대해서 공자는 인한 사람이라고 인정했다. 그가 백성들을 사랑하는 정치를 펴서 구체적인 업적을 이루었

---

44) 『童子問』 90쪽 : 성인의 도는 군신·부자·부부·형제·붕우의 사이에 있고 덕은 인·의·충·신의 밖으로 벗어나지 않는다. 고금에 통하여 변하는 바가 없고 사회에 표준으로 세워도 어긋나는 바가 없으며, 사람의 마음에 근본하고 풍속에 관철된다. 천자도 폐할 수 없고 성인도 고칠 수 없다. 부부의 어리석음으로도 모두 알 수 있고 행할 수 있기 때문에 천하의 달도·달덕이라고 한다. 선종과 장자의 리학, 송나라 유학자의 이성의 학문은, 그 리가 은미하여 알기 어렵고, 그 도는 높고 오묘하여 행하기 어렵다. 인사에서 멀고 풍속에 어긋나, 일상생활에 미루어 보면 모두 쓸 데가 없으니, 어찌 천하의 달도·달덕이라고 말할 수 있겠는가?[聖人之道, 在於君臣父子夫婦昆弟朋友之間, 而德不出於仁義忠信之外. 通于古今而無所變, 準乎四海而無所違, 根於人心, 徹于風俗. 天子不能廢焉, 聖人不能改焉. 夫婦之愚不肖, 皆可能知, 皆可能行, 故謂之天下之達道德. 若禪莊之理宋儒理性之學, 其理隱微而難知, 其道高妙而難行, 遠於人事, 戾於風俗, 推之於人倫日用, 皆無所用, 豈得謂之天下之達道德乎?]『仁齋日札』 177쪽 : 불교는 한 사람의 마음에서 도를 보고, 한 사람의 마음에서 도를 보기 때문에 불자의 도는 한 사람의 사사로운 설이다. 천하 사람들이 같이 그렇게 여기는 것에서 도를 보기 때문에 성인의 도는 대중지정의 도가 된다.[佛子就一人之心見道, 就一人之心見道, 故佛者之道, 爲一人之私說. 就天下之所同然而見道, 故聖人之道, 爲大中至正之道.]

기 때문이었다. 관중에 대해서 인하다고 인정한 것은 공자 자신이 충분히 검증해본 다음에 내린 결론이었다. 공자의 인이 '마음' 차원에서만의 평가가 아닌 '정사'에 드러난 결과까지도 고려한 평가였음을 보여주는 예라고 할 수 있을 것이다. 그러함에도 공자의 제자들은 항상 인을 마음의 차원에서만 생각하고 공자에게 질문을 하였기 때문에 공자로부터 인정을 받지 못하는 모습을 볼 수 있다.

  자로가 말하였다. "환공(桓公)이 공자(公子) 규(糾)를 죽이자, 소홀(召忽)은 죽었고, 관중(管仲)은 죽지 않았으니, 인하다고 말하지 못할 것입니다." 공자가 말하였다. "환공이 제후들을 규합하되, 병거를 쓰지 않은 것은 관중의 힘이었으니, 누가 그의 인만 하겠는가, 누가 그의 인만 하겠는가!"[45]

공자는 관중이 섬기던 공자(公子) 규를 위해 죽었느냐의 여부를 따지지 않고, 다만 제후를 규합한 공을 들어서 그가 인하다고 칭하였다. 왜 인가? 진사이는 "그가 왕법을 들어 닦고 풍속을 만회하여 은택과 은혜가 멀리 천하 후세에 미쳤으니, 그 덕을 행한 것이 매우 크다. ……인은 큰 덕이다. 자애의 마음을 잠시라도 잊지 않은 것이 아니면 본래 인정할 수 없고, 세상을 구제하고 백성을 편안하게 하는 공이 천하 후세에 입힐 수 있다면 또한 인이라고 말할 수 있다."[46]라고 말하고, 이 때문에 비록 뛰어난 제자라도 인을 인정하지 않으면서 도리어 관중에 대해서는 인

하다고 인정했던 것이 아닌가라고 해설하고 있다. "관중의 사람됨은 비록 실덕을 가진 것은 아니었지만, 평소에 천하를 구제하려는 뜻을 가지고 있었고, 또한 천하를 구제하는 공을 이룰 수 있었다. 그러므로 공자도 또한 그의 인함을 칭찬하였다."[47]는 것이다. 이렇게 관중의 인을 인정한 공자가 제자들에 대해서 인을 인정하지 않은 이유에 대해서, 진사이는 필자가 위에서 말한 것처럼 제자들의 인이 마음의 차원에 머물렀다는 것 이외에, 그들의 인이 지속성을 보장할 수 없었기 때문이라는 하나의 이유를 더 들고 있다.

자애·측달의 마음을 잠시라도 떠나지 않으며, 잔인하고 각박한 마음이 조금도 없어야 바로 인이다. 세 제자는 비록 뛰어난 제자들이었지만 그 시종 불변하는 것을 보장하기 어려웠기 때문에 공자가 그들의 인을 인정하지 않았다.[48]

이상에 의하면 공자의 인은 지속성과 포괄성을 가져야 했다. 그래서 지속적으로 인의 상태를 유지해야 했으며, 관중처럼 그 인을 사해에 떨쳐야 했다. 공자가 안회만이 삼 개월 동안 인을 지속하고 다른 제자들은 한두 번에 그쳤다고 말한 점에 비추어보면, 제자들에 대해서는 지속성과 포괄성이 결여되었다고 보아 인을 인정하지 않은 것이며, 관중에 대해서는 그 인의 효력이 사해에 미친 것을 인정해서 그의 인함을 인정했던 것이다.

----

47) 『論語古義』63쪽 : 若管仲之爲人, 雖非有實德者, 而素有濟天下之志, 又能成濟天下之功, 故夫子亦稱其仁.

48) 『童子問』99쪽 : 慈愛惻怛之心, 頃刻不離, 無一毫殘忍刻薄之心, 正是仁. 三子雖高弟弟子, 然難保其始終不變. 此夫子所以不許仁也.

6. 주자의 『논어』 해석에 대한 비판

1) 주관적인 심(心)보다는 객관적인 예(禮)를 기준으로 학문과 해석을 해야 한다

진사이가 생각하는 송나라 유학자들의 학문과 경전 해석 태도에서 가장 문제가 되는 것은 그들이 공자와 맹자를 깊이 믿지 않고 자기들의 생각을 앞세운 데 있었으며, 자기들의 생각이라고 한 것도 사실은 불교와 노장의 영향을 받아 형성된 것이라는 데 문제가 있었다고 비판적 입장에서 바라보고 있다.

옛 사람을 깊이 믿는 것이 학문을 진취시키는 지극한 법칙이자 천하의 지극한 선이다. 이른바 옛 사람을 깊이 믿는다는 것은 조금도 자기의 견해에 집착하지 않고, 자기의 설을 섞지 않는 것이다. ……송나라의 유학자들이 선학(禪學)이라는 소굴에 빠짐을 면하지 못했던 것은 모두 공자와 맹자의 말을 깊이 믿지 않고 자기의 뜻을 고집했기 때문이다. 경계하지 않을 수 있겠는가?[49]

송나라의 유학자들이 공자와 맹자를 믿지 않고 불교와 노자의 영향을 받은 자신의 생각을 앞세움으로써 선학에 빠지고 말았다는 비판이다. 또한 진사이는 공자나 맹자와 같은 옛 사람들은 사람과 사람의 관계를 중시해서 사회적인 예의를 중시했는데, 후세의 유학자들과 불교는

---

49) 『仁齋日札』173쪽 : 深信古人, 是進學之極則, 天下之至善也. 所謂深信古人者, 一毫不執己見. ……宋儒之不免陷於禪學窠臼, 皆不深信孔孟之言, 而漫執其意故也. 可不戒乎?

개인의 마음을 중시했기 때문에 정심(正心)을 내세우지 않을 수 없었다고 본다. 그러므로 진사이는 무엇보다도 주관적인 마음보다는 객관적인 예의를 중심으로 학문과 해석을 진행해야 한다고 주장하고 있다.

성인은 덕을 귀하게 여기고 마음을 귀하게 여기지 않는다. 『논어』 중에 마음을 말한 것은 겨우 "그 마음이 삼 개월 동안 인을 어기지 않았다", "마음이 하고자 하는 바를 따라도 법도를 넘어서지 않았다", "간택이 상제의 마음에 달려 있다"는 세 구절의 말이 있을 뿐이다. 그러나 모두 마음을 긴요한 것으로 여기지 않고 있다. 맹자에 이르러서 마음을 많이 말하였지만, 또한 모두 인의의 양심을 가리켜 말한 것이고, 특별히 마음을 말한 것은 아니니, '본심'이라고 하고 '존심'이라고 한 것이 그것이다. 대체로 불교와 제자(諸子) 가운데 마음을 성대히 말한 자는 본래 덕이 귀하다는 것을 알지 못하고 함부로 두찬하였을 뿐이니, 공맹의 뜻과는 실로 하늘과 땅만큼이나 차이가 있다.[50]

이와 같이 마음[心]을 기준으로 삼는 태도를 비판한 진사이는 사람이 마음에 의지해서는 안 되고 모든 행동을 할 때에도 예를 준칙으로 삼지 않으면 안 된다고 주장한다. 천하의 사람들은 전혀 같지 않으므로 법으로 다스리지 않으면 지나친 자는 더욱 지나치고 미치지 못하는 자는 더욱 미치지 못하게 되어, 도가 밝아지지도 않고 행해지지도 않게 된다는 것이다. 그러므로 진사이는 사람이 예를 자나 먹줄처럼 삼아야 한다고 강조하고, 나아가 개인뿐만 아니라 가정과 국가를 다스리는 데도 반드

---

50) 『語孟字義』 125쪽 : 聖人貴德而不貴心. 論語中說心者, 纔有其心三月不違於仁, 及從心所欲不踰矩, 及簡在帝心, 三言而已. 然皆不以心爲緊要. 至於孟子, 多說心. 然亦皆指仁義之良心而言, 不特說心, 曰本心, 曰存心, 是也. 大凡佛氏及諸子盛言心者, 本不知德之爲可貴, 而妄意杜撰耳, 與孔孟之旨, 實霄壤矣.

시 예에 종사해야 한다고 말하고 있다. 후세에는 예를 말하기는 하지만 그 근거를 오로지 마음에서 구하고 심지어 마음을 법으로 삼아 공자의 뜻을 벗어났다고 본다.

이상에 의하면 진사이는 개인의 주관적 마음보다는 사회적으로 규정된 예에 의해 개인과 사회를 규율하고 경전에 대한 해석도 진행해야 한다고 보고 있으며, 이는 외적 규범을 강조하는 일본 사상의 일반적 특징을 진사이도 보여주고 있는 것이라고 할 수 있다.

2) 리는 살아 있는 존재를 형용할 수 없다

"천지의 사이는 하나의 원기일 뿐이다."[51]라고 하여 기일원론을 표방한 진사이는 리는 기의 조리일 뿐이라고 하여 리의 선재성이나 독립성을 부정하였다.

> 송나라 유학자들의 이른바 '리가 있고 난 이후에 기가 있다', '천지가 있기 전에 반드시 먼저 이 리가 있다.'고 하는 등의 설은 모두 억지로 추측한 견해로서 뱀을 그리면서 발을 첨가한 것이자 머리 위에 다시 머리를 놓은 것과 같으니, 실제로 보고서 터득한 것이 아니다.[52]

이처럼 리의 선재성과 독립성을 부정하고 리가 기의 조리일 뿐이라

---

51) 『語孟字義』 78쪽 : 天地之間, 一元氣而已.

52) 『語孟字義』 80쪽 : 大凡宋儒所謂有理而後有氣, 及未有天地之先, 必竟先有此理等說, 皆臆度之見, 而畫蛇添足, 頭上安頭, 非實見得者也.

고 보기 때문에, 진사이는 "이것은 사물의 조리를 형용할 수는 있지만, 천지가 살아 변화하는 오묘함을 충분히 형용할 수 없다."[53]고 하여, 그것이 사물과 관계할 뿐, 천과 인과 같은 살아 움직이는 존재와는 관계하지 않는 것이라고 주장한다.[54] 리는 인, 천과 관계가 없고, 천지의 운행을 묘사하기에는 부족한 글자라는 것이다. 성인은 천지를 살아 있는 존재로 보기 때문에 천도라고 하고, 노자는 천지를 죽은 존재로 보기 때문에 천리라고 하였으며, 천리라는 말이 나오는 「악기」는 노자에서 나온 말일 뿐이라는 것이다.[55]

성인은 매양 도(道)라는 글자를 가지고 말을 하여, 리(理)라는 글자를 언급한 것은 매우 드물었다. 그런데 후세의 유학자는 리라는 글자를 버리고서는 말할 수 있는 자가 없다. 이렇게 성인과 서로 어긋나게 된 까닭은 왜인가? 후세의 유학자는 오직 의론을 위주로 하여 덕행을 근본으로 삼지 않았기 때문에, 그 형세가 자연 그렇게 되지 않을 수 없었다. 또 리를 위주로 하면 반드시 선불교(禪佛敎)나 장자(莊子)로 돌아가게 된다. 도는 행하는 것으로 말하니 살아 있는 글자이고, 리는 존재하는 것으로 말하니 죽은 글자이다. 성인은 도를 본 것이 실(實)하기 때문에 리를 말한 것이 또한 살아 있고, 노자는 도를 본 것이 허(虛)하기 때문에 리를 말한 것이 또한 죽어 있다. 성인은 매양 '천도'라 하고 '천명'이라고 하였지 일찍이 '천리'라고 말한 적이 없고, '인도'라 하고 '인성'이라 하였지 일찍이 '인리'라고 말한 적이 없다. 오직

---

53) 『語孟字義』103쪽 : 可以形容事物之條理, 而不足以形容天地生生化化之妙也.
54) 『語孟字義』102쪽 : 리(理)라는 글자가 사물에 속하는 것이고 천과 인에는 관계하지 않는다는 것을 알 수 있겠다[可見以理字屬之事物, 而不係之天與人].
55) 『語孟字義』 : 樂記雖有天理人欲之言, 然本出於老子, 而非聖人之言.

장자(莊子)만이 누누히 리자를 말하였는데, 헤아릴 수 없이 많다. 그가 허무로 자기의 도를 삼은 까닭이고, 문장을 쓰는 것도 자연 이와 같지 않을 수 없었다. 나는 이런 까닭으로 "후세의 유학자가 리를 위주로 하는 것은 그가 본래 노자를 따르기 때문이다."라고 말한다.[56]

진사이는 후세의 유학자들이 성인과 달리 도를 말하지 않고 리를 말하게 된 이유는 덕행을 근본으로 삼지 않고 의론을 위주로 하였기 때문이라고 보며, "정자·주자처럼 천도를 논하면서 오로지 리를 가지고 단정한다면 천도를 죽이는 것이라고 할 수 있다."[57]고 말하고 있다. 그러므로 진사이는 명경지수와 같은 움직이지 않는 것으로 마음을 비유하는 것은 잘못이며, 그렇기 때문에 맹자도 물을 비유로 취할 때 죽은 물건과 같은 명경지수로 비유하지 않고 흐르는 물로 비유했다고 주장한다.[58] 이처럼 천지를 사물로 보면 이단이 되고 천지를 활물로 보아야만 성인의 학문이 된다는 것이다.

성인은 천지를 활물로 보고, 이단은 천지를 사물로 본다. 이곳에서 조금 차이가 나면 천리의 차이가 난다. 천지가 활물이 되는 까닭은 일원의 기를

---

56) 『語孟字義』104쪽~105쪽 : 聖人每以道字爲言, 而及于理字者, 甚罕矣. 若後世儒者, 倘捨理字, 則無以言者矣. 其所以與聖人想齟齬者, 何哉? 且後世儒者, 專以議論爲主, 而不以德行爲本, 其勢自不能不然. 且以理爲主, 則必歸于禪莊. 蓋道以所行言, 活字也, 理以所存言, 死字也. 聖人見道也實, 故其說理也活, 老氏見道也虛, 故其說理也死. 聖人每曰天道曰天命, 而未嘗曰天理, 曰人道曰人性, 而未嘗曰人理. 唯莊子屢言理字, 不勝其多. 彼蓋以虛無爲其道故也, 所以措詞自不能不如此. 吾故曰, "後世儒者以理爲主者, 爲其本從老氏來也."

57) 『童子問』96쪽 : 若程朱論天道, 專以理斷之, 可謂殺卻天道也.

58) 『童子問』161쪽 : 명경지수는 근원이 없이 머물러 있기 때문에 죽은 물건이다. 그러므로 맹자는 물을 비유로 취할 때, 항상 흐르는 물을 가지고 말했다.[止水無源而停蓄, 死物也, 故孟子以水取譬, 常就流水爲言.]

갖고 있기 때문이다.[59]

이처럼 천지를 활물로 보기 때문에 진사이는 우주의 본질은 움직임
이지 고요함이 아니라고 주장한다. 고요함이란 그 자체로 존재하는 것
이 아니라 움직임이 잠시 그치는 것일 뿐이고,[60] 그런 의미에서 움직임
은 있지만 고요함은 없다는 것이다.[61]

3) 체용론적 해석은 불교와 노자의 것이다

[자료 1 : 『논어』 원문 1]

有子曰, "禮之用和爲貴. 先王之道斯爲美, 小大由之."

[주자 : 유자가 말했다. "예의 쓰임은 조화가 귀한 것이 되니, 선왕의 도가 이것을
아름다움으로 삼고, 작고 큰 일이 그것을 따른다."]

[진사이 : 유자가 말했다. "예는 조화로움을 귀한 것으로 삼으니"]

[자료 2 : 주자의 주석 1]

蓋禮之爲體雖嚴, 而皆出於自然之理, 故其爲用, 必從容而不迫, 乃爲
可貴. 先王之道, 此其所以爲美, 而小事大事無不由之也.

[예의 본체는 비록 엄하지만 모두 자연의 이치에서 나오기 때문에 그 작용은 반드

---

59) 『童子問』중67 : 聖人以天地爲活物, 異端以天地爲死物. 此處一差, 則千里之繆. 蓋天地所以
爲活物者, 以其有一元之氣也.

60) 『童子問』중69 : 고요함이란 움직임의 그침이고[靜者動之止]

61) 이는 명말청초의 유학자 왕부지의 생각과 궤를 같이하는 것이다.

시 자연스러우면서도 박절하지 않아서 귀할 만하다. 선왕의 도가 이 때문에 아름다운 것이며, 작고 큰 일이 그것을 따르지 않음이 없다.]

　자료 1 『논어』 원문 "예지용화위귀(禮之用和爲貴)"를 해석하면서 주자는 자료 2에서 "예의 본체는 비록 엄하지만 모두 자연의 이치에서 나오기 때문에 그 작용은 반드시 자연스러우면서도 박절하지 않아서 귀할 만하다."고 하였다. 그렇다면 주자는 '용(用)'을 '작용'으로 번역하고 문장을 "예지용(禮之用), 화위귀(和爲貴)"로 끊어 "예의 작용은 조화를 귀한 것으로 삼는다."라고 해석한 것이다. 다시 말해서 체용론을 적용하여 이 문장을 해석하고 있는 것이다.
　진사이는 주자처럼 체용론을 적용해서 『논어』의 문장을 해석하는 것을 반대한다. 체용설은 송나라 유학자들이 불교로부터 빌려온 것으로 성인의 학문에는 본래 없던 것이라는 것이다.

　체용설(體用說)은 본래 근세에 발생한 것으로 성인의 책에는 없다. ······ 한 번 음이 되고 한 번 양이 되는 것이 천도의 전체이고, 인과 의가 서로 행해지는 것이 인도의 전체이니, 이것을 벗어나서는 이른바 체도 없고 또한 이른바 용도 없다는 것을 전혀 알지 못하였다. 체용으로써 성인의 학문을 설명할 수 없다는 것이 이와 같은데, 만약 체용을 세운다면 리(理)는 체가 되고 사(事)는 용이 되어, 체는 근본이고 용은 말단이며, 체는 무겁고 용은 가볍게 된다. 『근사록』의 도체(道體) · 존양(存養)을 논한 여러 권은 모두 학문의 근본이 되고, 『논어』 · 『맹자』 등의 책은 도리어 긴요하지 않은 책이 된다. '주정(主靜)', '무욕(無欲)' 등의 설이 오직 그 체가 되고 '효제충신(孝弟忠信)'은 결국 그 용이 된다면, 도를 해치는 것이 특히 심할 것이다. 그리고 허(虛)라는 글자나 적(寂)이라는 글자와 같은 것은 본래 모두 불교와 노자가 항상 하는 말이고, 우리 성인의 책에는 모두 없다. ……송나라 한 시대에는 선학이 천하에 크게 행해져서 문무백관, 남녀노소 할 것이 없이 글자를 아는 사람은 모두 선을 배우지 않음이 없었다. 그러므로 유학자가 그 설에 익숙하여 깨닫지 못하고 스스로 그 이치를 가지고 우리 성인의 책을 해석하였으며, 후학 또한 다만 우리 성인의 학문이 참으로 이와 같다고 여기고서 편안하게 받아들이고 괴이함을 알지 못하니, 안타깝도다![62]

이 인용문에서 진사이가 제시하는 체용설의 문제점은 1) 본체가 근본·중함이 되고 작용은 말단·가벼움이 된다. 2)『근사록』이 중심이 되고 『논어』와 『맹자』는 중요하지 않은 책이 되고 만다. 3) 주정·무욕이 중시되고, 효·제·충·신은 작용이 된다는 것이다. 결국 진사이는 체용설을 말하게 되면 결국은 본체가 중요하고 작용은 가벼우며, 본체는 근본이고 작용은 말단이 되어, 사람이 작용을 버리고 본체로 달려가지 않을 수 없으며, 그리하여 무욕·허정의 설이 성하고 효·제·충·신 같은 실질적인 덕목을 경시하게 되고 만다는 것이다.

그래서 진사이는 "예지용(禮之用)"의 '용(用)'을 '작용'으로 해석해서는 안 되고, '이(以)'와 같은 용법이라고 보아야 한다고 주장한다. "예지용화위귀(禮之用和爲貴)"를 중간에서 끊지 않고 "예는 조화를 가지고 귀한

---

62)『語孟字義』107쪽 : 大凡體用之說本起於近世, 聖人之書無之. ……殊不知, 一陰一陽, 天道之全體, 仁義相行, 人道之全體, 外此無所謂體, 亦無所謂用. 不可以體用說聖人之學如此, 若立體用, 則理爲體, 事爲用, 體本而用末, 體重而用輕. 近思錄論道體存養諸卷, 都爲學問之本根, 而語孟等書, 反爲無緊要之書. 主靜無欲等說, 獨爲其體, 而孝悌忠信, 總爲之用, 其害道特甚. 而若虛字寂字, 本皆佛老之常言, 而於吾聖人之書, 皆無之. ……大抵宋之一代, 禪學大行於天下, 文武百官, 男女老少, 凡識字者, 皆莫不學禪. 故儒者習聞其說而不覺, 自以其理解吾聖人之書, 後學亦只以爲吾聖人之學眞如此, 恬不知怪, 可憫也哉!

것으로 삼는다.”고 해석한 것이다. 진사이는 자신의 해석의 정당성은 『예기』를 보면 알 수 있다고 한다. 『예기』에도 동일한 내용이 나오는데, 거기에도 “예지이화위귀(禮之以和爲貴)”라고 되어 있다는 것이다.

이처럼 진사이는 신유학의 이른바 독창성을 전면적으로 부정하고 있으며, “지경주정”, “허령불매”, “충막무짐”, “명경지수”, “체용일원”, “현미무간” 등등으로 대표되는 그들의 말이 모두 불교와 노장의 남은 실마리에서 나온 것이며, 공맹의 책에는 없는 말이자 그러한 이치도 없는 것이라고 주장하고 있다. 송나라의 유학자들은 매양 이전의 성인이 말하지 않은 것을 말한 것으로 공을 삼지만, 성인의 말은 위로 통하고 아래로 통하여 갖추지 않는 것이 없고 도달하지 않은 것이 없는데, 어찌 성인이 말하지 않은 것이 있어서 후세 사람이 말해주기를 꼭 기다려야 했겠느냐는 것이다.[63]

4) 예의가 있으면 화(華)이고 예의가 없으면 이(夷)이다

[자료 1 : 『논어』 원문 1]

子欲居九夷, 或曰, “陋, 如之何?” 子曰, “君子居之, 何陋之有?”

[주자 : 공자가 구이에 거처하고자 하니, 어떤 사람이 “누추한데 어쩌시렵니까?” 라고 말했다. 공자는 “군자가[내가] 거처한다면 무슨 누추한 것이 있겠는가?”]

[진사이 : 군자가 거처하고 있으니]

---

63) 『論語古義』 94쪽 : 宋儒每以發前聖之所未發爲功, 殊不知聖人之言, 徹上徹下, 無所不備, 無所不到, 豈復有所未發, 而必待後人之發之邪?

[자료 2 : 주자의 주석 2]

君子所居則化, 何陋之有?

[군자(공자)가 거처하면 교화되는데, 무슨 누추한 것이 있겠는가?]

자료 1 『논어』원문의 "군자"를 주자는 자료 2에서 공자 자신을 가리키는 것으로 보아 "君子居之, 何陋之有"를 " 군자인 내가 가서 거처한다면 교화가 될 것인데, 무슨 누추한 것이 있겠느냐?"라고 풀이하였다. 그런데 주자의 이러한 해석은 문제가 있다. 군자가 가서 교화할 것이라면 왜 굳이 현재 자신이 살고 있는 중국을 떠나서 구이로 가고자 한다는 말인가? 그보다는 현재 자신이 살고 있는 중국을 교화시키는 것이 수월하지 않겠는가?[64] 이는 금나라에게 북방 영토를 빼앗기고 남쪽으로 쫓겨와 정권을 유지하고 있던 한족(漢族)의 남송(南宋) 사대부로서의 주자의 이민족에 대한 생각이 은연중에 드러난 해석 태도라고 할 수 있다. 진사이도 이 점을 인식하고 "그와 같다면 공자가 군자의 지위를 자처한다는 혐의가 있다."고 말하며 주자의 해석을 받아들이지 않고 있다.

"구이"가 어느 지역을 지칭하는지에 대해서 진사이는 "일본", "부상", "조선" 등을 들고 있으면서도[65] 그곳이 일본일 가능성 높다는 것을 은연중에 내비치고 있다. 일본은 천황제가 만세일계로 지속되고 있고 백성들이 천황을 하늘이나 신처럼 존경하는 것은 중국이 미치지 못

---

64) 이기동 교수도 『논어강설』 해당 장에 대한 강설에서 "주자는 군자를 공자로 보아 '군자인 내가 가서 살면 무슨 누추함이 있겠는가?'라는 뜻으로 해석하였는데 이는 1) 공자는 스스로를 도덕 군자로 자처하지 않은 점, 2) 공자 스스로를 군자로 본다면 구이로 가야할 특별한 이유가 없는 점 등으로 볼 때 받아들일 수 없다."고 말하고 있다.

65) 『論語古義』137쪽 : 九夷, 未詳其種. 徐淮二夷見經傳, 若我日東, 後漢書已立傳, 及扶桑朝鮮等名, 皆見于史傳. 夫子所謂九夷者, 恐當指此類.

하는 것으로, 공자가 중국을 떠나 구이로 가고자 한 것은 바로 그 때문이었다는 것이다. 한편 문화적으로도 일본이 공자를 높이고 공자의 도를 마루로 삼고 있는 것은 문화적 "화(華)"의 자격을 충분히 갖고 있는 것이라고 자부하고 있다.

그래서 진사이는 결론적으로 구이가 중국으로부터 비록 멀리 떨어져 있지만 같은 천지 안에 있고 떳떳한 본성을 지니고 있다는 면에서는 중국과 동일하므로 충분히 "화(華)"가 될 수 있고, "만일 예의가 있으면 이(夷)도 화(華)이고, 예의가 없다면 비록 화(華)라도 이(夷)가 되는 것을 면하지 못한다."[66]고 말하여, 일본의 현재가 예의를 갖고 있으므로 "화(華)"일 수 있음을 내비치고 있다. 일본인이라는 입장에서 화이론을 해석하고 있다고 할 수 있겠다.

[자료 3 : 『논어』 원문 2]

子曰, "夷狄之有君, 不如諸夏之亡也."

[공자가 말했다. "이적에게도 임금이 있어서 중국에 없는 것과는 같지 않다."]

[자료 4 : 주자의 주석 2]

程子曰, "夷狄, 且有君長, 不如諸夏之僭亂, 反無上下之分也."

[정자가 말했다. "이적에게도 오히려 군장이 있어서 중국이 참람하고 어지러워 도리어 위·아래의 구분이 없는 것과는 같지 않다."]

자료 4 주자의 주석에서 정자는 자료 1 『논어』의 원문을 "이적에게도

---

66) 『論語古義』137쪽 : 苟有禮義, 則夷卽華也, 無禮義, 則雖華不免爲夷.

오히려 군장이 있어서 중국이 참람하고 어지러워 도리어 위·아래의 구분의 없는 것과는 같지 않다."고 해석하였다. 진사이는 정자의 해석을 받아들이면서, 공자의 이 말이 공자가 실질을 숭상하고 꾸밈을 숭상하지 않은 것을 보여주는 문장이라고 생각하고 있다. 이것이 바로 공자가 『춘추』를 지은 뜻인데, 공자가 『춘추』를 지음에 제후라도 이민족의 예를 쓰면 이민족으로 대우하고, 이민족이라도 중국의 예를 쓰면 중국으로 대우했다는 것이다. 이처럼 성인의 마음은 천지의 마음과 같아서 공평무사할 뿐이지 중국과 이민족을 구별한 적이 없으므로, 『춘추』를 말하면서 중국과 이민족을 엄격히 구분하는 것을 성인의 뜻을 크게 잃은 것이라고 진사이는 비판한다.

이것은 진사이가 화이의 구분을 민족이라는 혈통을 중심으로 본 것이 아니라, 문화를 기준으로 보았음을 알려준다. 무조건 중국 민족이라고 화(華)이고 이민족이라고 이(夷)가 아니라, 문화를 지니고 있느냐 없느냐에 따라서 화(華)와 이(夷)가 달라질 수 있는 가변적 개념이라는 것이다.

7. 맺음말

제1장은 이토 진사이의 『논어』 해석 태도와 그 내용을 주자의 『논어』 해석과의 비교를 중심에 두고 검토한 것이다. 『논어』의 편찬자에 대해서 진사이는 정현의 견해를 받아들여, 『논어』를 자유·자하와 그 문도들이 편찬한 것이라고 인정하였다. 그리고 『논어』의 체제에 대해서는 전 10편이 먼저 편찬되고, 후일에 전 10편을 보충하여 후 10편이 편찬

되었다고 판단하였다.

진사이에게 공자는 우주 제일의 성인이었고, 『논어』는 우주 제일의 책이었다. 역사상 제일의 책도 아니고 세계 제일의 책도 아닌, 과장을 섞어서 우주 제일의 책이라고 하는 그의 표현에서 공자와 『논어』에 진사이의 존경의 념을 읽어낼 수 있다. 진사이가 이처럼 『논어』를 우주 제일의 책이라고 높였던 것은 『논어』가 가장 평범한 일상생활 속에서 최상의 진리를 표현하고 있기 때문이었다. 이를 통해서 진사이가 유학의 참 모습은 삶 속에서 덕행을 기르는 데 있으며, 학문은 지행을 겸하는 것이라고 생각하고 있음을 알 수 있다. 따라서 진사이는 일상생활의 인정에 가까운 것이야말로 보편적인 도가 될 수 있고, 인정을 벗어나는 것은 이단이 되고 만다고 경고하고 있다.

공자가 생각하는 인은 타인을 사랑하는 마음을 갖는 것으로부터 시작해서, 그것을 세상에 펼쳐서 백성들에게 은혜를 끼침으로써 완성되는 것이었다. 그러므로 공자는 공부하는 과정에 있는 제자들의 인을 아직 인정하지 않았으며, 거꾸로 제자들이 인하지 않다고 생각했던 관중에 대해서는 그가 인하다고 인정하였다. 이러한 인의 포괄성에다가 진사이는 인의 지속성을 강조해서 『논어』를 해석하였다.

진사이는 주자의 『논어』 해석에 대해서 몇 가지 측면에서 비판을 제기하고 있다. 첫째, 『논어』를 해석하면서 주관적인 심(心)보다는 객관적인 예를 기준으로 해석해야 한다는 것이다. 둘째, 의론을 위주로 하여 리 중심의 해석을 하면 살아 있는 우주의 움직임을 제대로 파악할 수 없다고 본다. 셋째, 『논어』에 대한 체용론적 해석은 이단적이라고 비판하고 있다. 넷째, 주자의 화이론적 『논어』 해석을 비판하고, 화이는 지역적 구분이 아니라 문화적 구분이라고 강조하여, 일본도 충분히 화(華)가 될 수 있음을 암시하고 있다.

주자와 오규 소라이의 『논어』 해석(1)

1. 머리말

제2장과 제3장에서는 주자와 오규 소라이의 『논어』 해석에 대해 서술하고자 한다. 여기에서는 『논어』 「위정」편의 해석을 통해서 주자와 소라이의 『논어』 해석의 특징을 찾아보고자 한다. 물론 주자와 소라이가 『논어』를 직접 해석하고 있지는 않으므로 우선 두 사람의 주석을 비교하고, 그것을 『논어』 원문에 적용하여 해석을 제시하기로 한다.

소라이의 『논어』 해석에 대해서는 그의 주저의 하나인 『논어징』을 중심으로 검토해보기로 한다. 『논어징』은 소라이 학문의 내용과 방법을 잘 보여주고 있는 책이다. 소라이는 개인의 마음에서 따라야 할 준칙을 찾아내려고 하면 그것은 개인마다 달라서 객관적 준칙이 될 수 없다고 보아, 성인이 만든 예에서 객관성을 확보할 수 있는 준칙을 찾아내야 한다는 기본 입장을 갖고 있었다. 그러므로 소라이가 『논어징』에서 늘 강조하는 것은 '선왕의 도'이다. 소라이에 의하면 선왕의 도의 내용은 예악이며 그것은 육경 등에 실려 있다. 이처럼 육경 등에 실린 것 이외에 '마땅히 소속시킬 곳이 없는 말을 따로 편집한' 것이 『논어』라고 소라이는 말한다.[67] 그는 『논어』의 '어(語)'는 '언(言)' 가운데 가르침이 될 수 있는 것, '논(論)'은 제자들이 논하여 정한 것이라고 주장하고 있다.[68] 그렇다면 소라이는 『논어』를 '선왕의 도를 전한 공자의 말 가운데 가르침이 될 만한 말을 제자들이 기록한 것'이라고 해석하고 있는 것이다.

『논어』를 편찬한 제자들에 대해서 정자는 "유자(有子)와 증자(曾子)의 문인에 의해 완성되었기 때문에 오직 두 선생만 '자(子)'라고 칭했다"[69]라고 하였다. 그러나 소라이는 성과 이름을 모두 쓰는 것이 예라고 주장하고,[70] 그렇기 때문에 『논어』를 편찬한 것은 유자와 증자가 아니라 오히려 '유독 이름을 칭한' 금장과 원사로 본다.[71]

주자와 소라이의 『논어』 해석의 특징을 비교하는 데, 주로 『논어』의 앞부분인 「학이」, 「위정」, 「팔일」, 「리인」까지를 분석의 대상으로 삼고자 한다. 『논어』 전체를 다 분석하지 않더라도 이 정도로도 해석의 특징은 충분히 드러낼 수 있으리라 생각하기 때문이다. 사과의 맛을 알기 위해 사과 하나를 다 먹어야 하는 것은 아닐 것이다.

---

67) 『論語徵』「序文」: 孔子生於周末, 不得其位, 退與門人修先王之道, 論而定之. 學者錄而傳之, 六經傳與記是己. 其緖言, 無所繫屬者, 輯爲此書, 謂之語者裁然耳.

68) 『論語徵』「序文」: 凡言之可以爲敎者, 皆謂之語.

69) 『論語集註』「序說」: 程子曰, "論語之書, 成於有子曾子之門人, 故其書獨二子以子稱."

70) 『論語徵』「序文」: 古本皆具其姓名.

71) 『論語徵』「序文」: 上論成於琴張, 而下論成於原思. 故二子獨稱名, 其不成於他人之手者審矣.

2. 송대 경학의 비판과 한대 경학의 수용

[자료 1 : 『논어』 원문 1]

孟武伯問孝, 子曰, "父母唯其疾之憂."

[주자 : 맹무백이 효에 대해 묻자, 공자는 "부모는 오직 자식의 병을 걱정하신다."
라고 말했다.]

[소라이 : 부모로 하여금 오직 자식의 병만 걱정하도록 해야 한다.]

[자료 2 : 주자의 주석 1]

言父母愛子之心, 無所不至, 唯恐其有疾病, 常以爲憂也. 人子體此而
以父母之心爲心, 則凡所以守其身者, 自不容於不謹矣. 豈不可以爲孝乎!
舊說, 人子能使父母不以其陷於不義爲憂, 而獨以其疾爲憂, 乃可爲孝,
亦通.

[부모가 자식을 사랑하는 마음은 이르지 않는 데가 없다. 그렇지만 오직 자식이 질
병에 걸릴까 걱정하여 항상 이것을 근심으로 삼는다는 말이다. 자식이 이를 체득하여
부모의 마음을 자기의 마음으로 삼는다면 그 몸을 지키는 방법을 저절로 삼가지 않을
수 없을 것이다. 어찌 효가 될 수 없겠는가! 옛 설에 "자식이 부모로 하여금 자식이 불
의에 빠지는 것을 근심하게 하지 않고, 오직 자식의 질병을 근심하게 할 수 있다면 효
도가 될 수 있다."고 하니, 또한 통한다.]

자료 2에서 주자는 "자식이 부모로 하여금 자식이 불의에 빠지는 것
을 근심하게 하지 않고, 오직 자식의 질병을 근심하게 하여야 효도가 될
수 있다"는 옛 주석을 인정하면서도, 스스로는 "부모가 자식을 사랑하는
마음은 이르지 않는 데가 없다. 그렇지만 오직 자식이 질병에 걸릴까 걱
정하여 항상 이것을 근심으로 삼는다는 말이다. 자식이 이를 체득하여

부모의 마음을 자기의 마음으로 삼는다면 저절로 조심하여 자기 몸을 지키지 않을 수 없을 것이다."라고 해설하였다. 소라이는 맹무백이 효도에 대해 물었는데 공자가 부모의 마음으로 답하는 것은 이치에 맞지 않는다고 주장한다.[72) 효도에 대해 물었으니 자식의 행동으로 대답하는 것이 옳다는 것이다. 그래서 소라이는 옛 주석이 더 낫다고 인정한다.[73)

[자료 3 : 『논어』 원문 2]

子游問孝, 子曰, "今之孝者, 是謂能養. 至於犬馬, 皆能有養, 不敬, 何以別乎?"

[주자 : 자유가 효에 대해 물으니, 공자는 "지금의 효라는 것은 봉양할 수 있다고 말하는 것이다. 개나 말에 이르러서도 모두 봉양하는 경우가 있을 수 있는데, 공경하지 않는다면 무엇으로 구별하겠는가?"라고 말했다.]

[소라이 : 개나 말에 이르러서도 모두 사람을 봉양하는 경우가 있을 수 있는데]

[자료 4 : 주자의 주석 2]

犬馬, 待人而食, 亦若養然. 言人畜犬馬, 皆能有以養之, 若能養其親而敬不至, 則與養犬馬者, 何異? 甚言不敬之罪, 所以甚警之也.

[개나 말도 사람을 기다려 먹으니, 또한 봉양하는 것과 같다. "사람이 개나 말을 기를 적에도 모두 봉양하는 경우가 있을 수 있는데, 만약 부모를 봉양할 수는 있지만 공경이 지극하지 않다면, 개나 말을 봉양하는 것과 무엇이 다르겠는가?"라고 말한 것이다. 이는 공경하지 않는 죄를 심하게 말하여 심히 경계한 것이다.]

---

72) 『論語徵』「爲政」: 且孟武伯問孝, 而孔子答以父母之心, 豈理乎哉?

73) 『論語徵』「爲政」: 由是觀之, 舊註爲優.

주자는 자료 4에서 자료 3『논어』원문 "至於犬馬, 皆能有養"을 개나 말을 기르는 것으로 해석하였다. 어버이를 봉양하기만 하고 공경하지 않는다면 개나 말을 기르는 것과 다름이 없다는 것이다. 소라이는 이처럼 주석한다면 개나 말을 어버이에 비교하는 것이 되는데, 성인의 말이 그처럼 비루할 리가 없다고 지적하고, 개나 말이 사람을 봉양할 수 있다고 풀이하고 있다. 그래서 소라이는 한나라 유학자 포함이 "개는 지키고 말은 수고를 대신하니, 모두 사람을 봉양하는 것이다"[74]라고 말한 것이 옳다고 주장한다.

[자료 5 : 『논어』원문 3]

子曰, "吾與回, 言終日, 不違如愚. 退而省其私, 亦足以發, 回也不愚."

[주자 : 공자가 말했다. "내가 안회와 함께 말을 종일 하여도 어기지 않아서 마치 어리석은 것 같았다. 그런데 물러나 그의 사사로운 생활을 살펴보면, 또한 충분히 밝혀 실천하고 있으니, 안회는 어리석지 않다."]

[소라이 : 그가 물러가고서 그가 사사로이 하는 말을 살펴보면 또한 충분히 두 세 사람을 열어 터뜨려주고 있으니]

[자료 6 : 주자의 주석 3]

發, 謂發明所言之理. …… 及退省其私, 則見其日用動靜語默之間, 皆足以發明夫子之道, 坦然由之而無疑. 然後知其不愚也.

['발'은 말한 이치를 밝히는 것을 말한다. …… 물러남에 미쳐 그의 사사로운 생활을 살펴보니, 일상생활에서 움직이고 고요하며, 말하고 침묵하는 사이에 모두 공자의

---

74)『論語注疏』「爲政」(十三經注疏本) : 犬以守禦, 馬以代勞, 皆養人者.

도를 충분히 밝혀 실천하고 있어서, 자연스럽게 따르고 의심이 없는 것을 보았다. 그런 다음에 그가 어리석지 않음을 알았다.]

자료 5의 "어기지 않아서 마치 어리석은 것 같았다[不違如愚]."는 것에 대해서 공안국은 "공자의 말을 이상하게 여겨 묻는 바가 없고, 묵묵히 알아들어 마치 어리석은 사람 같았다는 것이다."[75]라고 말했고, 소라이는 그것을 받아들이면서 "한나라 유학자들이 경전을 해석하는 것은 많은 경우 이와 같이 옛날부터 전해 내려오는 설을 따른다."[76]고 하였다. 소라이는 한나라 유학자들의 주석이 경전의 본뜻을 왜곡했다고 비판하기도 하지만, 이처럼 송나라 유학자들의 주석보다는 경전의 본뜻에 가까운 주석을 하고 있다고 본다. 한나라 유학자들처럼 옛날부터 전해 내려오는 설을 따르는 것이 송나라 유학자들처럼 자기의 의견을 가지고 억측하는 것보다는 낫다는 논리이다.[77]

자료 5의 '퇴이성기사(退而省其私)'에 대해서 공안국은 "그가 물러가서 두세 사람과 더불어 도의를 강론하는 것을 관찰하면 대체를 밝히고

---

75) 『論語注疏』「爲政」: 不違者, 無所怪問於孔子之言, 默而識之如愚.

76) 『論語徵』「爲政」: 漢儒解經, 多古來相傳之說如此.

77) 소라이가 이렇게 주장하는 것은 소라이가 생각하는 학문의 도리가 "선왕의 가르침을 한결같은 뜻으로 따르고 자신의 지혜를 쓰지 않는 것[夫學問之道, 一意從事先王之敎, 而不用其智力(『論語徵』「爲政」)]"이기 때문이다. 이와 같은 소라이의 생각을 끝까지 미루어본다면 진리란 선왕에 의해 이미 주어진 것이므로 학문하는 사람들의 임무는 창의적으로 새로운 것을 만들어내는 것이 아니라 선왕이 만든 진리를 따라가는 것이며, 따라서 자유로운 진리 탐구를 억압하고 이미 주어진 진리를 따를 것을 강요하는 이데올로기로 작용할 가능성을 제시해준다고 하지 않을 수 없다. 여기에 소라이의 학문이 주자학을 비판하는 형식을 띠고 있음에도 주자학과 동일하게 도쿠가와 막부에 이데올로기를 제공하는 역할을 할 수 있는 가능성이 있게 되는 것이다. 이러한 소라이의 학문관을 따르자면 자신의 견해를 앞세우는 총명한 제자보다는 스승의 말에 이견을 제시하지 않고 묵묵히 따르며 실천하는 제자가 훌륭한 제자일 수밖에 없고, 소라이는 공자가 그런 측면에서 안회를 칭찬했다고 이해하고 있다.

있으니 어리석지 않음을 안다."[78]고 말했고, 주자는 자료 6에서 스승의 말을 인용하여 "물러나 그 사사로운 생활을 살펴보니, 일상생활에서 움직이고 고요하며, 말하고 침묵하는 사이에 모두 공자의 도를 충분히 밝혀 실천하고 있어서, 자연스럽게 따르고 의심이 없었다."고 말했다. 소라이는 주자가 '퇴(退)'를 공자가 물러난 것으로 해석했다고 주장하나[79] 자료 6에 주자 자신의 '퇴(退)'에 대한 주석이 없고, 스승에게서 들은 말을 옮기면서 '급퇴성기사(及退省其私)'라고 했으므로 이 구절의 '퇴(退)'를 공자가 물러난 것으로 보더라도 주자 자신의 견해라고 볼 수는 없는 것이며, 문장으로 보더라도 '급퇴(及退)'라는 표현만 가지고는 누가 물러난 것인지 명시하지 않고 있으므로 소라이의 주장은 무리로 보인다. '사(私)'를 주자는 자료 6에서 '혼자 있는 곳에서 사사롭게 거처하는 것'이라고 주석하여 사사로운 생활로 보았고, 소라이는 '사어(私語)'로 보았다.[80] 그러므로 소라이는 공안국의 주석이 주자의 주석보다 낫다고 인정하고 있다.

　또한 '발(發)'을 주자는 '밝혀서 분명하게 한다[發明]'고 풀이하였으나, 소라이는 "열심을 내지 않으면 열어주지 않으며, 애쓰지 않으면 터뜨려주지 않는다."[81]라고 할 때의 '터뜨려준다'는 말과 같다고 풀이하고 '족이발(足以發)'을 "충분히 두세 사람을 열어 터뜨려주고 있다"고 해석하였다. 따라서 소라이는 주자가 자료 6에서 스승의 말을 빌려 주석한 '자연스럽게 따르고 의심이 없는 것[坦然由之而無疑]'은 '발(發)'을 설명하는 말

78) 『論語注疏』 「爲政」 : 孔曰, "察其退還, 與二三子說釋道義, 發明大體, 知其不愚."

79) 『論語徵』 「爲政」 : 朱子以爲, 孔子退省其燕私之時, 是退屬孔子, 爲不穩.

80) 『論語徵』 「爲政」 : 私爲私語.

81) 『論語』 「述而」 : 子曰, "不憤不啓, 不悱不發, 擧一隅不以三隅反, 則不復也."

일 수 없다고 주장한다. 이는 문장 안에서 문장의 뜻을 추구하지 않고 문장의 밖에서 뜻을 추구한 것이므로 인정할 수 없다는 것이다.[82]

소라이는 송나라 유학자들은 자신의 생각을 경전에 투영하여 해석하고 있으므로 해석에 무리가 있고, 경전을 잘못 이해하는 오류는 있을지라도 옛 전통을 고수하던 한나라 유학자들의 경전 해석이 송나라 유학자들의 경전 해석보다는 우월하다고 인정하고 있다.

이처럼 소라이는 한나라 유학자들이 『논어』 주석에 대해서 『논어』의 본뜻을 왜곡하고 있다고 비판하고 있기도 하지만, 그들이 옛부터 전통적으로 전해오는 주석을 지키는 태도는 높이 평가한다. 송나라의 유학자들이 억견으로 경전을 주석하는 것보다는 낫다고 생각하기 때문이다. 그래서 소라이는 『논어』를 해석할 때 문장 안에서 문장의 뜻을 추구해야지 문장의 밖에서 문장의 뜻을 추구해서는 안 된다고 강조하고 있는 것이다.

3. 사회적 공중도덕의 강조

[자료 1 : 『논어』 원문 1]

子曰, "爲政以德, 譬如北辰, 居其所, 而衆星共之."

[주자 : 공자가 말했다. "덕으로 정치를 하는 것을 비유하자면 북극성이 제 자리를 잡고 있고 뭇 별이 그것을 중심으로 도는 것과 같다."]

---

82) 『論語徵』「爲政」: 且何緣而見其坦然, 由之而無疑也? 皆文外生義, 豈不妄哉?

[소라이 : 정사를 잡아 덕 있는 사람을 등용하는 것을]

[자료 2 : 주자의 주석 1]

政之爲言, 正也, 所以正人之不正也. 德之爲言, 得也, 行道而有得於心也. ……爲政以德, 則無爲而天下歸之, 其象如此. ……范氏曰, "爲政以德, 則不動而化, 不言而信, 無爲而成, 所守者至簡而能御煩, 所處者至靜而能制動, 所務者至寡而能服衆."

['정(政)'이라는 말은 바르게 하는 것이니, 사람이 바르지 않은 것을 바르게 하는 것이다. '덕(德)'이라는 말은 얻음이니, 도를 행하여 마음에 얻는 것이다. ……덕으로 정치를 하면 인위적으로 함이 없으면서도 천하가 그에게 돌아가는 그 모습이 이와 같다. ……범조우가 말했다. "덕으로 정치를 하면 움직이지 않아도 교화되고, 말하지 않아도 믿고, 하는 일이 없어도 이루어지니, 지키는 것이 지극히 간단하면서도 번거로움을 제어할 수 있으며, 거처하는 것이 지극히 고요하면서도 움직임을 제어할 수 있으며, 힘쓰는 것이 지극히 적으면서도 여러 사람을 복종시킬 수 있다."]

자료 2에서 주자는 "'정(政)'이라는 말은 바르게 하는 것[正]이니, 사람이 바르지 않은 것을 바르게 하는 것이다."라고 했다. 소라이는 '정'이라는 글자의 풀이는 그렇게 할 수도 있지만, 정치가 무엇인지에 대해서는 알지 못한 것이라고 비판한다.[83] '사람이 바르지 않은 것을 바르게 하는 것'은 개인의 수양에 국한되는 것이고, 정치란 개인의 수양을 넘어서는 더 넓은 의미를 갖는다고 보기 때문에 그렇게 비판한 것으로 판단된다.[84] 그래서 소라이는 '위정(爲政)'을 '정사를 잡는 것'으로 풀이

---

83) 『論語徵』「爲政」: 政之爲言正也, 所以正人之不正也. 是就政字, 而發義者, 豈不可乎? 然不識政謂何, 則漫然耳.

하고, 그 예로 『좌전』에서 "내가 죽으면 그대가 반드시 정사를 잡을 것이다"[85]라고 한 것을 든다.

또한 주자는 자료 2에서 "덕(德)이라는 말은 얻음[得]이니, 도를 행하여 마음에 얻는 것이다."라고 했는데, 소라이는 이것이 덕을 개인의 주관적인 '마음'에 국한시키는 것으로 보고, 덕을 그렇게 보기보다는 "예·악을 배워 몸에 얻는 것을 덕이라고 한다."[86]라고 하는 것처럼 객관적인 예악을 '몸'으로 익혀서 실천하는 것으로 보아야 한다고 주장한다. 소라이는 이처럼 주자가 '몸'보다 '마음'을 중시하게 된 것은 불교의 영향을 받아 '몸'을 천하다고 무시하고 '마음'을 고귀하다고 높였기 때문이라고 보고 있다. 그래서 그는 '이덕(以德)'을 '덕 있는 사람을 등용하는 것'으로 풀이하고 있다.[87] 여기에서 중요한 것은 소라이가 '이덕(以德)'을 "자기의 덕을 가지고 정치를 한다."고 해석하지 않는 점이다. 개인의 도덕적 수양과 정치의 관련을 부정하고 있는 것이다.

[자료 3 : 『논어』 원문 2]

四十而不惑.

[40살이 되어서 의혹하지 않았다.]

---

84) 예를 들어 자료 2에서 범조우는 "지키는 것이 지극히 간단하다", "거처하는 것이 지극히 고요하다."라고 했는데, 소라이는 그것은 '주일무적(主一無適)'을 말하는 것으로, 과거시험 문장에나 쓸 수 있는 것이라고 비판하고 있다.

85) 『左傳』「昭公二十年」: 鄭子産有疾, 謂子大叔曰, "我死子必爲政, 唯有德者, 能以寬服民."

86) 『禮記』「鄕飮酒義」: 德也者, 得於身也. 故曰, "古之學術道者, 將以得身也, 是故聖人務焉."

87) 『論語徵』「爲政」: 以德, 謂用有德之人也.

[자료 4 : 주자의 주석 2]

於事物之所當然, 皆無所疑, 則知之明, 而無所事守矣.

[사물이 마땅히 그러함에 대해 모두 의심이 없으면, 앎이 밝아져서 지킴을 일삼을 것이 없다.]

자료 4에서 주자는 '불혹(不惑)'을 '사물이 마땅히 그러함에 대해 모두 의심이 없어 앎이 밝아지는 것'이라고 풀이하여 '불혹'을 앎과 관련지었고, 소라이는 "마흔 살에 벼슬을 하는 데 의혹이 없어야 벼슬할 수 있다."[88]고 풀이하여 불혹을 관직과 관련지었다. 주자가 개인의 내적 측면을 강조했다면 소라이는 사회라는 외적 측면을 강조했다고 할 수 있겠다.

[자료 5 : 『논어』 원문 3]

子曰, "人而無信, 不知其可也. 大車無輗, 小車無軏, 其何以行之哉?"

[공자가 말했다. "사람으로서 믿음이 없다면 그가 괜찮을지 알지 못하겠다. 큰 수레에 끌채 끝의 가로막대기가 없고, 작은 수레에 끌채 끝이 없다면, 무엇을 가지고 가겠는가?"]

[자료 6 : 주자의 주석 3]

車無此二者, 則不可以行, 人而無信, 亦猶是也.

[수레에 이 두 가지가 없으면 갈 수 없다. 사람으로서 믿음이 없으면 또한 이와 같다.]

....

88) 『論語徵』 「爲政」: 四十曰强仕, 出謀發慮, 非不惑, 則何以能爾?

자료 6에서 주자는 "수레에 이 두 가지가 없으면 갈 수 없다. 사람으로서 믿음이 없으면 또한 이와 같다."고 하여 사람이 믿음을 가져야 함을 강조하였다. 개인의 '인격'이라는 면에서 믿음을 강조한 것이라고 할 수 있다. 소라이는 믿음의 해석에서 나와 너 사이의 '관계'를 더 강조한다. 자료 5에서 공자는 "'끌채 끝의 가로막대기[輗軏]'는 수레와 말·소를 서로 연결하는 사이에 있고, '믿음[信]' 또한 나와 다른 사람의 사이에 있으므로 인용하여 비유하였다"[89]는 것이다. 소라이는 "말을 하고서 믿음이 없으면 다른 사람이 나를 믿지 않는다. 다른 사람이 나를 믿지 않으면 나의 말이 어떻게 행하여질 수 있겠는가?"[90]라고 말한다. 그는 그 예로 공자와 맹자를 비교해서 설명한다. 즉, 공자는 제자들이 공자를 깊이 믿었기 때문에 공자가 많은 말을 하지 않아도 제자들이 그의 가르침을 행하였고, 맹자는 자신을 믿지 않는 사람들로 하여금 그를 믿게 하려고 했기 때문에 말을 상세하게 하지 않을 수 없었다는 것이다.[91]

이처럼 소라이는 『논어』를 해설하면서 개인적 도덕의 차원에서 해설하지 않고 항상 개인과 개인 사이의 사회적 공중도덕이라는 차원에서 해설을 전개하고 있다. 그러므로 마루야마 마사오와 같은 경우는 오규 소라이 사상의 특징을 바로 '정치 사유의 우위'[92]라고 말하고 있는 것이다.

이택후는 『논어금독』에서 『논어』를 해설하면서 도덕을 종교적 개인

---

89) 『論語徵』「爲政」: 輗軏在車與馬牛相接之際, 信亦在我與人相接之際, 故引以爲喩.

90) 『論語徵』「爲政」: 言而無信, 則人不信我. 人不信我, 則我言安能行哉?

91) 『論語徵』「爲政」: 七十子深信孔子, 故孔子之敎, 行於七十子, 不竢多言. 孟子則欲使不信, 我之人由我言而信我, 故徒詳其言, 以欲人人之能曉, 是訟之道也, 徒聒之耳. 是無它, 不知無信之不可行故也.

62) 마루야마 마사오, 『일본정치사상사연구』, 188쪽.

도덕과 사회적 공중도덕으로 나누고 지금까지 전통 체제 속에서 하나로 합일되어 있던 이 둘을 하루빨리 분리시켜 각각 제 갈 길로 가도록 해야 한다고 역설하였다.[93] 필자가 판단하기에는 이 둘의 존재를 가장 빨리 분리해서 인식하고 종교적 개인도덕보다는 사회적 공중도덕을 강조하면서 그것을 『논어』 해석에 적용했던 것이 소라이이다. 소라이는 『논어』를 해석할 때 종교적 개인도덕의 견지에서 풀이할 것이 아니라 사회적 공중도덕의 입장에서 풀이해야 한다고 강조하고 있는 것이다.

4. 치자(治者)의 입장에서 해석

[자료 1 : 『논어』 원문 1]

子曰, "道之以政, 齊之以刑, 民免而無恥."

[주자 : 공자가 말했다. "인도하기를 정치로써 하고 다스리기를 형벌로써 하면, 백성이 면할 수는 있으나 부끄러워함은 없다."]

[소라이 : 인도하기를 선왕의 정치로써 하고 다스리기를 선왕의 형벌로써 하더라도, 백성들로 하여금 형벌을 피하게는 할 수 있으나 부끄러워하게 할 수는 없다.]

[자료 2 : 주자의 주석 1]

道之而不從者, 有刑以一之也. 免而無恥, 謂苟免刑罰而無所羞愧. 蓋雖不敢爲惡, 而爲惡之心, 未嘗亡也.

93) 이택후, 『논어금독』, 910~911쪽.

[인도를 하는 데도 따르지 않는 자는 형벌로 통일시킨다. 면하기만 하고 부끄러워함이 없다는 것은 구차하게 형벌을 면하지만 부끄러워함이 없는 것을 말한다. 비록 감히 악을 행하지는 않지만, 악을 행하려는 마음은 아직 없어지지 않은 것이다.]

자료 1의 해석에서 주자는 "道之以政, 齊之以刑"의 주어는 생략되어 있지만 내용상 치자(治者)로, "免而無恥"의 주어는 민(民)으로 본다. 문장의 구조도 그렇게 되어 있다. 그러나 소라이는 해설에서 전체의 문장을 치자(治者)가 민(民)을 그렇게 하게 하는 것으로 풀이한다. 소라이가 치자(治者)의 관점에서 『논어』를 풀이하고 있음을 보여주는 대목이다.

소라이는 정(政)과 형(刑)을 모두 선왕의 정(政)과 형(刑)으로 풀이해서,[94] 자료 1의 『논어』 원문에 대해 "비록 선왕의 정치와 형벌을 사용하더라도 덕과 예를 사용하지 않으면 백성들로 하여금 겨우 형벌로 죽는 것을 피하게 할 뿐이다. 염치의 마음이 어디에서 생겨나게 하겠는가?"[95]라고 해설하고 있다. 선왕의 정치와 형벌일지라도 정치와 형벌을 쓰는 사람은 백성들이 잘못을 하지 않도록 하는 데 급급하기 때문에 백성들로 하여금 염치를 아는 것과 같은 원대한 생각을 가지도록 할 수 없다는 것이다. 이처럼 소라이는 자료 1의 『논어』 원문을 철저하게 다스리는 사람이 백성으로 하여금 그렇게 하게 하는 것으로 풀이하고 있다.

[자료 3 : 『논어』 원문 2]

"道之以德, 齊之以禮, 有恥且格."

---

94) 『論語徵』「爲政」: 道之以政, 齊之以刑, 亦謂先王之政刑也.

95) 『論語徵』「爲政」: 雖用先王之政刑, 而不用德禮, 則民僅免刑戮耳. 廉恥之意, 何由而生哉?

194

[주자 : 인도하기를 덕으로써 하고 다스리기를 예로써 하면 부끄러워함이 있고 또한 선에 이를 것이다.]

[소라이 : 인도하기를 덕 있는 사람을 등용해서 하고, 다스리기를 예로써 한다면 부끄러워하게 할 수 있고 또한 감격하게 할 수 있다.]

[자료 4 : 주자의 주석 2]

其淺深厚薄之不一者, 又有禮以一之, 則民恥於不善, 而又有以至於善也. 一說, 格, 正也.

[얕거나 깊음, 도탑거나 엷음이 한결같지 않은 것을 예로 통일시키면, 백성들이 선하지 않은 것을 부끄러워하고, 또한 선에 이르게 된다. 일설에 의하면 '격'은 바르게 하는 것이다.]

소라이는 '도지이덕(道之以德)'을 3절의 해석에서와 마찬가지로 자기의 덕을 가지고 인도하는 것이 아니라 덕 있는 사람을 등용해서 인도하는 것으로 해석하고 있다. 덕 있는 사람과 예를 쓰는 사람은 생각이 원대해서 백성들로 하여금 형벌도 면하게 하고 부끄러움도 알게 하고 감격하게 할 수 있다는 것이다.[96]

자료 4에서 주자는 '유치차격(有恥且格)'의 '격(格)'을 "선에 이른다."고 해석하면서도 한편으로는 "바르게 한다."는 해석도 제시하였다. 소라이는 "바르게 한다."고 해석하는 것보다는 "선에 이른다."고 해석하는 것이 원의에 가깝지만, 원의에 가장 가까운 것은 "감격하게 한다."고 해석하는 것이라고 본다.[97]

---

96) 『論語徵』「爲政」: 用德禮者, 其思遠矣哉. 先王之道, 是爲尙焉. 學者思諸, 有恥且格.

[자료 5 : 『논어』 원문 3]

季康子, 問使民敬忠以勸, 如之何? 子曰, "臨之以莊則敬, 孝慈則忠, 擧善而敎不能則勸."

[주자 : 계강자가 물었다. "백성으로 하여금 공경하고 충성하게 하며, 이것을 권면하게 하려는데 어찌하면 되겠습니까?" 공자가 말했다. "대하기를 장엄하게 하면 공경하고, 효도하고 자애하면 충성하고, 이것을 잘하는 사람을 들어 쓰고 잘 못하는 사람을 가르치면 권면될 것입니다."]

[소라이 : 천도를 받들어 장엄하게 임하면 공경하고, 효도하고 자애하면 충성하고, 선한 사람을 등용하고 능력 없는 사람을 가르치면]

[자료 6 : 주자의 주석 3]

張敬夫曰, "此皆在我所當爲, 非爲欲使民敬忠以勸而爲之也. 然能如是, 則其應蓋有不期然而然者矣."

[장경부가 말했다. "이것들은 모두 내가 마땅히 해야 할 바에 해당하는 것으로 백성들로 하여금 공경하고 진실하고 권면하도록 하기 위해서 그렇게 하는 것이 아니다. 그러나 이와 같이 할 수 있다면 그 응하는 것이 그렇게 하기를 기대하지 않아도 그러한 것이 있다."]

자료 6에서 장경부는 "이것들은 모두 내가 마땅히 해야 할 바에 해당하는 것으로 백성들로 하여금 공경하고 진실하고 권면하도록 하기 위해서 그렇게 하는 것이 아니다. 그러나 이와 같이 할 수 있다면 그 응하는 것이 그렇게 하기를 기대하지 않아도 그러한 것이 있다."고 말했다.

---

97) 『論語徵』「爲政」: 古註訓正, 未是, 朱子訓至, 爲是. 然亦有感格意.

'이것들'이란 '임지이장(臨之以莊)', '효자(孝慈)', '거선이교불능(擧善而敎不能)'을 가리킨다. 장경부의 말은 '임지이장(臨之以莊)', '효자(孝慈)', '거선이교불능(擧善而敎不能)'을 행하는 것이 백성들로 하여금 '경충이권(敬忠以勸)'하게 하기 위해서 행하는 것은 아니지만, 그렇게 행하다 보면 백성들이 '경충이권(敬忠以勸)'하기를 기대하지 않더라도 '경충이권(敬忠以勸)'하게 된다는 것이다.

그러나 소라이는 계강자의 물음 자체가 백성들로 하여금 '경충이권(敬忠以勸)'하게 하는 방법을 물은 것에 대해 공자가 '임지이장(臨之以莊)', '효자(孝慈)', '거선이교불능(擧善而敎不能)'으로 대답했으므로, 장경부의 말처럼 '경충이권(敬忠以勸)'하려는 목적 없이 '임지이장(臨之以莊)', '효자(孝慈)', '거선이교불능(擧善而敎不能)'을 행하다 보면 자연스럽게 '경충이권(敬忠以勸)'하게 되는 것이 아니라, 분명히 백성들로 하여금 '경충이권(敬忠以勸)'하게 하려는 목적을 가지고 '임지이장(臨之以莊)', '효자(孝慈)', '거선이교불능(擧善而敎不能)'을 행하는 것이라고 주장하고 있다.[98]

또한 소라이는 천도를 받들어 임하는 것이 장엄함으로 임하는 것이며,[99] 「위정」 제19장에서 애공이 백성들로 하여금 복종하게 하는 방법을 물었을 때에는 공자가 곧은 사람을 등용하라고만 대답하고, 이 장에서 계강자가 백성들로 하여금 '경충이권(敬忠以勸)'하게 하는 방법을 물었을 때에는 공자가 선한 사람을 등용하고 능력 없는 사람을 가르치라고 더욱 상세하게 대답한 것은 애공은 임금이고 계강자는 실제로 정무를 맡아보는 대부였기 때문이라고 말하고 있다.[100]

---

98) 『論語徵』「爲政」: 是爲欲使民敬忠以勸而爲之者審矣.

99) 『論語徵』「爲政」: 奉天道以臨之, 是謂之莊.

100) 『論語徵』「爲政」: 語哀公擧直而己矣, 語季康子, 擧善而敎不能, 益詳矣, 君與大夫之分也,

이처럼 소라이는 『논어』의 구절들을 해설하면서 치자(治者)의 입장에서 민(民)을 그렇게 하게 하는 것으로 풀이하고 있는데, 이는 그가 2대 쇼군 요시무네의 자문으로서 막부의 안정과 유지를 위해 『정담(政談)』과 『태평책(太平策)』을 썼던 것과 관련이 있다고 하겠다.[101]

5. 정치에서 지인(知人)의 중요성

3절 자료 1을 통해서 소라이가 '위정이덕(爲政以德)'을 '정사를 잡아 덕 있는 사람을 등용하는 것'으로 풀이하고 있음을 알 수 있다. "정사를 잡아 덕 있는 사람을 등용하면 수고하지 않아도 다스려지기 때문에 북극성에 비유하였다."[102]는 것이다. 정사를 잡아 덕 있는 사람을 등용해서 수고하지 않고도 다스린 경우로 소라이는 순임금을 들었다. "순임금은 신하 다섯 사람을 두고서 천하를 힘쓰지 않고도 다스렸다."[103]는 것이다.

이처럼 정사를 잡고서 덕 있는 사람을 등용해서 수고하지 않고도 나라를 다스리려면 사람을 아는 것이 중요하다. 그래서 소라이는 고요(皐陶)가 "아! 사람을 아는 데 달려 있고, 백성을 편안하게 하는 데 달려 있습니다."[104]라고 했고, 공자는 "안다는 것은 사람을 아는 것이다."[105]라고 했으며, 인이 중요한데도 사람들이 지와 인을 병칭할 때 인·지라고

---

101) 이광래, 『일본사상사연구』, 경인문화사, 2005, 315쪽, 321쪽 참조.

102) 『論語徵』「爲政」: 秉政而用有德之人, 不勞而治, 故有北辰之喩.

103) 『論語』「泰伯」: 舜有臣五人, 而天下治.

104) 『書經』「皐陶謨」: 皐陶曰, "都, 在知人, 在安民."

하지 않고 지·인이라고 하는 것이라고 강조한다.[106] "백성을 편안하게 하는 도는 사람을 알지 못하면 실현할 수 없"고, 따라서 "성스럽고 현명한 임금을 찬양할 때에는 반드시 성스럽고 현명한 신하를 얻는 것으로 칭찬한다."[107]는 것이다. 소라이가 '정치에서 사람을 아는 일'을 매우 중시하고 있음을 여기에서 볼 수 있다.

[자료 1 : 『논어』 원문 1]

子曰, "由, 誨女知之乎. 知之爲知之, 不知爲不知, 是知也."

[주자 : 공자가 말했다. "유야, 너에게 안다는 것이 무엇인지를 가르쳐주마. 아는 것을 안다고 하고 모르는 것을 모른다고 하는 것, 이것이 아는 것이다."

[소라이 : 너에게 사람을 안다는 것이 무엇인지를 가르쳐주마. 사람에 대해 알면 안다고 하고 모르면 모른다고 하는 것, 이것이 사람을 아는 것이다.]

[자료 2 : 주자의 주석 1]

子路好勇, 蓋有強其所不知以爲知者. 故夫子告之.

[자로는 용기를 좋아하여 알지 못하는 것도 억지로 아는 것으로 여기는 경우가 있었다. 그러므로 공자가 그에게 고해주었다.]

자료 2에서 주자는 자로가 알지 못하는 것도 억지로 안다고 하였기 때문에 공자가 자로에게 아는 것은 안다고 하고 알지 못하는 것은 알지

---

105) 『論語』「顏淵」: 樊遲問仁, 子曰 "愛人." 問知, 子曰 "知人." 樊遲未達. 子曰, "擧直錯諸枉, 能使枉者直."

106) 『論語徵』「爲政」: 夫仁者, 大德也, 而知仁之稱, 知每居上者, 安民之道, 非知人則, 不能故也.

107) 『論語徵』「爲政」: 贊聖賢之君, 必以得聖賢之臣稱之.

못한다고 하도록 가르쳐준 것이라고 풀이하였다. 소라이는 공자가 자로에게 학문의 도리를 말해준 것이 아니라 사람을 아는 도리는 말해준 것이라고 주장한다.[108] 아는 것이란 바로 사람을 아는 것인데, 정치를 하는 데 사람을 아는 것이 급하기 때문에 알지 못하는 사람을 힘써 알기를 구하라는 것이 공자의 생각이라는 것이다.[109] 이처럼 소라이는 '지(知)'를 일반적 앎이 아닌 정치적 앎으로 풀이함으로써 정치에서 사람을 아는 일의 중요성을 강조하고 있다.

6. 공(公)과 사(私)

[자료 1 : 『논어』 원문 1]

子曰, "君子, 周而不比, 小人, 比而不周."

[주자 : 공자가 말했다. "군자는 공적으로 친하고 사적으로 친하지 않으며, 소인은 사적으로 친하고 공적으로 친하지 않는다."]

[소라이 : 군자는 진실하고 믿음 있게 사귀고 아첨하여 무리 짓지 않으며, 소인은 아첨하여 무리 짓고 진실하고 믿음 있게 사귀지 못한다.]

[자료 2 : 주자의 주석 1]

周, 普遍也, 比, 偏黨也, 皆與人親厚之意. 但周公而比私爾. 君子小人,

---

108) 『論語徵』 「爲政」 : 知之爲知之, 不知爲不知, 語知人之方也.
109) 『論語徵』 「爲政」 : 且知人者政事之所急, 故强求知其所不知.

所爲不同, 如陰陽晝夜, 每每相反. 然究其所以分, 則在公私之際毫釐之差耳.

['주'는 '두루'이고 '비'는 '편당'이니, 모두 다른 사람과 더불어 친하고 도탑다는 뜻이다. 다만 '주'는 공적이고 '비'는 사적일 뿐이다. 군자와 소인의 행동이 같지 않은 것은 마치 음과 양, 낮과 밤 같아서, 매양 상반된다. 그러나 나누어지는 까닭을 연구해보면 '공'과 '사'의 사이에 있을 뿐으로 터럭만큼의 차이에 달려 있을 뿐이다.]

　　자료 2에서 주자는 '주(周)'를 '보편(普遍)'으로, '비(比)'를 '편당(偏黨)'으로 풀이하고, 한편으로는 '주(周)'와 '비(比)'가 모두 다른 사람과 친하고 도탑게 지낸다는 뜻이지만, '주(周)'는 공적이고 '비(比)'는 사적인 차이가 있다고 설명하였다. 소라이는 주자의 이러한 설명이 '보편(普遍)'과 '친함'이라는 상반된 내용으로 '주(周)'를 설명하고 있어서 지리멸렬하다고 비판한다.[110] '친함'이란 '보편(普遍)'적으로 하기 어려운 것인데[111] 그것들 모두로 '주(周)'를 설명하고 있으니 말이 안 된다는 것이다. 예를 들어 다른 사람과 친하게 지내고자 한다면 반드시 "남을 위하여 일을 꾀하면서 진실하지 않았는가? 벗과 더불어 사귀면서 미덥지 아니했는가?"[112]라고 늘 살펴야 하는 것이므로 '두루[普遍]' 친할 수는 없다는 것이다. 그래서 소라이는 "진실하고 믿음 있게 사귀는 것을 '주(周)'라 하고, 아첨하여 무리 짓는 것을 '비(比)'라고 한다."[113]는 공안국의 말을 받아들인다.

---

110) 『論語徵』, 「爲政」 : 周訓普遍者一義. 訓親者一義, 可謂支矣.

111) 『論語徵』, 「爲政」 : 親厚之道, 勢難普遍.

112) 『論語』, 「學而」 : 曾子曰, "吾日三省吾身. 爲人謀而不忠乎? 與朋友交而不信乎? 傳不習乎?"

113) 『論語注疏』, 「爲政」 : 忠信爲周, 阿黨爲比.

또한 주자는 "군자와 소인의 구분은 공(公)과 사(私)의 사이에 있을 뿐으로 터럭만큼의 차이일 뿐이다."라고 말했는데, 소라이는 그것이 틀린 말은 아니지만, 본질적인 것은 아니라고 말한다.[114] 군자는 윗자리에서 덕을 지닌 사람으로 그 마음이 백성을 편안하게 하는 데 있으므로 공적이고, 소인은 소소한 백성들을 칭하는 것으로 그 마음이 자기 자신의 영위에 있기 때문에 사적인데, 만약 오로지 두루 친하고자 한다면 그 폐단은 반드시 '향원(鄕原)'에 이를 것이고, 오로지 공적이고자 한다면 그 폐단은 결국에는 반드시 백성을 보살피지 않게 된다는 것이다.[115] 여기에서 소라이가 '사(私)'를 부정적으로 보고 있지 않은 것을 알 수 있다. 백성들이 자기 자신을 영위하고자 하는 '사'를 보살펴 그들을 편안하게 해 주는 것이 바로 군자의 '공'이라는 논리이다.

[자료 3 : 『논어』 원문 2]

子張, 學干祿. 子曰, "多聞闕疑, 愼言其餘則寡尤, 多見闕殆, 愼行其餘則寡悔, 言寡尤, 行寡悔, 祿在其中."

[주자 : 자장이 녹을 구하는 방법을 배우려 하자 공자가 말했다. "많이 듣고 의심스러운 부분은 빼버리고 그 나머지를 삼가서 말하면 허물이 적으며, 많이 보고 위태로운 것을 빼버리고 그 나머지를 삼가서 실행하면 후회하는 일이 적을 것이니, 말에 허물이 적으며 실행에 후회하는 일이 적으면 녹이 그 가운데 있다."]

[소라이 : 군자의 말을 많이 듣고 자신의 생각에 의심스러운 것은 빼놓고, 그 나머

---

114) 『論語徵』「爲政」: 是誠然, 然亦末已.

115) 『論語徵』「爲政」: 君子者, 在上之德, 其心在安民, 故公. 小人者細民之稱, 其心在營己, 故私. 若不求諸安民之道, 忠信之義, 而一意欲普遍, 其弊必至於鄕原, 一意欲公, 其弊必至於老莊天地不仁, 聖人不仁, 而極焉.

지를 삼가서 말한다면 허물이 적으며, 군자의 행동을 많이 보고 자신의 생각에 미심쩍은 것을 빼놓고 그 나머지를 삼가서 행동한다면 후회할 일이 적을 것이다.]

[자료 4 : 주자의 주석 2]

言此以救子張之失而進之也. 程子曰, "修天爵則人爵至, 君子言行能謹, 得祿之道也. 子張學干祿, 故告之以此, 使定其心而不爲利祿動."

[이것을 말하여 자장의 잘못을 바로잡아주고 나아가게 한 것이다. 정자가 말했다. "하늘이 준 작위를 닦으면, 사람이 주는 작위가 이르는 것이니, 군자가 말과 행동을 삼갈 수 있는 것이 봉록을 얻는 방법이다. 자장이 봉록을 구하는 것을 배우고자 하였기 때문에 이로써 고하여 그의 마음을 안정시키고 이익과 봉록 때문에 흔들리지 않도록 했다."]

소라이는 '문(聞)'을 '군자의 말을 듣는 것'으로, '견(見)'을 '군자의 행동을 보는 것'으로 풀이하였다. 또한 '의심스러운 것'과 '미심쩍은 것'을 빼놓는다고 할 때, '의심스러운 것'과 '미심쩍은 것'은 군자의 말이나 행동 자체가 '의심스러운 것'과 '미심쩍은 것'이 아니라 자신이 생각하기에 '의심스러운 것'과 '미심쩍은 것'이라고 해설하고 있다.[116]

또한 자료 4 난하주(欄下註)에서 정자는 "자장이 봉록을 구하는 것을 배우고자 하였기 때문에 이로써 고하여 그의 마음을 안정시키고 이익과 봉록 때문에 흔들리지 않도록 했다."고 하였다. 즉, 자장이 봉록을 구하는 것을 배우고자 한 것은 마음이 안정되지 않고 이익과 봉록에 흔들렸기 때문이라고 부정적으로 본 것이다. 자료 4에서 주자도 "이것을

---

116) 『論語徵』「爲政」: 見, 見君子之所行, 聞, 聞君子之所言. 疑與殆, 以已言之, 非謂所見聞君子之言行未善也.

말하여 자장의 잘못을 바로잡아주고 나아가게 한 것이다."라고 하여 부정적으로 본 것은 마찬가지였다.

그러나 소라이는 "선비가 일정한 산업이 없으면 무엇으로 살 수 있겠는가?"라고 반문하고, 배워서 녹봉을 구하는 것은 선비의 일상적인 일이었다고 강조한다. 그러므로 선왕은 녹봉의 제도를 만들었고, 공자도 역시 자장을 책망하지 않고 이렇게 바로 대답해준 것이라는 것이다.[117] 만일 공자가 봉록을 구하는 것을 배우고자 한 것을 부정적으로 생각했다면 자장의 행위에 대해 자료 3과 같이 대답하는 것이 아니라 "군자는 명을 알아야 할 것이다."라고 대답했을 것이라는 것이다.[118] 소라이는 공자의 대답이 도가 사람에게서 멀리 떨어져 있지 않음을 보여준 것이라고 말하는데,[119] 송나라 유학자들의 학문이 인간적인 정서와는 거리가 멀기 때문에 위와 같이 말한 것이라고 비판하고 있는 것이다.

이처럼 소라이는 사(私)를 부정적으로 보지 않으며, 백성들이 자기 자신을 영위하고자 하는 '사'를 보살펴 그들을 편안하게 해주는 것이 바로 군자의 '공(公)'이라고 파악한다.

---

117) 『論語徵』 「爲政」 : 夫士無恒産, 以何能存? 故學而干祿, 士子之常也. 故先王設穀祿之制, 孔子亦不責子張, 而直答以此.

118) 『論語徵』 「爲政」 : 果其說之是乎, 則孔子當答以君子知命矣.

119) 『論語徵』 「爲政」 : 道之不遠於人如此, 不可不察.

7. 동기보다는 결과와 그 활용의 강조

[자료 1 : 『논어』 원문 1]

子曰, "詩三百, 一言以蔽之曰, 思無邪."

[주자 : 공자가 말했다. "『시경』 삼백 편의 뜻을 한 마디 말로 표현한다면 '생각함에 간사함이 없다.'는 말이다."]

[소라이 : 『시경』 삼백 편의 뜻을 취할 때 주의할 것을 한 마디 말로 표현한다면 '생각에 간사함이 없어야 한다.'는 말이다.]

[자료 2 : 주자의 주석 1]

凡詩之言, 善者, 可以感發人之善心, 惡者, 可以懲創人之逸志. 其用歸於使人得情性之正而已. …… 范氏曰, "學者必務知要, 知要則能守約, 守約則足以盡博矣. 經禮三百, 曲禮三千, 亦可以一言而蔽之曰, 毋不敬."

[『시경』의 말 가운데 선한 것은 사람의 선한 마음을 느껴 발로하게 하고, 악한 것은 사람의 안일한 뜻을 징계할 수 있다. 그 쓰임은 사람으로 하여금 그 감정과 본성의 바름을 얻도록 할 뿐이다. …… 범조우가 말했다. "배우는 사람들은 요점을 아는 데 힘써야 하니, 요점을 알면 간략함을 지킬 수 있고, 간략함을 지키면 해박함을 충분히 다할 수 있다. 기본적인 예 3백 가지와 세세한 예 3천 가지도 또한 한 마디 말로 표현할 수 있으니, '공경하지 않음이 없다[無不敬]'는 것이다."]

자료 1에 대한 소라이의 주석은 '사무사(思無邪)'에 집중되어 있다. '사무사(思無邪)'는 원래 『시경』 「경」편에 나오는 말로 원문은 "思無邪, 思馬斯徂"로 되어 있다. 이것을 소라이는 "'생각에 간사함이 없다.'는 말은 『시경』에서는 본래 노나라 임금의 생각이 사악하지 않아서 좋은 말이 삼천이나 되는 성대함에 이르렀다는 것을 뜻했을 뿐이다."[120)]라고 풀이하고, 이것이 『시경』 삼백 편을 한 마디로 표현한 말이라고 한 이전의 주석들이 잘못이라고 비판한다. 자료 2에서 범조우가 '무불경(毋不敬)'이 『예기』를 한 마디로 표현한 말이라고 주석한 것이라든지, 또한 '시(時)'가 『주역』을 한 마디로 표현한 말이라고 주석한 것, '흠(欽)'이 『서경』을 한 마디로 표현한 말이라고 주석한 것은 모두 도를 지극히 어지럽히는 것이라는 것이다.[121] 예를 들어 『예기』를 '무불경(毋不敬)'이라는 한 마디 말로 표현할 수 있고, 『주역』을 '시(時)'라는 한 마디 말로 표현할 수 있다면, 나머지 『예기』의 삼천, 삼백의 예, 『주역』의 삼백팔십사의 효(爻)는 무엇 때문에 지리멸렬하게 나열했냐는 것이 소라이의 비판이다.[122]

그래서 소라이는 '사무사(思無邪)'라는 말이 시를 쓴 사람의 마음가짐을 표현하는 말이 아니라, 시를 해석하는 사람의 마음가짐을 표현하는 말로 보아야 한다고 주장한다.

시의 뜻은 단서가 많아서 일정한 해석의 규칙을 세울 수 없다. 옛날에 시에서 어떤 의미를 찾은 사람은 마음이 그것을 원한 것이다. 단지 그 생각에 간사함이 없었을 뿐인데, 이것이 공자의 마음이다.[123]

시는 함축적이어서 동일한 시에 대해서도 다양한 해석이 가능한데,

120) 『論語徵』「爲政」: 其在詩, 本言魯侯之思, 不淫奇邪, 以致騋牝三千之盛已.

121) 『論語徵』「爲政」: 乃至以毋不敬蔽禮, 以時蔽易, 以欽蔽書, 亂道極矣.

122) 『論語徵』「爲政」: 夫毋不敬, 果能盡乎禮, 時果能盡乎易, 三千三百, 三百八十四, 亦何聖人之迂濶也?

123) 『論語徵』「爲政」: 詩之義多端, 不可爲典要. 古之取義於詩者, 亦唯心所欲, 祇其思無邪, 是孔子之心也.

시를 해석하는 사람은 해석할 때 "생각이 간사함이 없도록" 하면 되는 것이며, 이것이 바로 '공자의 마음'이라는 것이다.

또한 자료 2에서 주자는 "『시경』의 말 가운데 선한 것은 사람의 선한 마음을 느껴 발로하게 하고, 악한 것은 사람의 안일한 뜻을 징계할 수 있다. 그 쓰임은 사람으로 하여금 그 감정과 본성의 바름을 얻도록 할 뿐이다."라고 말했다. 『시경』의 효용은 사람이 감정과 본성이 바름을 얻도록 하는 데 있다는 것이다. 그러나 소라이는 이러한 주자의 설명은 『시경』의 「상간」과 「복상」을 볼 때 맞지 않다고 반박한다.[124] 소라이 자신은 더 이상의 부연 설명을 하고 있지 않지만, 『시경』의 「상간」과 「복상」은 『예기』 「악기」에서 "망국의 음악이다."[125]라고 평가한 음악인데도 이런 시들이 『시경』에 채택된 것을 보면, 주자의 설명대로 『시경』을 꼭 사람의 감정과 본성을 바로잡으려는 목적으로 편찬했다고 볼 수 없다는 것이 소라이의 생각이라고 추론할 수 있다.

이처럼 소라이는 『시경』의 저작 의도와 편찬 의도에 관심을 두어 '사무사(思無邪)'를 『시경』을 "쓴 사람의 생각에 간사함이 없다."라고 해석하기보다는, 『시경』의 활용과 해석에 관심을 두어 '사무사(思無邪)'를 『시경』을 "해석하는 사람의 생각에 간사함이 없어야 한다."라고 해석하고 있다.

[자료 3 : 『논어』 원문 2]

子曰, "視其所以."

---

124) 『論語徵』 「爲政」 : 思無邪, 包氏曰, "歸於正." 朱子演之曰, "凡詩之言, 善者可以感發人之善心, 惡者可以懲創人之逸志. 其用歸於使人得其情性之正而已." 其說, 至於桑間濮上而窮矣.

125) 『禮記』 「樂記」 : 桑間濮上之音, 亡國之音也.

[주자 : 공자가 말했다. "그가 하는 것을 보며"]

[소라이 : 그(임금)가 함께 하는 사람을 보며]

[자료 4 : 주자의 주석 2]

以, 爲也. 爲善者爲君子, 爲惡者爲小人.

['이(以)'는 '하다[爲]'이다. 선을 하는 사람은 군자가 되고, 악을 하는 사람은 소인이 된다.]

주자는 자료 3의 '이(以)'를 '하다[爲]'로 보아 자료 4에서 "선을 하는 사람은 군자가 되고, 악을 하는 사람은 소인이 된다."고 풀이하였다. 그러나 소라이는 이 '이(以)'를 '함께하다[與]'로 보아 "함께 나라를 도모하는 사람이 어떤 사람인가는 본다."고 풀이한다.[126] 소라이가 이렇게 풀이하는 이유는 그가 이 장 전체를 사람을 관찰하는 방법이 아닌 임금을 관찰하는 방법으로 풀이하기 때문이다.[127] 사람 사람마다 관찰하려고 하는 것은 성인의 마음이 아니며,[128] 현명한 사람이 임금을 택하거나, 혹은 그 임금을 위하여 이웃 나라와 외교를 하게 될 때 모두 그 임금의 현명함 여부를 알지 않으면 안 되므로 공자가 그렇게 말했다는 것이다.[129] 한 나라 임금의 선악을 알고자 하면 그가 등용한 사람이 현명한지 아닌지를 보고서 대략을 알 수 있는데, 그것은 지극히 쉽게 볼 수 있기 때문에 '본다[視]'고 말했다고 소라이는 주장하고 있다.[130] 주자는 뜻

---

126) 『論語徵』「爲政」: 或曰, "如不我以之以訓與", 則視其所與謀國者何人也, 義同.

127) 『論語徵』「爲政」: 此則以察國君之道.

128) 『論語徵』「爲政」: 且人人而欲察之, 豈聖人之用心哉?

129) 『論語徵』「爲政」: 賢者之擇君, 或爲其君與隣國交, 皆不可以不知其賢否, 故孔子言之.

이 어디로부터 따라 나오는지를 살핀다고 함으로써 마음의 동기를 중시한 반면에 소라이는 무슨 도를 따르는지를 살핀다고 함으로써 외적으로 드러나는 지향[태도]을 중시하고 있다.

8. 맺음말

이상으로 오규 소라이의 『논어』「위정」편의 해석을 주자의 해석과 비교하여 살펴본 결과, 소라이의 『논어』 해석의 특징을 다음과 같이 찾아볼 수 있었다. 첫째, 소라이는 한나라 유학자들이 『논어』 주석에 대해서 『논어』의 본 뜻을 왜곡하고 있다고 비판하고 있기도 하지만, 그들이 옛부터 전통적으로 전해오는 주석을 지키는 태도는 높이 평가한다. 송나라의 유학자들이 억견으로 경전을 주석하는 것보다는 낫다고 생각하기 때문이다. 그래서 소라이는 『논어』를 해석할 때 문장 안에서 문장의 뜻을 추구해야지 문장의 밖에서 문장의 뜻을 추구해서는 안 된다고 강조하고 있다. 둘째, 소라이는 덕(德)을 '도를 행하여 마음에 얻는 것'이라고 정의하는 주자와는 달리 객관적인 '예악을 몸으로 익혀서 실천하는 것'으로 정의하고 있다. 이는 『논어』를 해석하면서 주자는 개인의 내적 측면을, 소라이는 사회적 관계의 외적 측면을 강조하고 있음을 보여준다. 셋째, 소라이는 개인의 도덕적 수양과 정치의 관련을 부정하고 있다. 넷째, 소라이는 정치에서 사람을 아는 일의 중요성을 매우 강조하고

---

130) 『論語徵』「爲政」: 蓋欲知國君之善惡者, 先視其所用之人賢否, 而大槩可知已, 所用賢則賢, 否則否. 是其至易見者, 故曰視也.

있다. 다섯째, 소라이에게 학문의 도리는 '자신의 지혜를 쓰는 것'이 아니라 '선왕의 가르침을 한결같이 따르는 것'이다. 비판적으로 본다면 소라이의 이러한 학문관은 학문에서 창의적인 사고를 억누르는 역할을 할 수도 있다. 여섯째, 소라이는 '사(私)'를 부정적으로 보지 않으며, 백성들이 자기 자신을 영위하고자 하는 '사'를 보살펴 그들을 편안하게 해주는 것이 바로 군자의 '공(公)'이라고 파악한다. 일곱째, 주자는 마음의 동기를 중시하는 반면에 소라이는 외적으로 드러나는 지향[태도]을 중시한다.

제3장

주자와 오규 소라이의 『논어』 해석(2)

1. 머리말

제2장에 이어 3장에서는 주자와 소라이의 『논어』「팔일」「리인」편 해석을 통해서 그들의 『논어』 해석의 특징을 계속해서 찾아보고자 한다. 소라이의 『논어』 해석의 방법론이 주자의 해설을 비판하고 고문사학의 방법을 적용하는 것이었으므로, 주자의 해석과 비교를 통해서 소라이의 해석의 특징을 드러내도록 한다. 물론 『논어』의 해석을 제시하는 경우 주자와 소라이가 『논어』를 직접 해석하고 있지는 않으므로, 우선 두 사람의 주석을 비교하고 그것을 『논어』 원문에 적용하여 해석을 제시하기로 한다. 「팔일」「리인」편 가운데 소라이의 『논어』 해석의 특징을 잘 드러내고, 주자와 소라이의 해석에 차이가 뚜렷한 장을 중심으로 논의를 전개하고자 한다.

2. 고문사학의 적용(1) : 고문과 금문의 구분(1)

소라이는 『논어』를 해석하면서 그의 고문사학(古文辭學)이라는 방법을 적용하였다. 즉, 『논어』를 해석할 때 불교의 영향을 받아 개인의 수양이라는 기본 입장을 가지고 해석을 하는 주자의 해설을 따라서는 안 되고, 『논어』보다 앞서거나 최소한 『논어』와 동시대인, 혹은 이를 반영하는 후대 고문의 '사(辭)'를 연구하고 그 바탕 위에서 『논어』를 해설해야 한다는 것이었다.

여기서 필자가 말하는 고문과 금문은 한대 경학에서 논의의 중심이 되는 고문과 금문을 지칭하는 것이 아니라, 소라이가 『논어』를 해석하면서 그 가운데 인용하고 있다고 말하는 문장을 고문이라 칭하고, 인용한 고문이 아닌 『논어』 자체의 문장을 금문이라 칭한 것이다. 일반적으로 『논어』를 해석하는 학자들은 『논어』에서 말하는 사람의 확실한 지시가 있지 않는 한 그가 말한 모든 문장이 말하는 사람의 것이라고 해석하는데, 소라이는 고문사학을 주장하는 학자답게 많은 경우 『논어』를 해석하면서 그 가운데 인용하고 있는 고문을 금문과 구분해서 해설하고 있다. 이것이 소라이가 고문사학을 적용하여 『논어』를 해석하는 또 하나의 독창성이다.

[자료 1 : 『논어』 원문 1]

哀公問曰, "何爲則民服?" 孔子對曰, "擧直錯諸枉則民服, 擧枉錯諸直則民不服."

[주자 : 애공이 물었다. "어떻게 하면 백성이 복종합니까." 공자가 대답했다. "곧은 사람을 등용하여 쓰고 여러 굽은 사람을 버려두면 백성이 복종하고, 굽은 사람을 등용하여 쓰고 여러 곧은 사람을 버려두면 백성이 복종하지 않습니다."]

[소라이 : '곧은 사람을 등용하여 굽은 사람 위에 둔다.'고 했는데, 그렇게 하면 백성이 복종하고, '굽은 사람을 등용하여 곧은 사람 위에 둔다.'고 했는데, 그렇게 하면 백성이 복종하지 않습니다.]

[자료 2 : 주자의 주석 1]

錯, 捨置也. 諸, 衆也.

['조'는 '버려둠'이다. '제'는 '여럿'이다.]

주자는 "擧直錯諸枉則民服, 擧枉錯諸直則民不服" 전체 문장을 공자의 말로 보았으나, 소라이는 "擧直錯諸枉", "擧枉錯諸直"은 공자가 옛말을 인용한 것으로 보았다. 또한 주자는 자료 2에서 '조(錯)'를 '버려둠[捨置]'으로, '제(諸)'를 '여럿[衆]'으로 풀이하였다. 그렇다면 주자는 "거직조제왕(擧直錯諸枉)", "거왕조제직(擧枉錯諸直)"을 각각 "곧은 사람을 등용하고 여러 굽은 사람을 버려두면", "굽은 사람을 등용하고 여러 곧은 사람을 버려두면"이라고 해석한 것이다.

그러나 소라이는 "거직조저왕(擧直錯諸枉)", "거왕조저직(擧枉錯諸直)"의 '저(諸)'를 주자와는 달리 '지호(之乎)'라고 풀이한다.[131] 그렇다면 소라이는 "거직조저왕(擧直錯諸枉)", "거왕조저직(擧枉錯諸直)"을 각각 "곧은 사람을 등용하여 굽은 사람 위에 두면", "굽은 사람을 등용하여 곧은 사람 위에 두면"이라고 해석한 것이다. 소라이는 이것이 나무를 쌓는 도리로 비유한 것이라고 말한다.[132] 곧은 나무를 굽은 나무 위에 두면

131) 『論語徵』 「爲政」 : 諸, 之乎也.
132) 『論語徵』 「爲政」 : 蓋以積材之道爲喩.

굽은 나무가 곧은 것에 눌려서 곧게 되는 것처럼,[133] 선하고 인한 사람을 등용해서 악하고 불인한 사람 위에 두면 악하고 불인한 사람도 선하고 인한 사람의 영향을 받아 역시 선하고 인한 사람이 된다는 것이다. 그 예로 소라이는 "순임금이 천하를 소유하고서 무리에서 선발하여 고요를 등용하니 인하지 않은 자들이 멀어졌다. 탕임금이 천하를 소유하고서 무리에서 선발하여 이윤을 등용하니 인하지 않은 자들이 멀어졌다."[134]는 것을 든다.

[자료 3 : 『논어』 원문 2]

子張問, "十世可知也?"

[주자 : 자장이 물었다. "십 세를 알 수 있습니까?"]

[소라이 : "십 세를 알 수 있다."고 하는데, 그렇습니까?]

[자료 4 : 주자의 주석 2]

王者易姓受命, 爲一世. 子張問, 自此以後, 十世之事, 可前知乎?

[왕자(王者)가 성을 바꾸어 명을 받은 것이 일세(一世)가 된다. 자장은 이 이후로 십 세의 일을 미리 알 수 있는가 물은 것이다.]

주자는 자료 3의 자장의 질문을 자장 자신의 말이라 보았지만, 소라이는 이것이 옛 말인데 자장이 그것을 의심해서 공자에게 질문한 것으로 보았다.[135] 또한 주자는 자료 2에서 "왕자(王者)가 성을 바꾸어 명을

---

133) 『論語徵』 「爲政」 : 積材之道, 以直者置於枉者之上, 則枉者爲直者壓而自直矣.

134) 『論語』 「顏淵」 : 子夏曰, "富哉, 言乎. 舜有天下, 選於衆, 擧皐陶, 不仁者遠矣. 湯有天下, 選於衆, 擧伊尹, 不仁者遠矣."

받은 것이 일세(一世)가 된다."고 했지만, 소라이는 그것은 일세(一世)가 아니라 일대(一代)이며, 아버지와 아들이 서로 주고받는 것이 일세(一世)가 되는 것이라고 주장한다.[136]

이처럼 소라이는 고문사학자답게 『논어』를 해석하면서 일관되게 공자나 그 제자들의 말 가운데서 옛 말을 구분해내고 있다. 예를 들어 '자왈(子曰)'이라고 말했더라도 그것이 모두 공자의 말은 아니며 자신의 말을 확증하기 위하여 인용한 옛 말이 많다는 것이다. 소라이가 『논어』를 해석하면서 이렇게 해석한 예는 매우 많다. 이것은 필자가 앞 장에서 제시한 소라이의 『논어』 해석의 특징의 하나인 고문사학적 경학연구방법론을 『논어』 전체의 해석에 일관되게 적용하고 있음을 보여준다고 평가할 수 있겠다.

3. 고문사학의 적용(2) : 고문과 금문의 구분(2)

[자료 1 : 『논어』 원문 1]

祭如在, 祭神如神在.

[주자 : 선조를 제사지내되 선조가 있는 듯이 하며, 신을 제사지내되 신이 있는 듯이 하였다.]

[소라이 : 제사를 지내며 있는 듯이 했다는 것은 신을 제사지내며 신이 있는 듯이

---

135) 『論語徵』「爲政」: 十世可知也, 古書之言, 子張疑而問之, 而孔子答其可前知也.

136) 『論語徵』「爲政」: 朱註, 王者易姓受命爲一世, 非矣. 王者易姓受命爲一代, 父子相受爲一世.

했다는 말이다.]

[자료 2 : 『논어』 원문 2]

子曰, "吾不與祭, 如不祭."

[공자가 말했다. "내가 제사에 참여하지 못하면 제사를 지내지 않은 것과 같다."]

[자료 3 : 주자의 주석 1]

程子曰, "祭, 祭先祖也, 祭神, 祭外神也. 祭先, 主於孝, 祭神, 主於敬." 愚謂, 此門人記孔子祭祀之誠意.

[정자가 말했다. "제(祭)는 선조를 제사하는 것이고, 제신(祭神)은 선조 이외의 신을 제사하는 것이다. 선조를 제사하는 것은 효를 위주로 하고, 선조 이외의 신을 제사하는 것은 공경을 위주로 한다." 나[주자]는 생각하건대, 이는 문인들이 공자가 제사지낼 때의 정성스러운 뜻을 기록한 것이다.]

자료 1 『논어』 원문에서 뒤 문장은 "신을 제사한다."고 하여 제사하는 대상이 '신'이라고 분명하게 말하고 있는 반면에, 앞 문장은 "제사한다."고만 말하여 제사하는 대상을 명시하지 않고 있다. 그래서 자료 3에서 정자는 제사하는 대상이 명시되어 있지는 않지만 선조라고 보고, '신'은 선조를 제외한 그 밖의 신이라고 해설하였다. 선조를 제사할 때는 선조가 있는 것처럼, 신을 제사할 때는 신이 있는 것처럼 했다는 것이다. 주자는 이것이 공자가 제사하던 정성스러운 뜻을 기록한 것이라고 보았다.

소라이는 자료 1과 자료 2의 『논어』 원문 전체를 '제여재(祭如在)'[A]는 옛말이고 '제신여신재(祭神如神在)'[B]는 그것을 해석한 말이며, 자료 2는 그것을 증거 하기 위해 공자의 말을 인용한 것이라고 본다.[137) A에서 제사의 대상이 명시되어 있지 않기 때문에 B에서 그것을 해설해준 것이지 정자의 해설처럼 A와 B가 병렬되는 문장은 아니라는 소라이의 주장인 것이다.

A와 B를 병렬되는 문장으로 본 정자는 자료 3에서 선조를 제사하는 것은 효를 주로 하고, 신을 제사하는 것은 경을 주로 한다고 설명했다. 그러나 소라이는 A를 해석한 B에서 "어버이가 계신 듯이 했다."고 말하지 않고 "신이 있는 듯이 했다."고 말한 데 주목하고 있다. 선조를 제사하는 것이 효를 주로 한다면 『예기』「제의」에서 말한 "돌아가신 분을 섬기기를 살아 계신 분을 섬기듯이 한다."는 말이 그 대표적인 예가 될 것인데, 그것은 제사를 드리는 마음가짐을 표현하는 말로서는 맞지만 예를 표현하는 말은 아니라는 것이다. 예를 따른다면 "비록 어버이라도 또한 신으로 대우하고, 비록 아내라도 또한 절을 하는 것"이 맞다는 것이다.[138]

이러한 문헌고증을 통해서 소라이는 "제사를 지내며 있는 듯이 했다[祭如在]."는 것은 옛말이고, "신을 제사지내며 신이 있는 듯이 했다[祭神如神在]."는 것은 그것을 해석한 말이며, "내가 제사에 참여하지 못하면 제사를 지내지 않은 것과 같다[吾不與祭, 如不祭]."는 것은 증거로 인용한 공자의 말이라는 자신의 주장을 증명해 나간다.

[자료 4 : 『논어』 원문 3]

子曰, "里仁爲美. 擇不處仁, 焉得知?"

[주자 : 공자가 말했다. "마을이 인후한 것이 아름다움이 된다. 택하여 인후한 마

---

137) 『論語徵』「八佾」: 祭如在, 古經之言也. 祭神如神在, 釋經之言也. 下引孔子之言以證之.

138) 『論語徵』「八佾」: 又按, 不曰"如親在", 而曰"如神在." 事死如事生, 語其心也, 禮則否. 雖親亦神之, 雖妻亦拜之, 可以見已.

을에 거처하지 않는다면 어떻게 지혜롭다고 할 수 있겠는가?]

[소라이 : 옛말에 '인에 거처하는 것이 아름답다.'고 했는데, 인을 선택하여 거기에
거처하지 않는다면]

[자료 5 : 주자의 주석 2]

里有仁厚之俗爲美. 擇里而不居於是焉, 則失其是非之本心, 而不得爲
知矣.

[마을에 인후한 풍속이 있는 것이 아름다움이 된다. 마을을 택하여 거기에 거처하
지 않으면 옳고 그름을 가리는 본래의 마음을 잃게 되어 지혜로움이 될 수 없다.]

자료 5에서 주자는 "마을에 인후한 풍속이 있는 것이 아름다움이 된
다. 마을을 택하여 거기에 거처하지 않으면 옳고 그름을 가리는 본래의
마음을 잃게 되어 지혜로움이 될 수 없다."고 해석하여 이 말 전체를 당
연히 공자의 말로 보고 있다. 그런데 소라이는 그렇게 보지 않고 "인에
거처하는 것이 아름답다[里仁爲美]."[139]는 것은 옛 말인데, 공자가 인용
한 것으로 본다.

우선 소라이는 '리(里)'의 뜻을 '마을'이라는 명사로 볼 것이 아니라
'거처한다.'는 동사로 보아야 한다고 주장한다. 옛 사람들은 토착해서
살았기 때문에 거처를 택하는 일은 지극히 드물었고, 또한 스물다섯 집
이 마을이 되는데,[140] 그런 마을에 인후한 '풍속'이 있다는 것은 인정에

---

139) "리인위미(里仁爲美)"에 대한 해석도 달라서 주자는 "마을에 인후한 풍속이 있는 것이 아름
다움이 된다."고 해석하여 '리(里)'를 '마을'이라는 명사로 보았고, 소라이는 "인에 거처하는 것이
아름답다."고 하여 '리(里)'를 '거처한다.'는 동사로 보았다.

140) 『周禮』「地官遂人」: 五家爲鄰, 五鄰爲里, 四里爲酇, 五酇爲鄙, 五鄙爲縣. 5집이 1린이며,
5린이 1리이므로, 1리는 25집이다.

가깝지 않다는 것이다.[141] 소라이는 『맹자』에 "인이란 하늘의 높은 작위이며 사람의 편안한 집이다."[142]라고 말하여 인을 명사로 해석했고, 또한 "인에 거처하고 의를 따른다."[143]고 말했으며, 『순자』에 "인은 거처하는 것이 있고, 의는 문이 있다. 인이 거처할 곳이 아닌데 거처하면 예가 아니고, 의가 문이 아닌데 따라 들어가면 의가 아니다."[144]라고 한 것을 '리(里)'를 '거처하다.'는 동사로 해석한 용례로 들고 있다. 그래서 조기(趙岐)가 『맹자』를 주석하면서 '리(里)'는 거처하는 것이다."[145]라고 말한 것에 대해서 "『맹자』를 잘 해석한 사람이라고 말할 수 있다."[146]고 평가한다.

그런데 "인에 거처한다."는 말을 공자 시대의 말로 해석하면 "처인(處仁)"이 되는데, "리인(里仁)"이라고 되어 있는 것을 보면 그 말이 공자 당시의 말이 아니라 공자 이전의 말이라는 것을 알 수 있고, "처인(處仁)"은 역으로 공자가 "리인(里仁)"이라는 고문을 당시의 금문으로 바꾸어 해석한 것이라고 소라이는 해설한다. 그렇다면 소라이는 자료 4의 『논어』 원문을 "옛 말에 '인에 거처하는 것이 아름답다.'고 했는데, 인을 선택하여 거기에 거처하지 않는다면 어떻게 지혜롭다고 할 수 있겠는가?"라고 해석한 것이다.

---

141) 『論語徵』「里仁」: 且古人皆土著, 擇居之事至少矣. 且二十五家爲里, 里有仁厚之俗, 不近人情矣.

142) 『孟子』「公孫丑」: 孔子曰, "里仁爲美, 擇不處仁, 焉得智?" 夫仁, 天之尊爵也, 人之安宅也, 莫之禦而不仁是不智也.

143) 『孟子』「離婁」: 吾身不能居仁由義, 謂之自棄也. 「盡心」편에도 '居惡在, 仁是也, 路惡在, 義是也, 居仁由義, 大人之事備矣.' 라고 하여 '居仁由義' 의 용례가 있다.

144) 『荀子』「大略」: 仁有里, 義有門. 仁非其里而虛之, 非禮也. 義非其門而由之, 非義也.

145) 『孟子注疏』: 里居也. 仁最其美者也. 夫簡擇不處仁爲不智.

146) 『論語徵』「里仁」: 趙岐註孟子曰, "里居也", 可謂善解孟子者已.

[자료 6 : 『논어』 원문 4]

子曰, "三年無改於父之道, 可謂孝矣."

[주자 : 공자가 말했다. "'삼 년 동안 아버지의 도를 고치지 않아야 효라고 말할 수 있을 것이다."]

[소라이 : "옛말에 '삼 년 동안 아버지의 도를 고치지 않아야 효라고 말할 수 있을 것이다.'라고 하였다."]

[자료 7 : 주자의 주석 3]

胡氏曰, "已見首篇. 此蓋複出而逸其半也."

[호인이 말했다. "「학이」편에서 이미 나왔다. 이는 다시 나온 것인데 그 반을 생략한 것이다."]

「학이」편에서는 "아버지가 계실 때에는 자식의 뜻을 살펴보고, 아버지가 돌아가시면 자식의 행위를 살펴본다. 삼 년을 아버지의 도리를 고침이 없어야 효도라고 말할 수 있다[父在, 觀其志; 父沒, 觀其行, 三年無改於父之道, 可謂孝矣]."고 했는데, 자료 6에서는 그 전반부가 없이 후반부만 나왔기 때문에, 자료 7에서 호인(胡寅)은 "「학이」편에서 이미 나왔다. 이는 다시 나온 것인데 그 반을 생략한 것이다."라고 하였다. 소라이는 "아버지가 계실 때에는 자식의 뜻을 살펴보고, 아버지가 돌아가셨을 때에는 자식의 행위를 살펴본다."는 것도 옛 말이고, "삼 년을 아버지의 도리를 고침이 없어야 효도라고 말할 수 있다."라는 것 또한 옛 말이라고 본다.[147] 공자는 옛 말을 많이 암송하였고, 『논어』에 실린 말이라고

---

147) 『論語徵』「里仁」: 蓋"父在則觀其志, 父沒則觀其行", 古言也. "三年無改於父之道, 可謂孝", 亦古言也.

해서 모두 공자의 말은 아니라는 것이다.[148] 그래서 어떤 경우에는 아울러 인용하고 어떤 경우에는 하나만 암송한 것이지 다시 나온 것이 아니라고 본다.[149]

4. 고문사학의 적용(3) : 자의와 관용어

[자료 1 : 『논어』 원문 1]

子曰, "射不主皮, 爲力不同科, 古之道也."

[주자 : 공자가 말했다. "활을 쏘는데 가죽을 뚫는 것을 주로 하지 않는 것은 힘을 쓰는 것이 등급이 같지 않기 때문이니, 이것이 옛날의 도이다."]

[소라이 : 활을 쏘는데 가죽을 맞추는 것을 주로 하지 않고, 부역을 하는데 등급을 같게 하지 않는 것이 옛날의 도이다.]

[자료 2 : 주자의 주석 1]

射不主皮, 鄕射禮文, 爲力不同科, 孔子解禮之意如此也. ……古者, 射以觀德, 但主於中, 而不主於貫革, 蓋以人之力有强弱不同等也.

["활을 쏘는데 가죽을 뚫는 것을 주로 하지 않는다."는 것은 『의례(儀禮)』 「향사례편(鄕射禮篇)」의 글이다. "힘을 쓰는 것이 등급이 같지 않기 때문이다."라는 것은 공자가 「향사례」의 뜻을 해석하기를 이와 같이 한 것이다. ……옛날에 활쏘기로 덕을 관

148) 『論語徵』 「里仁」 : 孔子多誦古言, 論語所載, 不皆孔子之言矣.
149) 『論語徵』 「里仁」 : 孔子或並引, 或單誦, 非復出矣.

찰하여 다만 맞추는 것만을 주로 하고 가죽을 뚫는 것을 주로 하지 않았으니, 이는 사람의 힘에 강약이 있어 동등하지 않기 때문이다.]

자료 2에서 주자는 '사부주피(射不主皮)'[A]는 「향사례(鄕射禮)」의 문장이고, '위력부동과(爲力不同科)'[B]는 공자가 A를 해설한 것이라고 보았다. 활쏘기를 할 때 가죽을 꿰뚫는 것을 주로 하지 않는 것은 '힘을 쓰는 것[爲力]'이 등급이 같지 않기 때문이라는 것이다. 소라이는 주자가 '주피(主皮)'를 '가죽을 꿰뚫는 것을 주로 하는 것'으로 풀이하고, '위력(爲力)'을 '힘을 쓰는 것'으로 풀이한 것은 글자만 알고 옛말을 알지 못했기 때문에 잘못 해석한 것이라고 반박한다.[150] '주피(主皮)'와 '위력(爲力)'은 모두 옛말로서 '주피(主皮)'는 '가죽을 꿰뚫는 것을 주로 하는 것'이 아니라 '가죽을 맞추는 것'이며, '위력(爲力)'은 '힘을 쓰는 것'이 아니라 '부역'을 말한다는 것이다.[151] 그러므로 '부주피(不主皮)'는 가죽을 맞추는 것을 중시하지 않는다는 해석이 되고, 그것은 활쏘기에서 맞추기보다는 활 쏘는 과정에서의 예의를 중시한다는 의미가 된다. 소라이는 주자와 달리 A와 B가 병렬로서 활쏘기와 부역 두 가지 내용을 말하는 것으로 보고, 자료 1의 원문을 "활을 쏘는데 가죽을 맞추는 것을 중시하지 않고, 부역을 하는데 등급을 같게 하지 않는 것이 옛날의 도이다."라고 해석한 것이다.

여기서 소라이가 강조하는 것은 '주피(主皮)'와 '위력(爲力)'이 하나의 단어로 쓰여 '가죽을 맞추는 것', '부역'의 의미를 갖는 것이므로, '주피(主皮)'와 '위력(爲力)'의 글자 하나하나를 이리저리 해석해서는 안 된다

---

150) 『論語徵』「八佾」: 大氐後世儒者, 徒識字而不知古言. 爲力爲政古言也, 主皮亦古言也. 不知古言, 而欲以字解之, 所以失也.

151) 『論語徵』「八佾」: 朱子能引此而失其義, 蓋疑爲力之爲力役, 遂以主皮爲貫革耳.

는 것이다. 소라이가 주자를 "글자만 알고 옛말을 알지 못했다."고 비판
하는 것도 주자가 바로 이런 식으로 옛 관용어를 알지 못하고 낱낱의 글
자만으로 해석함으로써 옛 경전의 뜻을 왜곡하고 있다고 판단하고 있
기 때문이다.

[자료 3 : 『논어』 원문 2]

子曰, "人之過也, 各於其黨, 觀過, 斯知仁矣."

[주자 : 사람들의 허물이 각각 그 종류에 따라 있게 마련이니, 허물을 보면 인을 알
것이다.]

[소라이 : 사람들의 허물이 각각 그 고을에서는 있게 마련이니, 옛말에 "아랫사람
들의 허물을 살펴보면 그것으로 임금의 인을 알 것이다."라고 하였다.]

[자료 4 : 주자의 주석 2]

黨, 類也. 尹氏曰, "於此觀之, 則人之仁不仁可知矣."

['당'은 '종류'이다. 윤돈이 "여기에서 보면 사람의 인과 불인을 알 수 있다."고 말
했다.]

우선 소라이는 자료 3을 해설하면서 "人之過也, 各於其黨"은 금문으
로, "觀過, 斯知仁矣."는 고문으로 풀이하였다. 계속해서 소라이는 주
자가 자료 4에서 '당(黨)'을 '종류'라고 한 것은 옛 말이 아니라고 비판하
고,[152] '고을'이라고 보아야 한다고 주장했다.[153] 또한 자료 4에서 윤돈

152) 『論語徵』 「里仁」 : 朱註, 黨類也, 非古言矣.
153) 『論語徵』 「里仁」 : 黨, 鄕黨也.

(尹惇)은 "여기에서 보면 사람의 인과 불인을 알 수 있다."고 했다. 그러나 소라이는 '관(觀)'은 "정사를 살펴본다[觀政]", "풍속을 살펴본다[觀俗]", "사람을 살펴본다[觀人]"[154]고 할 때의 '관(觀)'으로, 모두 살펴서 본다는 뜻이니, 윤돈의 해석은 온당하지 않다고 말할 수 있다고 한다. 그런 뜻이라면 마땅히 "허물을 본다[見過]"고 했을 것이라는 것이다.[155] 자료 3의 『논어』 원문을 주자는 "사람들의 허물이 각각 그 종류에 따라 있게 마련이니, 허물을 보면 인을 알 것이다."라고 해석하고, 소라이는 "사람들의 허물이 각각 그 고을에서는 있게 마련이니, 옛 말에 '아랫사람들의 허물을 살펴보면 그것으로 임금의 인을 알 것이다.'라고 하였다"[156]라고 해석한 것이다.

5. 주관적 해석에 대한 비판

[자료 1 : 『논어』 원문 1]

孔子謂季氏, "八佾舞於庭, 是可忍也, 孰不可忍也?"

---

154) '관정(觀政)'은 『예기(禮記)』 「제통(祭統)」, '관속(觀俗)'은 『순자(荀子)』 「강국(疆國)」, '관인(觀人)'은 『순자(荀子)』 「대략(大略)」에서 인용하고 있다.

155) 『論語徵』 「里仁」 : 且觀者猶觀政觀俗觀人之觀, 皆有歷觀意, 可謂不穩已. 果其言之是乎? 當曰"見過."

156) 이렇게 해석하는 근거를 소라이는 다음과 같이 설명한다. "여러 아랫사람들의 허물을 살펴보면 임금의 인을 알 수 있다는 말이다. '인(人)'은 '뭇 사람'이고, '당(黨)'은 '향당'이다. 조정과 종묘의 사이에서 군자가 삼가는 것은 허물을 적게 하는 것이다. 그러나 향당에는 친척과 친구가 있으므로 그 허물이 마땅하지 않은가? 나라 사람들이 모두 이와 같으므로 임금의 인한 덕의 교화를 알 수 있다[觀鄕下之所過, 以知國君之仁也. 人衆衆也, 黨鄕黨也. 蓋朝廷宗廟之間, 君子所愼, 鮮有過矣. 但其於鄕黨, 親戚朋友所在, 其過不亦宜乎? 國人皆如此, 是可以知國君仁德之化也.]."[『論語徵』 「里仁」]

[주자 : 공자가 계씨에 대해 말했다. "계씨가 팔일로 뜰에서 춤을 추게 하니, 이를 차마 한다면 무엇을 차마 하지 못하겠는가?"]

[소라이 : 계씨가 무대(舞臺)에서 팔일무를 추게 하는데, 임금이 이를 참을 수 있다면 무엇을 참지 못하겠는가?]

[자료 2 : 주자의 주석 1]

季氏以大夫而僭用天子之禮樂. 孔子言其此事, 尙忍爲之, 則何事不可忍爲.

[계씨가 대부로서 천자의 예악을 참람하게 썼다. 공자가 "이러한 일을 오히려 차마 할 수 있다면 무슨 일인들 차마 하지 못하겠는가?"라고 말한 것이다.]

'팔일무어정(八佾舞於庭)'을 해석하면서 많은 주석가들은 '팔일(八佾)' 다음에 구두를 끊고 '무(舞)'를 동사로 보아 "팔일로 뜰에서 춤을 추다." 라고 해석하였다. 이에 대해 소라이는 그렇게 구두를 끊어서는 안 되고, '팔일무(八佾舞)'를 붙여 읽어야 한다고 주장한다.[157] 그렇다면 소라이는 '팔일무(八佾舞)' 전체를 "팔일무를 추다."고 해석한 것이다. '어정(於庭)'에 대해서 주자는 따로 주석하고 있지 않는데, 주어인 계씨의 뜰이라고 보았기 때문에 따로 주석하지 않은 것으로 판단된다. 소라이는 성왕으로부터 천자의 예악으로 주공을 제사하도록 허락을 받은 백금이 무대(舞臺)를 만들어 거기에서 춤추도록 함으로써 천자의 음악을 높였는데, 그것을 바로 '어정(於庭)'이라고 말한 것이라고 추측하고 있다.[158]

....

157) 『論語徵』「八佾」: 八佾舞於庭, 八佾舞連讀. 世人佾下斷句, 非也.

158) 『論語徵』「八佾」: 竊疑成王賜伯禽以天子禮樂, 祀周公天子之廟, 八佾舞於庭. 伯禽迺造臺以舞之, 所以尊天子之樂也. 後世有舞臺, 或昉于是邪.

그러나 이렇게 주석을 하고서도 스스로도 억설이라고 하여 자신하지 못하고 후세의 군자를 기다리겠다고 말하고 있다.[159] 소라이가 『논어』를 해석하면서 스스로 확신하지 못하는 부분에 대해서는 억지로 해석하지 않고 "아는 것은 안다고 하고 알지 못하는 것은 알지 못한다고 하는"[160] 태도를 견지하고 있음을 알 수 있다.

또한 자료 2에서 주자는 자료 1의 "是可忍也, 孰不可忍也"를 "이러한 일을 오히려 차마 할 수 있다면 무슨 일인들 차마 하지 못하겠는가?"라고 해석하여 '인(忍)'을 "차마 하다"라고 풀이하였다. 그렇다면 공자는 계씨가 팔일무를 추게 하는 것을 보고서 이런 일을 할 수 있다면 무슨 일이든지 할 수 있을 것이라고 비판했다는 것이 된다. 이렇게 해석한다면 '인(忍)'의 주어가 계씨가 되는 것은 당연하다. 계씨는 대부로서 천자만이 행할 수 있는 팔일무를 행했으므로 천자를 참칭한 것이 되어, 이에 대해 공자가 비판했다는 것으로 자료 1의 원문 전체를 이해하고 있는 것이다.

그러나 소라이는 '인(忍)'을 "차마 하다"고 풀이하는 것에 대해 비판적이다. 맹자가 '남에게 차마 하지 못하는 마음[不忍人之心]', '남에게 차마 하지 못하는 정치[不忍人之政]'를 말했지만, 그것은 부인의 '인(仁)'에 귀결될 뿐으로, 옛 말에서 구해보면 '불인(不忍)'은 미덕이 될 수 없으므로 성인이 그것을 가르침으로 삼은 적이 없고, 결국 '인(忍)'이 미덕이 된다는 것이다.[161] 그래서 소라이는 '인(忍)'을 글자 그대로의 뜻으로

---

159) 『論語徵』「八佾」: 是誠臆說, 別無所據. 然於庭二字, 非此不通, 姑錄以俟後君子也.

160) 『論語』「爲政」: 知之爲知之, 不知爲不知, 是知也.

161) 『論語徵』「八佾」: 是忍字, 本諸孟子. 孟子創言性善, 而與楊氏之徒爭仁內外, 故引不忍人之心以爲仁之端, 遂又有不忍人之政. 然求諸古言, 以忍爲美德, 而未有以不忍爲貴者矣. 求諸理, 聖人亦有不忍之心, 而聖人之思深遠焉, 故未有以不忍爲敎者矣. 蓋其究必成婦人之仁故也.

"참는다."고 풀이하고, '인(忍)'의 주어를 당시의 임금으로 본다.[162] 당시의 임금인 소공(昭公)에게 계씨가 팔일무를 추게 하는 것도 참을 수 있는데, 무엇인들 참을 수 없느냐고 충고하기 위해 이 말을 했다는 것이다.[163] 그렇다면 자료 1에 대한 해석은 "계씨가 뜰에서 팔일무를 추게 하는데, 임금이 이를 참을 수 있다면 무엇을 참지 못하겠는가?"라는 것이 된다. 소라이는 공자가 이처럼 구체적인 일에 대해 말한 것을 송나라의 유학자들이 '이치'와 '마음'이라는 주관적인 기준을 가지고 풀이했기 때문에 해석이 잘못되었다고 비판하고 있다.[164]

[자료 3 : 『논어』 원문 2]

季氏, 旅於泰山. 子謂冉有曰, "女不能救與?" 對曰, "不能." 子曰, "嗚呼! 曾謂泰山不如林放乎!"

[주자 : 계씨가 태산에서 여제사를 지냈다. 공자가 염유에게 "네가 그 참람함을 구하지 못하겠느냐?"라고 하자, 염유는 "불가능합니다."라고 대답했다. 공자는 "아, 슬프도다! 도대체 태산이 임방만 같지 못하다고 말하겠느냐?"라고 말했다.]

[소라이 : 공자가 염유에게 "네가 그 사치함을 구하지 못하겠느냐?"라고 하자]

[자료 4 : 주자의 주석 2]

禮, 諸侯祭封內山川, 季氏祭之, 僭也. ⋯⋯ 言神不享非禮, 欲季氏知其無益而自止, 又進林放以厲冉有也.

162) 『論語徵』「八佾」: 此章之義, 蓋爲略公發之. 略公亦小不忍, 以致乾候之禍, 故云爾.

163) 『論語徵』「八佾」: 季氏之僭, 不啻一世, 從前魯君所忍, 是尚可忍也. 僭之大者, 尚可忍也, 則無不可忍之事矣.

164) 『論語徵』「八佾」: 聖人之言, 皆有作用, 宋儒酒以理以心而已矣, 不可不察.

[예에 제후가 자신의 영역 안의 산천에 제사하는 것인데, 계씨가 제사를 지낸 것은 참람한 것이다. ······ 신은 예가 아닌 것을 받아들이지 않는다고 말하여, 계씨로 하여 금 제사를 지내는 것이 무익함을 알고 스스로 그만두게 하려고 한 것이고, 또 임방을 내세워 염유를 면려하려고 한 것이다.]

자료 4에서 주자는 제후라야 여제(旅祭)를 지낼 수 있는데 계씨가 대부로서 제사를 지냈으므로 참람한 것이고, 공자는 그것을 비판한 것이라고 해설하고 있다. 그러나 소라이는 후세의 유학자들이 계씨가 등장할 때마다 '참람'을 끌어대는 것은 천착이라고 보고,[165] 공자가 계씨를 비판한 것은 제후라야 지낼 수 있는 여제(旅祭)를 대부로서 지냈기 때문이 아니라, 여제(旅祭)를 지내면서 '아름답게 보이는 데만 힘써' 사치했기 때문이라고 주장한다. "태산이 임방만 못하겠는가?"라고 말한 것을 보면 알 수 있다는 것이다.[166] 소라이 자신은 더 이상의 설명을 하고 있지는 않지만, 그의 생각을 추론해보면, 예의 근본을 물은 임방의 질문에 대해서 공자는 '사치'하기보다는 차라리 검소해야 한다고 말했는데, 이걸 보면 공자가 임방을 예로 든 것은 '참람'이 문제가 아니라 '사치'가 문제였다는 것을 알 수 있다는 것이다. 소라이의 경우 구체적 상황에 대한 이해에서부터 출발해야 할 해석을 송대의 유학자들처럼 "계씨=참람"이라는 주관적인 선입견에 사로잡혀 그에 맞추어 모든 것을 해석하다보니 제대로 해석하지 못하고 있다고 비판하는 것이다.

---

165) 『論語徵』「八佾」: 後儒每言及季氏, 則輒謂僭也, 豈不泥乎?
166) 『論語徵』「八佾」: 然觀其引林放, 則孔子之譏, 必在奢, 而不在僭. 則必季氏爲魯侯旅者, 而其行禮, 徒務美觀故爾.

[자료 5 : 『논어』 원문 3]

子入大廟, 每事問. 或曰, "孰謂鄹人之子, 知禮乎?" 入大廟, 每事問.
子聞之曰, "是禮也."

[주자 : 공자가 태묘에 들어가 매사를 묻자 어떤 사람이 말하였다. "누가 추(鄹) 땅
사람의 자식이 예를 안다고 말하였는가? 태묘에 들어가서 매사를 물으니." 공자가
듣고서 말하였다. "이것이 예의 근본정신이다."]

[소라이 : 이것이 옛날에 있었던 예이다.]

[자료 6 : 주자의 주석 3]

孔子言, 是禮者, 敬謹之至, 乃所以爲禮也.

[공자가 "이것이 예의 근본정신이다."라고 말한 것은 공경과 삼감의 지극함이 예
가 되기 때문이다.]

자료 6에서 주자는 공자가 태묘에 들어가서 매사를 물은 것은 "공경
과 삼감의 지극함이 예가 되기 때문"이라고 주석하였다. 주자는 예의
근본정신이 공경과 삼감이기 때문에 공자가 공경하고 삼가는 뜻에서
매사를 물었으며, 그것이 예의 근본정신이라는 것을 "이것이 예이다."
라는 말로 보여주었다는 것이다. 그러므로 주자는 공자의 "이것이 예이
다."라는 말이 예의 규정에 그러한 것이 있다기보다는 예의 근본정신이
그렇다는 의미로 말했다고 주석한 것이다.

소라이는 공자의 "이것이 예이다."라는 말을 문자 그대로 받아들인
다. 예의 근본정신이 그렇다는 의미로 그렇게 말한 것이 아니라, 옛적에
반드시 그러한 예가 있었기 때문에 그렇게 말했다는 것이다.[167] 주자의
주석을 따른다면 공자가 예의 규정에 없는데도 예라고 말함으로써 말
주변으로 사람을 제어했다는 것이 되므로 받아들일 수 없다는 것이

다.[168] 소라이의 경우 예는 성인에 의해 이미 주어진 것이기 때문에 그 근본정신을 다시 물을 하등의 이유가 없는 것이다. 근본정신을 묻는 것은 성인의 일이고, 성인이 아닌 일반 사람들은 예라는 객관적 기준을 지키기만 하면 되는 것이다. 소라이의 생각에 의하면, 스스로 성인이 아닌 사람이 성인을 흉내 내어 근본정신을 묻는다는 기본적인 입장을 가지고 예를 규정하거나 경전을 해석한다면, 그것은 월권행위일 뿐만 아니라 잘못된 길로 들어가는 것이 필연이라는 것이다. 소라이가 늘 "도란 성인의 도이다."라고 강조하는 것도 바로 이 때문이다.

6. 중국과 이적의 구분

[자료 1 : 『논어』 원문 1]

子曰, "夷狄之有君, 不如諸夏之亡也."

[주자 : 공자가 말했다. "이적에게도 임금이 있어서 중국에 없는 것과는 같지 않다."]

[소라이 : 이적에게 임금이 있어도 제후국에 없는 것만 같지 못하다.]

[자료 2 : 주자의 주석 1]

程子曰, "夷狄, 且有君長, 不如諸夏之僭亂, 反無上下之分也."

[정자가 말했다. "이적에게도 오히려 군장이 있어서 중국이 참람하고 어지러워 도

---

167) 『論語徵』 「八佾」 : 子入六廟每事問, 古必有此禮, 故孔子曰, "是禮也."

168) 『論語徵』 「八佾」 : 朱註曰, "敬謹之至, 乃所以爲禮也." 是禮無之, 而孔子以口給禦人也, 烏在其爲孔子乎?

리어 위·아래의 구분이 없는 것과는 같지 않다.]

이 장을 해석하는 관건은 '불여(不如)'를 어떻게 해석하느냐에 달려 있다. '불여(不如)'를 '~만 못하다.'라고 해석한다면 "이적에게 임금이 있는 것이 중국에 없는 것만 못하다."는 것이 되어 이적은 도저히 중국에 상대가 되지 않는다는 뜻이 될 것이고, '불여(不如)'를 '~과는 같지 않다.'고 해석한다면 "이적에게 임금이 있는 것이 중국에 없는 것과는 같지 않다."는 것이 되어 중국이 이적만도 못하다는 뜻이 되어, 정반대의 해석이 되기 때문이다.

자료 2에서 정자는 자료 1의 『논어』 원문을 "이적에게도 오히려 군장이 있어서 중국이 참람하고 어지러워 도리어 위·아래의 구분이 없는 것과는 같지 않다."고 해설하였고, 윤돈은 "공자가 당시의 어지러움에 상심하여 탄식한 것이다."라고 해설하였다. 중국이 어지러워 이적만도 못한 것을 탄식했다는 것이다.

그러나 소라이는 공자가 중국의 어지러움을 탄식한 것이 아니라, 아무리 어지러워도 예의가 있어서 예의가 없는 이적보다는 낫다는 의미로 공자가 이 말을 했다고 풀이하고 있다. 즉, 임금이 있더라도 예의가 없는 이적은 금수로부터 멀지 않으며,[169] 어지러운 중국이라도 선왕의 은택이 끊어지지 않고 예의가 아직 존재하고 있기 때문에 낫다는 것이다.[170]

소라이는 선왕의 도란 중국에만 존재하고 있었다고 생각하고 있기 때문에, 그의 입장에서는 이적이 중국보다 낫다는 논리는 도저히 받아

---

169) 『論語徵』「八佾」: 雖有君而無禮義, 是其去禽獸不遠焉.

170) 『論語徵』「八佾」: 孔子之時, 諸夏雖有君乎, 猶亡之然. 然先王之澤不斬, 禮義尚存, 故孔子以爲勝之矣.

들일 수 없다. 그러므로 그는 공자의 말을 탄식이 아니라 자부심의 발로로 해석하고 있는 것이다.

그러나 소라이가 중국의 역대 왕조를 통틀어 인류에게 표준을 제시한 성인의 나라로 추앙하고 있는 것은 아니다. 그것은 중국의 고대에 국한된다. 자료 1의 해석을 통해서 소라이가 공자 당시까지도 중국이 성인의 나라임을 인정하고 있는 것을 볼 수 있다. 소라이가 고문사학을 표방하고 육경 중심주의를 내세우는 것도 그가 이상사회로 설정한 사회가 중국의 고대에 국한되는 것과 무관하지 않다. 소라이는 그래도 한나라 때까지는 성인의 가르침이 여맥이 그나마 남아 있었으나,[171] 그 이후로는 중국도 이상사회에서 벗어나 일본과 별다르지 않은 사회가 되었다고 본다. 그렇다면 일본도 맹목적으로 이상사회 이후의 중국을 따를 필요는 없을 것이며,[172] 일본 사회를 이상사회로 만들면 될 것이다. 이것이 당시 일본의 최고 권력자인 막부의 쇼군을 보좌하는 소라이가 끊임없이 조언을 제시했던 목적일 것이고, 그렇다면 소라이의 학문은 마루야마 마사오가 제시하는 것처럼 근대적 맹아를 보여주는 것이라기보다는, 철저히 일본이라는 당시의 현실적 토대 위에서 고대 중국 사회가 보여주었던 이상적인 사회를 건설해보려는 노력의 일환이라고 해석할 수 있을 것이다.[173]

---

171) 그가 송대의 주석보다는 한대의 주석에 더 가치를 부여하고 있는 데서도 드러난다. 제3부 제2장 참조.

172) 주자의 주석에 대한 비판적 태도에서도 송대 중국에 대한 소라이의 태도를 간접적으로 살펴볼 수 있다.

173) 그렇다고 그것을 복고적이라고 비난할 필요는 없다. 미래가 불확실하기 때문에 과거의 재해석을 통해서 미래를 통찰해보는 것은 우리 인류가 늘 해왔던 학적 작업이었다. 王青, 日本近世儒學家荻生徂徠研究, 上海古籍出版社, 2005, 147쪽 참조.

7. 이단 배척 : 불교와 노장

[자료 1 : 『논어』 원문 1]

子曰, "朝聞道, 夕死可矣."

[주자 : 공자가 말했다. "아침에 도를 들으면 저녁에 죽어도 좋다."]

[소라이 : 아침에 선왕의 도를 들으면]

[자료 2 : 주자의 주석 1]

道者, 事物當然之理. 苟得聞之, 則生順死安, 無復遺恨矣.

[도란 사물의 마땅히 그러한 이치이니, 만일 그것을 들을 수 있다면 살아서는 순조롭고 죽어서도 편안하여 다시 더 여한이 없다.]

자료 2에서 주자는 "도란 사물의 마땅히 그러한 이치이니, 만일 그것을 들을 수 있다면 살아서는 순조롭고 죽어서도 편안하여 다시 더 여한이 없다."고 해설하였다. 소라이는 자료 1의 원문을 "장차 죽음에 이를 것인데도 세상에 도가 있다는 말을 듣지 못했다."[174]고 평면적으로 풀이한 고주(古注)도 비판하고, 주자의 해설에 대해서는 이처럼 도를 사물의 마땅히 그러한 이치라는 보편적인 것으로 풀이하게 되면 노자와 불교에 흐르게 된다고 비판한다.[175] 도(道)는 "선왕의 도"라는 구체적인 것인데,[176] 그것을 사물의 마땅히 그러한 이치라는 보편적인 것으로 해

---

174) 『論語注疏』: 言, 將至死, 不聞世之有道.

175) 『論語徵』「八佾」: 朱註, 以道爲事物當然之理, 以聞爲眞知, 以生順死安爲說, 逐流於老佛, 不可從矣.

176) 『論語徵』「八佾」: 道者先王之道也.

석하고, '들으면[聞]'이라는 말을 '참으로 안다면[眞知]'이라고 하고, "살아서는 순조롭고 죽어서도 편안하다."는 식으로 구복적·내세적으로 풀이한다면 그것은 노장과 불교에 지나지 않는다는 것이다.

소라이는 이 장의 문장과 같은 경우는 시적 표현이기 때문에 "저녁에 죽어도 좋다."는 표현은 평면적으로 "장차 죽음에 이를 것인데도 세상에 도가 있다는 말을 듣지 못했다."고 풀이해서는 안 된다고 본다. 그것은 선왕의 도를 구하는 공자의 마음이 간절하여 아직은 완전히 없어지지 않고 남아 있는[177] 선왕의 도를 구하기 위해 "이르는 곳마다 방문하고 구하여 급급해 마지않았던"[178] 스스로의 마음을 표현한 것이라고 본다.

[자료 3 : 『논어』 원문 2]

子曰, "參乎! 吾道一以貫之." 曾子曰, "唯."

[주자 : 공자가 "삼(參)아! 나의 도는 하나로 꿰뚫고 있다."라고 말하자, 증자는 "그렇습니다."라고 말하였다.]

[소라이 : 내가 따르는 선왕의 도는 하나로 꿰뚫고 있다.]

[자료 4 : 『논어』 원문 3]

子曰, "賜也, 女以予爲多學而識之者與?" 對曰, "然, 非與?" 曰 "非也. 予一以貫之."

[공자가 말하였다. "사야, 너는 내가 많이 배워서 기억하고 있는 자라고 생각하느냐?" 자공이 대답하였다. "그렇습니다. 아닙니까?" "아니다. 나는 하나로써 꿰뚫고 있다."]

---

177) 『論語』「子張」 : 子貢曰, "文武之道, 未墜於地在人."
178) 『論語徵』「八佾」 : 孔子所至訪求, 汲汲乎弗已, 恐其墜於地也.

[자료 5 : 주자의 주석 2]

尹氏曰, "孔子之於曾子, 不待其問而直告之以此, 曾子復深論之曰'唯'. 若子貢, 則先發其疑而後告之, 而子貢終亦不能如曾子之'唯'也, 二子所學之淺深, 於此可見."

[윤돈이 말했다. "공자는 증자에 대해서 그가 묻기를 기다리지 않고 바로 이것을 가지고 고해주었고, 증자는 다시 깊이 깨달아서 '그렇습니다.'라고 말했다. 자공과 같은 경우는 그가 먼저 의심을 나타낸 다음에 고해주었고, 자공은 또한 끝내 증자가 '그렇습니다.'라고 한 것만 같을 수 없었으니, 그 우열을 알 수 있다."]

소라이는 "삼(參)아! 나의 도는 하나로 꿰뚫었다."고 할 때의 '나의 도'는 바로 '선왕의 도'를 지칭한다고 주장한다. 선왕의 도를 공자가 따랐기 때문에 나의 도라고 말하였다는 것이다.[179] 선왕의 도는 궁극적으로 백성을 편안하게 하기 위한 것이고, 그 방법은 인에 의지하는 것이라고 파악한다. "인에 의지하면 선왕의 도를 꿰뚫을 수 있다."[180]는 것이다. 그래서 소라이는 인을 꿰미에 선왕의 도를 돈에 비유한다. 송나라의 유학자도 한 가지 이치로 만 가지 일을 꿴다는 의미로 이치와 일을 꿰미와 돈에 비유한 적이 있는데, 소라이는 한 가지 이치가 만 가지 일을 꿴다면 이는 이치와 일을 정밀한 것과 거친 것으로 나누어 둘로 하는 것이므로 노자와 불교의 견해와 같다고 비판한다.[181]

『논어』에 "일이관지(一以貫之)"가 두 번 등장하는데, 「리인」편(자료 3)

---

179) 『論語徵』 「里仁」 : 先王之道, 孔子所由, 故曰"吾道".

180) 『論語徵』 「里仁」 : 依於仁, 則先王之道, 可以貫之矣.

181) 『論語徵』 「里仁」 : 宋儒亦有錢緡之喻, 以一理爲緡, 然一理貫萬理, 則萬理一理之分, 豈容言貫乎? 一理貫萬事, 則岐精粗而二之, 依然老佛之見已, 可謂不成喻矣.

과 「위령공」편(자료 4)이다. 자료 5의 윤돈의 말은 두 편에 나오는 공자의 제자 증자와 자공을 비교하여 "증자는 깊이 깨달아서 '그렇습니다.' 라고 말했고, 자공은 증자가 '그렇습니다.'라고 한 것만 같을 수 없었으니, 그 우열을 알 수 있다."고 말했으며, 주자도 윤돈의 말에 동의하였다.[182] 그러나 소라이는 이처럼 깨달음의 깊고 낮음을 논하는 것은 불교의 흉내를 내는 것일 뿐이라고 비판한다.

> 겉으로는 배격하면서 속으로는 배워서 그 말류에서 이르러서는 창을 잡고 스스로를 공격해서, 요컨대 저들이 범위를 벗어나지 못하고 있으니, 슬프다.[183]

송나라의 유학자들은 말로는 불교를 배격한다고 하면서 실제로는 그들을 배우고 흉내 내서 그 테두리를 벗어나지 못하고 있다는 비판이다. 소라이는 이 장의 "일이관지(一以貫之)"의 뜻은 수준 높은 논의에 속하는 것이기는 하지만, 어느 정도 공자의 문하에서 공부한 제자들이라면 이해할 수 있는 수준이었고, 다만 『논어』에 증자와 자공이 기록된 것은 우연일 뿐인데, 그것을 가지고 제자들의 우열을 가린다는 것은 말도 되지 않는다고 말하고 있다.[184]

그래서 소라이는 성리학의 해석을 따른다면 공자 문하의 '일관(一貫)'

---

182) 이에 대해서 소라이는 "이는 기록하는 사람이 자세하게 하거나 생략하는 차이가 있음을 전혀 알지 못한 것이니, 과연 그 말이 옳겠는가? 그렇다면 기타의 여러 장에서 여러 제자들이 정치에 대해 묻고 인에 대해 물은 경우들에 대해서는 오직 공자의 답만을 기록하였는데, 그것이 여러 제자들이 깊이 깨닫지 못했다고 여겨서인가? 천착이라고 할 수 있다.[殊不知記者有詳略也, 果其言之是乎? 其它諸章, 諸子問政問仁類, 唯錄孔子之答而已, 適以爲諸子皆不深喻哉? 可謂鑿矣.]"고 비판하고 있다.[『論語徵』「里仁」]

183) 『論語徵』「里仁」: 陽排而陰學之, 至於其流裔, 操戈自攻, 要之不能出彼範圍中, 悲哉.

은 불교의 '대단히 큰 일[大小大事]'이고, 증자가 "그렇습니다[唯]"라고 말한 것은 불타가 꽃을 들었을 때 가섭(迦葉)만이 알아듣고 미소를 지었다는 불교의 염화미소(拈華微笑)이고, '활연관통(豁然貫通)'은 불교의 돈오(頓悟)이고, 공자·증자·자사·맹자가 도통을 서로 이었다는 도통설은 불교에서 부처로부터 달마대사까지 28조, 달마대사로부터 혜능대사까지 6조라고 말하는 것이고, 천리와 인욕은 곧 진여(眞如)와 무명(無明)이고, 리와 기는 곧 공(空)과 가(假)라는 두 진리[二諦]이고, 천도와 인도는 곧 법신(法身)과 응신(應身)이고, 성인과 현인은 곧 여래와 보살이고, 십이원회(十二元會)는 곧 성(成)·주(住)·괴(壞)·공(空)이고, 경(敬)을 유지하는 것은 좌선이고, 지와 행은 곧 해(解)와 행(行)이라고 비판하고 있다.[185] 이렇게 길게 나열한 것은 소라이가 성리학이 불교에 얼마나 가까이 있는가를 여실히 보여주고 싶었기 때문일 것이다.

8. 천명의 인격적 이해

[자료 1 : 『논어』 원문 1]

五十而知天命.

184) 『論語徵』 「里仁」: 如此章一貫之旨, 誠非不能大知之者所及. 然游夏以上, 豈不與聞? 特門人所錄, 偶有參與賜耳. 千載之後, 據遺文僅存者, 而謂二子獨得聞之, 又以其有詳略而爲二子優劣, 可不謂鑿乎?

185) 『論語徵』 「里仁」: 豁然貫通, 卽彼頓悟, 孔曾思孟, 道統相承, 卽彼四七二三. 遂以孔門一貫, 大小大事, 曾子之唯, 卽迦葉微笑矣. 豈不兒戲乎? 過此以往, 天理人欲卽眞如無明, 理氣卽空假二諦, 天道人道卽法身應身, 聖賢卽如來菩薩, 十二元會卽成住壞空, 持敬卽坐禪, 知行卽解行.

[주자 : 쉰 살에 천명을 알았으며]

[소라이 : 쉰 살에 하느님의 명령을 알았으며]

[자료 2 : 주자의 주석 1]

天命, 卽天道之流行而賦於物者, 乃事物所以當然之故也.

[천명은 곧 천도의 유행으로서 사물에 부여된 것이고, 사물이 마땅히 그러한 바의
까닭이다.]

자료 2에서 주자는 천명을 천도가 사물에 부여된 것이라고 풀이하였
고, 소라이는 관직과 관련지어 쉰 살이 되면 대부가 되거나 작위를 받아
선왕의 도를 나라에 행하는데 쉰 살이 되어도 작위가 이르지 않으면 천
명을 알게 되는 것이라고 풀이한다. 쉰 살이 되어도 관직을 얻지 못하자
하늘이 나를 명하여 선왕의 도를 후세에 전하라는 것을 알게 되었다는
것이다.[186] 소라이는 천명을 하늘의 명령으로 풀이한 것이다.

주자의 경우는 천의 인격적 요소를 탈락시키고 합리적으로 설명하는
데 주력하였다면, 소라이는 천의 인격적 요소를 다시 부활시킨 것이라
고 할 수 있다. 이처럼 소라이는 천을 인격적으로 이해하고 있을 뿐만
아니라 귀신의 존재도 적극적으로 인정하고 있다. 주자가 귀신을 귀는
수렴작용을 신은 확산작용을 말한다고 하여 합리적인 해석을 가하려고
노력한 것과는 매우 다른 태도이다. 다음 자료를 검토해보자.

---

186) 『論語徵』「爲政」: 五十命爲大夫, 五十而爵, 以行先王之道於其國. 學之效, 至是而極矣. 然
五十始衰, 故自此之後, 不可復有所營爲. 故五十而爵不至, 有以知天命也.

[자료 3 : 『논어』 원문 2]

子曰, "吾不與祭, 如不祭."

[공자가 말했다. "내가 제사에 참여하지 못하면 제사를 지내지 않은 것과 같다."]

[자료 4 : 주자의 주석 2]

范氏曰, "有其誠則有其神, 無其誠則無其神, 可不謹乎?"

[범조우가 말했다. "정성이 있으면 신이 있고 정성이 없으면 신이 없으니, 삼가지 않을 수 있겠는가?"]

자료 4에서 범조우는 "정성이 있으면 신이 있고 정성이 없으면 신이 없다."고 말했는데, 소라이는 범조우가 "신이 이르고", "이르지 않는다" 라고 표현하지 않고 "있다", "없다"고 표현한 것에 대해 비판을 제기한 다. 소라이는 신이 있다고 전제하기 때문에, "신이 이르고", "이르지 않는다"라고 표현하는 것은 맞지만, "있다", "없다"고 표현한다면 자신들이 신의 있거나 없음을 결정하는 것이 되므로 참람하다고 비판하는 것이다.[187] 소라이는 신을 부정하는 이학자(理學者)들을 다음과 같이 비판한다.

나무를 갈라 그 가운데서 꽃을 구한다면 어떻게 볼 수 있겠는가? 그러고 서도 꽃이 없다고 말한다면 되겠는가?[188]

---

187) 『論語徵』「八佾」: 范氏曰, "有其誠, 則有其神, 無其誠, 則無其神." 不曰"至不至", 而曰"有無", 宋儒之廢鬼神尙矣.

188) 『論語徵』「八佾」: 剖樹以求花於其中, 烏能見之? 謂之無花可乎哉?

나무를 갈라 꽃을 구할 수 없듯이 분석을 통해서 신을 경험할 수는 없는 것이며, 분석을 통해서 신을 경험하지 못했다고 해서 신의 존재를 부정할 수는 없다는 것이다. 그러면서 소라이는 『주역』에 '귀신의 정상을 안다.'[189]고 말했는데, 이것은 성인의 일이다."[190]라고 말하여 신의 존재를 긍정하고 있다.

9. 음악에 대한 평가는 음악 자체로 : 도덕적 평가에 대한 반대

[자료 1 : 『논어』 원문 1]

子謂韶, 盡美矣, 又盡善也. 謂武, 盡美矣, 未盡善也.

[주자 : 공자가 소(韶)를 평하여 "지극히 아름답고 지극히 선하다."고 말했고, 무(武)를 평하여 "지극히 아름답지만 지극히 선하지는 못하다."고 말했다.]

[소라이 : 공자가 소(韶)를 평하여 "전체적으로도 지극히 아름답고 세밀한 부분도 지극히 훌륭하다."고 말했고, 무(武)를 평하여 "전체적으로는 지극히 아름답지만 세밀한 부분은 지극히 훌륭하지는 못하다."고 말했다.]

[자료 2 : 주자의 주석 2]

舜, 紹堯致治, 武王, 伐紂救民, 其功一也, 故其樂皆盡美. 然 舜之德,

---

189) 『周易』 「繫辭上」 : 精氣爲物, 遊魂爲變, 是故知鬼神之情狀.

190) 『論語徵』 「八佾」 : 易曰, "知鬼神之情狀," 是聖人之事也.

性之也, 又以揖遜而有天下, 武王之德, 反之也, 又而征誅而得天下, 故其
實有不同者.

[순은 요를 이어 다스림을 이루었고, 무왕은 주(紂)를 정벌하여 백성을 구제하였으
니, 그 공은 같다. 그러므로 그 음악이 모두 지극히 아름답다. 그러나 순의 덕은 천성
대로 한 것이고, 또한 읍하고 사양하여 천하를 얻었으며, 무왕의 덕은 회복한 것이고,
또한 정벌하고 죽여서 천하를 얻었으므로, 그 실제가 같지 않음이 있다.]

'소(韶)'는 순임금의 음악이며, '무(武)'는 무왕의 음악이다. 자료 2에
서 주자는 순임금은 요임금을 이어 잘 다스렸고 무왕은 주(紂)를 정벌하
여 백성을 구제했으므로 그 음악이 모두 지극히 아름답지만, 순임금은
요임금의 선양을 받아 천하를 소유하였으므로 그 음악이 지극히 선하
고 무왕은 정벌하고 죽여서 천하를 얻었으므로 그 음악이 지극히 선하
지는 못하다고 해설하였다. 주자는 공자가 순임금과 무왕의 음악을 평
가하면서 그들의 사적이 음악에 드러난 것을 가지고 평가했다고 이해
하고 있는 것이다. 이러한 주자의 이해를 따르자면 미(美)는 음악 자체
의 미(美)이지만, 선(善)은 음악 자체의 선이 아니라 그 음악이 드러내고
있는 사람의 선(善)이라는 말이 된다. 따라서 이 선(善)은 '훌륭한', '좋
은'이라고 번역할 수 있는 선(善)이 아니라, '선악(善惡)'이라거나 '선(善),
불선(不善)'이라고 할 때의 착함[善]이다.

소라이는 선양을 받아 천하를 소유한 것과 정벌하고 죽여서 천하를
얻은 것은 순임금과 무왕이 행한 일일 뿐, 음악과는 전혀 관계가 없다고
주장한다.[191] 다만 '무(武)'가 '소(韶)'에 비해 실질이 부족하고 소리와 모

---

191) 『論語徵』 「八佾」 : 其說以揖遜放伐言之, 則不關樂, 但就舜武行事斷之也.

양을 외적으로 꾸몄기 때문에 '지극히 훌륭하지는 못하다[未盡善]'고 공자가 평가했을 뿐이라는 것이다.[192]

조화롭고 바름으로써 넓어지고, "하늘에까지 이르고 땅에 서리며",[193] 끝없이 콸콸 흐르고, 빛나고 빛나 성대하며, "생생하게 귀에 가득한 것",[194] 이것을 아름다움이라고 한다. 그러므로 아름다움이란 큰 것을 가지고 말한 것이다. '훌륭한 노래', '훌륭한 춤', '훌륭한 가야금', '훌륭한 피리'가 모두 '훌륭한'이라고 말했으니, '훌륭함'이 어찌 소리와 모양을 도외시하겠는가? 한 일이나 한 마디의 세밀함도 세세하게 마땅하지 않음이 없고, 작고 큰 것이 알맞도록 조율하며 시작부터 끝까지의 차례를 나란히 하여 친밀한 사람과 소원한 사람, 귀한 사람과 천한 사람, 어른과 어린이, 남자와 여자의 이치가 모두 음악에 드러나는 것, 이것을 훌륭함이라고 한다. 그러므로 훌륭함이란 작은 것을 가지고 말한 것이다.[195]

이처럼 소라이는 미(美)와 선(善)을 모두 음악 자체에 대한 평가로 국한시켜 미(美)는 음악 전체[큰 것]의 미(美)로, 선(善)은 음악의 세밀한 부분[작은 것]의 선(善)이라고 주장하고 있다. 음악 전체로 보면 '소(韶)'와 '무(武)'가 모두 아름답지만, 세밀한 부분을 살펴보면 '소(韶)'는 음악 전

....

192) 『論語徵』「八佾」: 武爲實不足, 而外飾聲容之美也.

193) 『禮記』「樂記」: 極乎天而蟠乎地.

194) 『論語』「太白」: 洋洋乎盈耳哉.

195) 『論語徵』「八佾」: 和正以廣, 極乎天而蟠乎地, 決決渢渢, 熙熙乎以盛, 洋洋乎盈耳, 是謂之美. 故美者以其大者言之也. 善歌, 善舞, 善琴, 善笛, 皆以善言之, 善豈外聲容乎? 一事一節之細, 莫不曲當, 律小大之稱, 比終始之序, 使親疏貴賤長幼男女之理,, 皆形見於樂, 是謂之善. 故善者以其小者言之也.

체와 마찬가지로 훌륭하지만 '무(武)'는 '지극히 훌륭하지는 못하다.'는 것이다. 소라이는 '무(武)'가 '지극히 훌륭하지는 못하게' 된 것은 음악을 담당하는 사람이 중간에 그 전승을 잃어버렸기 때문이라고 본다.[196] 이와 같이 소라이는 음악을 평가하면서도 그것을 도덕적 평가와 결부시키는 해석을 거부하고, 음악은 도덕적 평가와 독립적으로 음악 자체로 평가해야 한다고 주장하였다.

10. 맺음말

이 장에서는 소라이의 『논어』「팔일」「리인」편의 해석을 주자의 해석과 비교하여 연구하였다. 연구 결과, 소라이의 『논어』 해석의 특징을 다음과 같이 찾아볼 수 있었다. 첫째, 소라이는 『논어』를 해석하면서 『논어』 당시의 금문과 『논어』 이전의 고문을 구분하여 해석하고 있다. 둘째, 소라이는 고문과 금문의 관용어를 글자만 가지고 풀어서는 안 된다고 강조하고, 주자는 옛 말을 몰라 잘못 해석한 경우가 많다고 비판한다. 셋째, 소라이는 공자가 구체적인 일에 대해 말한 것을 송나라의 유학자들처럼 '이치'와 '마음'이라는 주관적인 기준으로 해석해서는 안된다고 주장한다. 넷째, 소라이는 중국과 이적을 선왕의 도가 존재하고 그렇지 않은 지역으로 분명하게 구분하고 있다. 그러나 선왕의 도가 존재하는 것을 중국 고대의 이상사회에 국한시킴으로써, 고대 이상사회

---

196) 『論語徵』「八佾」: 至於武之未盡善, 則有司之失傳也.

이후의 중국과 일본의 차이를 지워 일본에 이상사회를 실현할 수 있는 가능성을 확보해준다. 다섯째, 소라이는 천명을 인격적으로 해석하고, 신의 존재를 긍정하고 있다. 여섯째, 소라이는 음악에 대한 도덕적 평가를 반대하고 음악 자체에 의해 평가할 것을 주장하고 있다.

제4장

주자와 오규 소라이의 「학이」편 해석

1. 머리말

이 장에서는 주자와 소라이가 그들의 『논어』 해석의 특징을 드러내는 구체적인 실례를 그들의 「학이」편 각 장에 대한 주석을 비교·검토하고 각 장의 말미에 그들의 주석을 반영한 해석을 제시함으로써 보여주기로 하겠다. 물론 이런 작업을 『논어』 전체에 대해서도 할 수 있겠지만, 그것은 따로 하나의 단행본을 필요로 하는 작업이 될 것이다. 그러므로 이 장에서는 작업의 범위를 「학이」편으로 한정시켜 제시하는 것으로 아쉬움을 덜고자 한다.

2. 본론

1) 학이시습장(學而時習章) : 배움은 선왕의 도를 배우는 것이다[197]

[자료 1 : 『논어』 원문 1]

子曰, "學而時習之, 不亦說乎?"

[자료 2 : 주자의 주석 1]

學之爲言, 效也.

['학'이라는 말은 '본받음'이다.]

자료 2에 의하면 주자는 '배움[學]'을 '본받음[效]'으로 풀이하고 있다. 사람의 본성은 모두 선하지만 깨우침에는 선후가 있기 때문에 나중에 깨우치는 사람은 반드시 먼저 깨우친 사람의 행위를 본받아[效] 선을 밝혀서 처음 상태인 선을 회복할 수 있다는 것이다.

소라이는 주자가 배움을 본받음으로 풀이한 것은 배움의 대상을 성인으로 보고 성인을 본받아 똑같이 성인이 되고자 하는 욕심에 빠졌기 때문이라고 비판한다.[198] 왜냐하면 소라이에 의하면 성인이란 창작하는 사람으로서 총명예지의 덕을 하늘에서 받았으므로 타고난 사람이며 아무나 될 수 있는 것이 아니기 때문이다. 여기에서 소라이의 성인관을 엿볼 수 있다. 소라이에 의하면 성인이란 배워서 이를 수 있는 것도 아

---

197) 해당 『논어』 원문에서 소라이가 논의의 중심으로 삼고 있는 구절을 선택하여 장 이름으로 삼고, 해당 장에서 소라이가 논의하고 있는 내용을 대표할 수 있는 말을 부제로 삼는다.

198) 『論語徵』「學而」: 朱子所以引效字纏繞立說者, 坐誤讀中庸孟子, 妄求爲聖人故耳.

니고 본받을 수 있는 것도 아니다.[199)]

　소라이가 말하는 '배움'은 선왕의 도를 배우는 것이다. 더 구체적으로 말하면 선왕이 제시한 도인 시·서·예·악을 배우는 것이다. 소라이는 다음과 같이 말하고 있다.

　　농사나 채소 기르기를 배우는 것과 활쏘기나 수레몰기를 배우는 것도 또한 배움이라고 말하는데, 배움이라고만 한 마디로 말한 것은 선왕의 도를 배우는 것이다. 선왕의 도를 배우는 것은 저절로 선왕의 가르침이 있으니, 「전」에 "악정이 네 가지 도를 숭상하고 네 가지 가르침을 세워서 선왕의 시·서·예·악을 따라 관리를 만든다."[200)]고 한 것이 그것이다.[201)]

　배움이라는 말이 단독으로, 혹은 포괄적으로 쓰일 때는 그 배움은 선왕의 도를 배우는 것이고, 선왕의 가르침은 시·서·예·악이라는 것이다. 이처럼 소라이에게 배움이란 마음속으로 파고 들어가 거기에서 본래 주어진 어떤 것을 찾아 확충해 가는 것이 아니라 선왕이 이미 제시해 놓은 구체적이고 외적인 법칙을 배우는 것을 말한다. 그러므로 익힌다는 것도 몸으로 선왕의 가르침을 실천하는 것을 가리킨다.[202)]

　또한 소라이는 주자가 깨우침을 언급한 것은 노자와 불교의 영향이며, 본래의 성인의 도에는 그런 것이 있을 수 없다고 주장한다. 소라이

---

199) 『論語徵』「學而」: 夫聖人聰明睿知之德受諸天, 豈可學而至諸? 何况效乎?

200) 『禮記』「王制」: 樂正, 崇四術, 立四敎. 順先王詩書禮樂, 以造士.

201) 『論語徵』「學而」: 學農圃, 學射御, 亦皆言學, 而單言學者, 學先王之道也. 學先王之道, 自有先王之敎. 傳曰, "樂正崇四術, 立四敎, 順先王詩書禮樂以造士", 是也.

202) 『論語徵』「學而」: 其習之亦如之, 以身處先王之敎也.

에 의하면 깨우침이란 주자가 『대학』의 「격물보망장」에서 언급한 활연관통(豁然貫通)과 같은 것인데, 활연관통이란 오늘 하나의 대상을 연구하고 내일 하나의 대상을 연구하자면 다함이 있을 수 없는 격물설의 약점을 보충하기 위한 것이다.[203] 그러나 소라이는 성인의 가르침은 익혀서 오래되면 거기에 교화되어 덕이 이루어지고 지혜가 밝아져서 애써서 할 것이 없게 되는 것일 뿐, 격물을 하다가 하루아침에 활연관통하게 되는 일은 있을 수 없는 일이라고 단언한다.

이를 보면 소라이는 주자의 사상 형성에 도가와 불가가 상당한 영향을 주었기 때문에 주자가 경전을 해석하는 것도 그 영향을 받음으로써 유가 경전의 순수한 뜻을 잃었다고 비판적으로 보고 있는 것을 알 수 있다. 따라서 소라이는 유가 경전을 해석할 때 도가와 불가의 영향을 받은 주자의 해석을 비판적으로 검토하고, 오히려 경전을 해석할 때에는 경전이 성립될 당시나 그 이전의 전적을 활용함으로써 올바른 뜻을 파악할 수 있다고 하는 그의 고문사학을 성립시킨 것으로 생각된다.

[자료 3 : 『논어』 원문 2]

"有朋自遠方來, 不亦樂乎?"

[자료 4 : 주자의 주석 2]

程子曰, "說在心, 樂主發散在外."

[정자가 말했다. "기쁨은 마음에 있고, 즐거움은 발산하여 밖에 있는 것을 주로 한다."]

----

203) 『論語徵』「學而」: 今日格一物, 明日格一物, 有何窮盡? 故又立一旦豁然之說以濟之.

소라이는 자료 1의 기쁨과 자료 3의 즐거움을 구분한다. 소라이에 의하면 기쁨은 외부에 있는 도를 배워서 기쁜 것이고, 즐거움은 내가 가진 도를 남에게 가르쳐서 즐거운 것이다.[205] 기쁨의 대상이 밖에 있다면, 즐거움의 대상은 안에 있다는 것이다. 그러므로 소라이는 주자가 자료 4에서 정자의 말을 인용하여 주장한 "기쁨은 마음에 있고, 즐거움은 발산하여 밖에 있는 것을 주로 한다."는 말을 비판하고 받아들이지 않고 있다.

위에서 말한 것처럼 '즐거움[樂]'이 내가 가진 도를 남에게 가르쳐서 즐거운 것이므로, '벗[朋]'이란 당연히 나에게 배우러 오는 사람을 말한다. 내가 가진 도를 먼데서부터 찾아오는 벗에게 가르치고 더 이상 다른 것을 바라지 않는 것, 이것을 소라이는 즐거움이라고 말한다.[204]

[자료 5 : 『논어』 원문 3]

"人不知而不慍, 不亦君子乎?"

[자료 6 : 주자의 주석 3]

慍, 含怒意.

['온'은 노여움을 품는다는 뜻이다.]

'남이 알아주지 않는 것[人不知]'을 주자는 일반 사람들이 알아주지 않는 것으로 풀이했지만, 소라이는 특별히 그 '남'을 '윗사람'으로 풀이

---

204) 『論語徵』「學而」: 朋, 黨類, 謂從我游者也. 樂, 謂樂其在我者, 而不復它求也.

205) 『論語徵』「學而」: 悅樂之分, 悅者道尙在彼而我學之, 樂者道已在我而我敎人. 豈不明白乎?

해서 "남이 알아주지 않는다는 것은 본래 윗사람이 그가 백성을 기르는 덕과 나라를 다스리는 재주를 갖고 있음을 알아주지 않는다는 것을 말할 뿐이다."[206]라고 말한다. 예를 들어 「헌문」에 공자가 "나를 알아주는 사람이 없구나!"라고 한 말이 있는데, 그것은 칠십 제자가 자신을 알아주지 않는 데 대한 한탄이 아니라, 윗사람이 알아주지 않는 데 대한 한탄이라는 것이다.[207]

주자는 '온(溫)'을 노여움의 뜻으로 보았다. 남이 알아주지 않아도 노여워하지 않는 것이 군자라는 것이다. 그러나 소라이는 남이 알아주지 않는다고 해서 노여워하는 것은 군자가 아닌 사람도 그렇게 하지는 않을 것이라고 주장한다.[208] 그래서 소라이는 '온(溫)'을 노여움의 뜻으로 풀이하기보다는 억울함의 뜻으로 풀이하는 것이 옳다고 본다. 예를 들어 『공자가어』 「변악해」에 "남풍이 따스하니, 내가 백성들의 억울함을 풀어주리라."[209]라는 말이 있는데, 여기서 '온(溫)'을 노여움이라고 풀이하기보다는 억울함이라고 풀이하는 것이 옳다는 것이다.

이상 논의한 바에 따라 자료 1, 3, 5의 『논어』 원문에 대한 주자와 소라이의 해석을 비교해보면 다음과 같다.

[주자의 해석]　　　공자가 말했다. "배우고 때에 맞추어 익히니 또한 기쁘지 않은가? 벗이 먼 지방으로부터 오니 또한 즐겁지 않은가? 남들이

---

206) 『論語徵』 「學而」: 人不知, 本謂在上之人, 不知其有長民之德治邦之才耳.

207) 『論語徵』 「學而」: 如莫我知也夫, 豈爲七十子不知夫子乎?

208) 『論語徵』 「學而」: 且人不知而怒, 雖非君子, 亦無是事.

209) 『孔子家語』 「辯樂解」: 南風之薰兮, 可以解吾民之慍兮.

알아주지 않아도 노여워하지 않으니 또한 군자답지 않은가?"

[소라이의 해석] 공자가 말했다. "성인의 도를 배우고 때에 맞추어 익히니 또한 기쁘지 않은가? 제자들이 먼 지방으로부터 찾아오니 또한 즐겁지 않은가? 윗사람이 알아주지 않아도 억울해 하지 않으니 또한 군자답지 않은가?"

2) 위인지본장(爲仁之本章) : 선왕의 도는 천하를 편안하게 하는 도이다

[자료 1 : 『논어』 원문 1]

有子曰, "其爲人也孝弟, 而好犯上者鮮矣. 不好犯上, 而好作亂者, 未之有也."

[자료 2 : 주자의 주석 1]

此言人能孝弟, 則其心和順, 少好犯上, 必不好作亂也.

[이는 사람이 부모에게 효도하고 어른에게 공경할 수 있으면, 그 마음이 화순(和順)해서 윗사람을 범하기를 좋아하는 이가 적으니, 반드시 난을 일으키기를 좋아하지 않는다는 말이다.]

소라이는 자료 1에서 유자가 효제를 마음[心]과 연결시키지 않고 "윗사람을 범하기를 좋아하지 않는다."던가 "난을 일으키기를 좋아하지 않는다."는 것과 같은 사회적인 결과와 연결시키고 있는 점에 주목한다. 위의 두 가지 일들은 결코 '배우는 사람이 스스로를 다스리는 일'일

수 없다는 것이다.[210]

자료 2의 주석에서 주자는 '사람이 효제를 할 수 있음'-'마음이 화순함'-'윗사람을 범하기를 좋아하지 않음'을 연결시켜 효제와 사회적 결과 사이에 마음을 개입시키고 있는데, 소라이는 그것이 주자의 자의적인 해석이라고 보고 마음을 거치지 않고 효제와 사회적 결과를 바로 연결시키고 있다. "종묘의 예는 효도를 가르치는 것이고, 노인을 봉양하는 예는 공손을 가르치는 것"인데, "효도와 공손이 교화되어 행해지면 백성들의 풍속이 조화롭고 순조로우며 천하가 자연스럽게 다스려진다."는 것이다.[211] 그러므로 소라이는 『논어』를 해석할 때 기본적으로 그것을 '배우는 사람이 스스로를 다스리는 일'을 말한 것으로 해석하지 말고 '천하를 다스리는 일'을 말한 것으로 해석할 것을 주문한다.[212] 『논어』는 선왕의 도를 말하는 책이며, 선왕의 도는 천하를 편안하게 하는 도라는 것이다.[213]

[자료 3 : 『논어』 원문 2]

"君子務本, 本立而道生, 孝弟也者, 其爲仁之本與."

[자료 4 : 주자의 주석 2]

務, 專力也. 本, 猶根也. 仁者, 愛之理, 心之德也. 爲仁, 猶曰行仁.

---

210) 『論語徵』「學而」: 不好犯上, 不好作亂, 豈學者自治之事哉?

211) 『論語徵』「學而」: 宗廟之禮, 所以教孝也. 養老之禮, 所以教弟也. 孝弟化行, 民俗和順, 天下自然治.

212) 『論語徵』「學而」: 如有若之言, 亦謂爲安天下也. 不好犯上, 不好作亂, 豈學者自治之事哉?

213) 『論語徵』「學而」: 先王之道, 安天下之道也. 六經孰非安天下之道. 故仁以安天下解之, 庶其不差矣.

['무'는 오로지 힘쓰는 것이다. '본'은 '근본'이다. 인이란 사랑의 이치이고 마음의 덕이다. '위인(爲仁)'은 '인을 행한다.'고 말하는 것과 같다.]

자료 3의 『논어』 원문에 대한 주자와 소라이의 해석의 가장 큰 차이는 주자는 이 문장 전체를 유자의 말로 보는데 반해서 소라이는 "君子務本, 本立而道生"을 옛날부터 전해 내려온 말이고 "孝弟也者, 其爲仁之本與"를 위의 옛 말에 대한 유자의 해설이라고 보는 점이다.[214]

또한 주자는 '본'을 '근본'이라고 해석하고, 소라이는 '시작'이라고 해석한다.[215] 소라이는 주자가 '본'을 '근본'이라고 해석한 것은 불교의 '본체와 작용의 설'의 영향을 받아서 "본체를 근본이라고 하고 작용을 말단이라고 하며, 리를 근본이라고 하고 일을 말단이라고" 했기 때문이라고 본다. 소라이는 그것이 장자의 내성외왕의 설과 같은 것이라고 말하고,[216] 본말을 그런 식으로 내외로 보아서는 안 되고 일을 기준으로 해서 일의 시작을 본으로 일의 끝을 말로 보아야 한다고 주장하고 있다. 예를 들어 소라이는 임방(林放)이 예의 '본'을 물은 것,[217] 천하의 '본'은 나라이고 나라의 '본'은 집이고 집의 '본'은 몸이라는 것,[218] 덕은 '본'이고 재물은 '말'이라는 것, 이것들은 모두 '시초'를 말한다고 한다.[219]

----

214) 『論語徵』「學而」: 君子務本, 本立而道生, 蓋古語, 有子引之.

215) 『論語徵』「學而」: 本, 始也. 林放問禮之本, 天下之本國也, 國之本家也. 家之本身也, 德者本也, 財者末也, 皆謂所始, 古言爲爾.

216) 『論語徵』「學而」: 後世體用之說興, 以體爲本, 以用爲末, 以理爲本, 以事爲末, 皆主所見故也. 莊周內聖外王之說哉.

217) 『論語』「八佾」: 林放問禮之本. 子曰, "大哉, 問. 禮與其奢也, 寧儉, 喪與其易也, 寧戚."

218) 『孟子』「離婁上」: 天下之本在國, 國之本在家, 家之本在身.

219) 『論語徵』「學而」: 林放問禮之本, 天下之本國也, 國之本家也. 家之本身也, 德者本也, 財者末也, 皆謂所始, 古言爲爾.

자료 4에서 주자는 인을 '사랑의 이치이며 마음의 덕'이라고 풀이했다. 그러나 소라이는 그런 식으로 말한다면 무슨 덕인들 마음의 덕이 아니냐고 반문하고, 인이란 천하를 편안하게 하는 것이라고 해석해야 한다고 주장한다. "그러므로 인을 천하를 편안하게 하는 것으로 해석하면 거의 어긋나지 않는다."는 것이다.[220] 여기에서도 소라이가 『논어』를 '배우는 사람이 스스로를 다스리는 일'을 말한 것으로 해석하는 것이 아니라 '천하를 다스리는 일'을 말한 것으로 해석하고 있음을 엿볼 수 있다.

이상 논의한 바에 따라 자료 1, 3의 『논어』 원문에 대한 주자와 소라이의 해석을 비교해보면 다음과 같다.

[주자의 해석]　유자가 말했다. "그 사람됨이 효도하고 공손하면서도 윗사람을 범하기를 좋아하는 사람은 드물다. 윗사람을 범하기를 좋아하지 않으면서 난리를 일으키기를 좋아하는 사람은 있지 않다. 군자는 근본을 힘쓰니, 근본이 서면 도가 생긴다. 효도와 공손은 인을 행하는 근본일 것이다."

[소라이의 해석]　유자가 말했다. "그 사람됨이 효도하고 공손하면서도 윗사람을 범하기를 좋아하는 사람은 드물다. 윗사람을 범하기를 좋아하지 않으면서 난리를 일으키기를 좋아하는 사람은 있지 않다. 옛말에 '군자는 근본을 힘쓰니, 근본이 서면 도가 생긴다.'고 했다. 효도와

---

220) 『論語徵』 「學而」 : 先王之道, 安天下之道也. 六經孰非安天下之道, 故仁以安天下解之, 庶其不差矣.

공손은 인을 행하는 시초일 것이다."

3) 교언영색장(巧言令色章) : 천하를 편안하게 하려는 자는 작은 일에 급급해하지 않는다

[자료 1 : 『논어』 원문]

子曰, "巧言令色, 鮮矣仁."

[자료 2 : 주자의 주석]

好其言, 善其色, 致飾於外, 務以悅人, 則人欲肆, 而本心之德亡矣.

[말을 잘하고 얼굴빛을 잘 꾸미며 밖을 꾸미기를 다하여 다른 사람을 기쁘게 하기를 힘쓰면, 욕심을 함부로 부려서 본심의 덕이 없어질 것이다.]

　자료 2의 주석에서 주자는 자료 1의 원문을 풀이하며 밖을 꾸미는 데 힘쓰면 본심의 덕을 잃어버린다고 풀이하고 있다. 소라이는 이 풀이도 그런대로 받아들일 만한 풀이라고 인정한다. 그러나 '밖'-'본심의 덕'을 연결해서 '외'-'내'라는 식으로 이해한다면 그것은 심학(心學)의 설일 뿐, 이 문장의 본뜻이라고는 할 수 없다고 비판한다.[221] 소라이는 주자가 자료 1 원문의 "선의인(鮮矣仁)"을 "그 사람의 인이 적다."고 해석하는 것이라고 보고,[222] 그렇게 해석하기보다는 "그 사람들 가운데 인

---

221) 『論語徵』「學而」: 朱註, 好其言, 善其色, 致飾於外, 務以悅人, 若無不可者. 然以內外言之, 其禍昉於孟子好辨, 而極於宋儒, 不可從矣.

222) 『論語徵』「學而」: 朱子意, 迺謂其人無仁焉.

한 사람이 적다."고 해석하는 것이 원의에 맞는다고 주장한다.[223]

소라이는 주자처럼 인을 '사랑의 이치이며 마음의 덕'으로 정의하는 것이 아니라 '천하를 편안하게 하는 것'이라고 정의하므로, "말을 교묘하게 하고 얼굴빛을 꾸미는" 것과 같은 말단적인 일에 급급해하는 사람 가운데는 "천하를 편안하게 할 수 있는 사람이 드물다."고 말한다. 천하를 편안하게 하려는 큰 뜻을 갖는 사람은 작은 일에 얽매이지 않는다는 것이다.[224]

하늘이 나를 명하여 천자가 되고 제후가 되게 하는 것은 천하와 국가를 맡기는 것이다. 대부가 되고 관리가 되는 것은 또한 하늘의 직책을 함께 하는 것이다. 배워서 덕을 이룬 것을 군자라고 말하는 것은 백성을 편안하게 하고 국가를 기르는 덕을 이룬 것을 말한다. 그러므로 군자가 하늘을 두려워하는 것은 지극히 엄하고, 인을 자기의 임무로 삼는 것은 지극히 중하고, 그 마음이 국가를 편안하게 하는 데 있는 것은 지극히 크다. 인에 뜻을 둔 사람이 어찌 말과 안색의 말단에 급급해하겠는가? 이것은 그 뜻이 크기 때문이다.[225]

천자, 제후, 대부, 관리, 군자처럼 천하와 국가를 편안하게 하려는 뜻이 큰 사람들은 말을 교묘하게 하고 얼굴빛을 꾸미는 말단적인 일에 급급해 하지 않는다는 것이다. 이를 보면 소라이는 인을 실행하는 주체는 어디까지나 일반 백성이 아니라 그 백성들을 이끄는 지도층에게 있다

---

224) 『論語徵』「學而」: 志於仁者, 豈遑及言色之末哉. 是其所志大故也.

225) 『論語徵』「學而」: 天命我爲天子爲諸侯, 是仕天下國家者也. 爲大夫爲士, 亦共天職者也. 學而成德曰君子, 謂成安民長國家之德. 故君子畏天, 至嚴也, 仁以爲己任, 至重也, 其心在安國家, 至大也. 志於仁者, 豈遑及言色之末哉? 是其所志大故也.

고 생각하고 있음을 알 수 있다.

이상 논의한 바에 따라 자료 1의 『논어』 원문에 대한 주자와 소라이
의 해석을 비교해보면 다음과 같다.

[주자의 해석] 　공자가 말했다. "말을 교묘하게 하고 얼굴빛을 꾸미
는 사람은 사랑하는 마음이 적다."

[소라이의 해석] 　공자가 말했다. "말을 교묘하게 하고 얼굴빛을 꾸미
는 사람 가운데는 천하를 편안하게 할 사람이 드물다."

4) 삼성오신장(三省吾身章) : 나는 하루에 세 번 나 자신을 반성한다

[자료 1 : 『논어』 원문]
曾子曰, "吾日三省吾身. 爲人謀而不忠乎? 與朋友交而不信乎? 傳不
習乎?"

[자료 2 : 주자의 주석]
傳, 謂受之於師, 習, 謂熟之於己. 曾子以此三者, 日省其身, 有則改之,
無則加勉, 其自治誠切如此, 可謂得爲學之本矣.
['전(傳)'은 스승에게 전수받은 것을 말하고, '습(習)'은 자기 몸에 익숙하게 하는
것을 말한다. 증자는 이 세 가지를 가지고 날마다 자신을 반성하여, 잘못이 있으면 고
치고 없으면 더욱 힘써서 자신을 다스리는 정성과 간절함이 이와 같았으니, 학문을
하는 근본을 얻었다고 말할 만하다.]

자료 2의 주석에서 주자는 '삼(三)'을 "爲人謀而不忠乎", "與朋友交而不信乎", "傳不習乎"라는 세 종류로 보았다. 그렇다면 증자는 날마다 이 세 가지 종류의 내용을 가지고 자신을 반성했다는 것이 된다. 그러나 소라이는 주자가 삼을 세 종류로 풀이한 것은 옛 말을 알지 못해서라고 하면서 세 번이라고 풀이하는 것이 옳다고 주장한다.[226] 그러면서도 주자가 옛 말을 알지 못했다는 것에 대해서 더 이상의 설명을 하고 있지는 않다. 필자가 추측해본다면 삼은 꼭 셋을 가리키는 것이 아니라 일, 십, 백, 천, 만이 많은 수를 나타내듯이 많은 수를 나타내므로 '일삼성(日三省)'이라고 한 것도 하루에 세 종류로 반성한다는 것이 아니라 하루에 여러 번 반성해야 한다고 풀이하는 것으로 볼 수 있다. 그래서 소라이는 주자가 이런 고전의 용례를 알지 못하고 삼을 세 종류로 잘못 풀이했다고 보는 것이다.[227]

원래 주자가 삼을 세 종류로 풀이한 것은 정명도의 견해를 따른 것이었다. 정명도의 제자 형칠이 "저는 하루에 세 번 점검합니다."라고 하자 명도는 "안타깝도다. 그 나머지 시간에는 무슨 일을 이해할 것인가?"라고 비판적으로 언급했던 것이다.[228] 이것을 주자는 '삼성(三省)'을 세 번 반성하는 것으로 해석해서는 안 된다고 이해하고, 세 종류로 반성한다고 주석을 달았던 것이다. 그러나 소라이는 정명도가 그렇게 말한 것은 형칠이 멋모르고 따라하는 것을 경계한 것이지, 세 종류로 반성한다는

---

226) 『論語徵』「學而」: 三去聲爲是.

227) 또는 '삼(三)'이 '성(省)'이라는 동사 앞에 있으므로 '세 번'으로 번역해야 하고, '세 종류'라면 '吾日省吾身者三'이라고 표현해야 한다고 보는 것일 수도 있다.

226) 『論語徵』「學而」: 三去聲爲是.

228) 『近思錄』 卷十二 : 邢七云, "一日三點檢." 明道先生曰, "可哀也哉. 其餘時理會甚事?"

의미로 풀이하라는 것은 아니었다고 주장한다.[229]

또 "전불습호(傳不習乎)"의 주석에서(자료 2) 주자는 "'전'은 스승에게 받은 것을 말하고, '습'은 자기에게 익숙하게 하는 것을 말한다."고 했다. 그렇다면 "전불습호(傳不習乎)"를 "스승에게 전해 받은 것을 자기에게 익숙하게 하지 않았는가?"라고 해석하는 것이 된다. 이에 대해서 소라이는 '전'은 스승에게 속하는 일이지 제자에게 속하는 일이 아니라고 말한다.[230] 즉, '전'이란 스승이 제자에게 전해주는 것이지, 제자가 스승에게 전해 받는, 혹은 배우는 것은 아니라는 것이다. "전불습호(傳不習乎)" 앞에 말한 "위인모(爲人謀)", "여붕우교(與朋友交)"가 모두 내가 주도적으로 행하는 것이므로 '전'도 내가 주도적으로 전해주는 것으로 보아야 한다는 것이다.[231] 그러므로 소라이는 하안이 "'전한 바의 일이 평소에 강습하지 않고 전한 것이 아닌가?'라고 말한 것이다."라고 해석한 것이 옳다고 본다.[232]

이상 논의한 바에 따라 자료 1의 『논어』 원문에 대한 주자와 소라이의 해석을 비교해보면 다음과 같다.

[주자의 해석]　증자가 말했다. "나는 날마다 세 가지로 내 자신을 살핀다. 남을 위하여 일을 꾀하면서 진실하지 아니한가? 벗과 더불어 사귀면서 미덥지 아니한가? 전수받은 것을 익히지 아니하는가?"

---

229) 『論語徵』 「學而」: 此自一時惡其效嚬, 豈可爲據乎?

230) 『論語徵』 「學而」: 大氏傳可屬之師, 而不可屬之弟子也.

231) 『論語徵』 「學而」: 爲人謀, 與朋友言, 皆以我言之, 傳獨不屬我, 可乎?

232) 『論語徵』 「學而」: 何晏曰, "言凡所傳之事, 得無素不講習而傳之." 邢昺曰, "傳惡穿鑿", 爲得之.

[소라이의 해석] 증자가 말했다. "나는 날마다 세 번 내 자신을 살핀다. 남을 위하여 일을 꾀하면서 진실하지 아니한가? 벗과 더불어 사귀면서 미덥지 아니한가? 익히지 아니한 것을 전수하였는가?"

5) 도천승국장(道千乘國章) : 천승의 나라에 길을 내는 방법

[자료 1 : 『논어』 원문]
子曰, "道千乘之國, 敬事而信, 節用而愛人, 使民以時."

[자료 2 : 주자의 주석]
道, 治也. ……敬者, 主一無適之謂.
['도'는 다스림이다. …… '경'이란 하나를 주로 해서 다른 데로 감이 없는 것을 말한다.]

자료 1의 "도천승지국(道千乘之國)"의 해석에서 주자 이전의 해석은 대부분 '도(道)'를 '도(導)'와 같은 뜻으로 보고 "천승의 나라를 인도한다."고 풀이했으며, 주자도 이런 전통을 따라 '도'를 '다스림'을 풀이하여 "천승의 나라를 다스린다."고 풀이했다. 그런데 소라이는 특히 '천승의 나라'라고 한 데 주목하고 있다. 더 큰 범위인 '만승의 나라'라고 할 수도 있는데, 왜 굳이 '천승의 나라'라고 했느냐는 것이다. 소라이 자신의 대답은 '도'를 "길을 낸다."는 뜻으로 이해해야 한다는 것이다.[233] 만

---

233) 『論語徵』「學而」: 道如道宋衛之間之道.

승의 천자가 순수할 때 반드시 천승의 나라에 길을 냈던 것을 소라이는 그 근거로 든다. 그리고 "경사이신(敬事而信)", "절용이애인(節用而愛人)", "사민이시(使民以時)"가 모두 천승의 나라에 길을 낼 때의 일이라는 것이다.[234] 만일 주자의 해석처럼 천승의 나라를 다스리는 일이라면 일보다는 백성이 앞서야 할 것이므로, 백성에 관한 "愛人, 使民以時"가 문장의 앞에 있고, 일에 관한 "敬事而信, 節用"이 뒤에 있을 것이라고 소라이는 주장한다. 그렇지 않고 나라를 다스리는 일반 원칙을 말한 것이 아니라 길을 내는 구체적일 일을 말했기 때문에 일을 앞세우고 백성을 뒤에 서술했다는 것이다.[235]

또한 소라이는 주자가 '경(敬)'을 '주일무적(主一無適)'으로 풀이한 데 대해서도 매우 비판적이다. '경'은 "하늘을 공경한다."거나 "귀신을 공경한다."고 하는 것처럼 반드시 구체적 대상을 가져야 하는데, 그것을 '주일무적(主一無適)'으로 풀이한다면 그것은 공경할 대상이 없는데도 공경하는 것으로서 병일 뿐이라는 것이다.[236] 여기에서 소라이가 '경'을 철저하게 외적인 '공경'으로 풀이하고 있음을 볼 수 있다. 이는 내적인 '주일무적(主一無適)'과 외적인 '공경'을 아우르는 중국 성리학의 '경'이 한국 사상의 흐름에서는 '주일무적(主一無適)'이 강조되고 일본 사상의 흐름에서는 '공경'이 강조된다는 사상사적 맥락에서 이해할 수 있다.[237]

---

234) 『論語徵』「學而」: 道如道宋衛之間之道. 蓋天子巡狩, 必道千乘之國, 小國苦供億也.

235) 『論語徵』「學而」: 蓋天子巡狩, 必道千乘之國, 小國苦供億也. 敬事而信, 節用而愛人. 使民以時, 皆道千乘之國之事也. 使民以時, 蓋謂使治道路也. 不然, 治國愛民爲先, 何置諸後也?

236) 『論語徵』「學而」: 敬皆本於敬天敬鬼神, 其無所敬而敬者未之有也. 朱子創敬工夫, 是無所敬而敬者也. 自謂無爲, 以余觀之, 亦病耳. 이 점은 진사이도 동일하다. 이에 대해서는 제4부 제1장 「주자와 이토 진사이의 『맹자』 해석」 314쪽 주 40) 참조.

237) 제1부 제2장 「한국과 일본의 주자학 수용의 특징」 62쪽 참조.

이상 논의한 바에 따라 자료 1의 『논어』 원문에 대한 주자와 소라이의 해석을 비교해보면 다음과 같다.

[주자의 해석]　　공자가 말했다. "천승의 나라를 다스리는데, 일을 공경하고 미덥게 하며, 쓰는 것을 절약하고 사람을 사랑하며, 백성 부리기를 때에 맞게 해야 한다."

[소라이의 해석]　공자가 말했다. "천승의 나라에 길을 내는데, 일을 공경하고 미덥게 하며, 쓰는 것을 절약하고 사람을 사랑하며, 백성 부리기를 때에 맞게 해야 한다."

6) 즉이학문장(則以學文章) : 글은 선왕의 가르침을 싣는 도구이다

[자료 1 : 『논어』 원문]

子曰, "弟子入則孝, 出則弟, 謹而信, 汎愛衆而親仁, 行有餘力, 則以學文."

[자료 2 : 주자의 주석]

謹者, 行之有常也, 信者, 言之有實也. …… 尹氏曰, "德行, 本也, 文藝, 末也." …… 愚謂力行而不學文, 則無以考聖賢之成法, 識事理之當然, 而所行或出於私意, 非但失之於野而已.

[삼감이란 행동에 일정함이 있는 것이고, 믿음이란 말에 실질이 있는 것이다. …… 윤돈이 말했다. "덕행은 근본이고 문예는 말단이다." …… 나는 생각하건대, 힘써 행하고도 글을 배우지 않으면 성현이 이룬 법을 고찰하고 사리가 마땅히 그러함을 알 방법이 없어서 행하는 바가 혹 사사로운 뜻에서 나와 거친 데 빠질 뿐만 아니다.]

자료 2에서 주자는 '근(謹)'과 '신(信)'을 '행(行)'과 '언(言)'으로 나누어 '근(謹)'은 행동에 일정함이 있는 것이고 '신(信)'은 말에 실질이 있는 것이라고 풀이했다. 그러나 소라이는 주자가 이렇게 '근(謹)'과 '신(信)'을 '행(行)'과 '언(言)'으로 나눈 것은 주자의 견강부회라고 비판하고, '근(謹)'·'신(信)'이 모두 '행(行)'·'언(言)'과 관련되는 것으로서 '근(謹)'은 말과 행동을 삼가서 감히 구차하게 하지 않는 것이며 '신(信)'은 행동이 말과 같은 것이라고 풀이한다.[238]

또한 소라이가 이 문장에서 중시하는 것은 "行有餘力, 則以學文"이라는 구절이다. 주자는 주석에서 윤돈의 "덕행은 근본이고 문예는 말단이다."라는 말을 인용하고 있는데, 소라이는 공자가 말하는 문은 선왕의 가르침으로서 결코 말단이라고 할 수 없는 것이라고 비판한다.

> 글은 시·서·예·악의 글이며 선왕의 가르침이다. 이것을 배우지 않으면 비록 위의 몇 가지를 갖고 있어도 시골 사람이 되는 것을 면하지 못한다. 어떻게 군자의 덕을 이룰 수 있겠는가? 그런데 어떻게 그것을 말단이라고 말할 수 있겠는가?[239]

공자가 말하는 문은 시·서·예·악의 글이며 선왕의 가르침이므로, 그것을 배우지 않으면 "들어와서는 효도하고 나가면 공손하며 삼가고 미덥게 하며, 널리 사람을 사랑하되 어진 사람과 친"하더라도 군자의

---

238) 『論語徵』「學而」: 謹者, 愼其言行不敢苟也. 信者, 行如其言也. 朱子分配言行, 蓋取諸易, 庸言之信庸行之謹, 可謂强矣.

239) 『論語徵』「學而」: 夫文謂詩書禮樂之文, 先王之教也. 不學此, 則雖有上數者, 未免爲鄉人矣. 何以能成君子之德哉? 豈得謂之末也乎?

덕을 이룰 수 없는 것이고, 따라서 그것을 말단이라고 할 수 없다는 것이다. 또한 "덕행은 근본이고 문예는 말단이다."라는 윤돈의 말은 주자 자신의 "힘써 행하고도 글을 배우지 않으면 성현이 이룬 법을 고찰하고 사리가 마땅히 그러함을 알 방법이 없어서 행하는 바가 혹 사사로운 뜻에서 나와 거친 데 빠질 뿐만 아니다."라는 견해와도 어긋난다고 주장한다. 사실 글은 "성현이 이룬 법을 고찰하고 사리의 당연함을 아는" 정도의 역할에 그치지 않고 훨씬 더 중요한 역할을 한다는 것이다.

이상 논의한 바에 따라 자료 1의 『논어』 원문에 대한 주자와 소라이의 해석을 비교해보면 다음과 같다.

[주자의 해석] 공자가 말했다. "젊은이는 들어와서는 효도하고 나가면 공손하며 삼가고 미덥게 하며, 널리 사람을 사랑하되 어진 사람과 친해야 하니, 행하고서 남은 힘이 있으면 글을 배워야 한다."

[소라이의 해석] 공자가 말했다. "젊은이는 들어와서는 효도하고 나가면 공손하며 삼가고 미덥게 하며, 널리 사람을 사랑하되 어진 사람과 친해야 하니, 행하고서 남은 힘이 있으면 성인의 글을 배워야 한다."

7) 능치기신장(能致其身章) : 충성의 대상은 직책이지 임금이 아니다

[자료 1 : 『논어』 원문]

子夏曰, "賢賢易色, 事父母, 能竭其力, 事君, 能致其身, 與朋友交, 言而有信, 雖曰未學, 吾必謂之學矣."

[자료 2 : 주자의 주석]

賢人之賢而易其好色之心, 好善有誠也. 致, 猶委也. 委致其身, 謂不有
其身也.

[남의 현명함을 현명하게 여기되 색을 좋아하는 마음과 바꾼다면, 선을 좋아하는
데 성실함이 있는 것이다. '치(致)'는 '맡기는 것[委]'과 같다. 그 몸을 맡긴다는 것은
그 몸을 마음대로 하지 않는다는 것을 말한다.]

이 장에서 가장 해석이 다양했던 것은 "현현역색(賢賢易色)"에 대한 해
석이었는데, 주자는 자료 2에서 이를 "남의 현명함을 현명하게 여기되
색을 좋아하는 마음과 바꾼다."고 해석했다. 이에 대해서 소라이는 주
자가 원문에도 없는 '좋아하는[好]'이라는 말을 추가해서 '색(色)'을 '색
을 좋아하는'이라고 해석한 것이 문제라고 지적한다.[240] 대신 소라이는
'역색(易色)'을 "안색을 바꾼다."라고 해석해야 한다고 주장했다. 안색
을 바꾸는 것은 현명한 사람을 좋아하는 정성이 밖으로 드러난 것이라
는 것이다.[241] 그렇다면 "현현역색(賢賢易色)"에 대한 소라이의 해석은
"남의 현명함을 현명하게 여겨서 안색을 바꾼다."는 것이 된다.

이 장에서 소라이가 가장 중시한 것은 事君, 能致其身에 대한 해석
이었다. 자료 2에서 주자는 "'치(致)'는 '맡기는 것[委]'과 같다. 그 몸을
맡긴다는 것은 그 몸을 마음대로 하지 않는다는 것을 말한다."고 했다.
소라이는 주자의 이 말이 그럴 듯하지만 잘못된 말이라고 비판한다. 임
금에게 몸을 맡겨 자기의 마음대로 하지 않는다면, 그것은 아녀자의 도

---

240) 『論語徵』「學而」: 腎賢易好色之心, 何從而得好字乎?

241) 『論語徵』「學而」: 變易顏色, 好賢之誠形於外也. 甚爲穩當.

리에 불과하다는 것이다.

이것은 아녀자의 도리이니, 과연 그 말이 옳겠는가? "안 되면 그만둔다."[242]고 하였고, "몸을 받들어 물러난다."[243]고 하였는데, 이미 맡겼다가 다시 빼앗는 것이 어찌 가능하겠는가? 세상이 쇠퇴하고 도가 밝지 않아서 임금도 이것을 충성으로 여기고 신하도 이것을 충성으로 여겨서 아녀자의 도리에 빠지니 어찌 비루하지 않은가?[244]

비록 임금에게라도 자기의 뜻을 관철해야 하고 안 되면 그만두는 것이 신하의 도리이지, 무조건 임금의 뜻을 따르는 것은 아녀자의 도리라는 것이다. 그럼에도 불구하고 임금과 신하가 모두 임금의 뜻을 따르는 것을 충성으로 여기게 된 것은 세상이 쇠퇴하고 도가 밝지 않아서라는 것이다.

이렇게 '치'를 '맡기는 것'으로 풀이한 주자를 비판한 소라이는 "치기신(致其身)"을 '직책에 몸을 바치는 것'으로 풀이한다. 소라이에 의하면 '직책에 몸을 바치는 것'은 관청을 보기를 자기 집과 같이 하는 것이다.

대체로 사람이 직책에 있을 때에 비록 그 일을 봉행하더라도 몸이 거기에 임하지 않으면, 마치 진나라 사람이 월나라 사람이 수척하고 파리한 것을 보듯 하고, 마치 강둑 위에 앉아서 물고기 잡는 것을 보는 것처럼 하는 것은 몸

---

242) 『論語』「先進」: 所謂大臣者, 以道事君, 不可則止.

243) 『左傳』「襄公二十六年」: 臣之祿, 君實有之. 義則進, 否則奉身而退.

244) 『論語徵』「學而」: 是妾婦之道也, 果其言之是乎? 所謂不可則已, 奉身以退者, 旣委之而復奪之, 豈可乎? 世衰而道不明, 君以是爲忠, 臣以是爲忠, 以陷於妾婦之節, 豈不陋乎?

이 오히려 여기에 있어서 저기에 이르지 않아서 관직이 나와 상관이 없기 때문이니, 어떻게 충성이라고 말할 수 있겠는가? 그러므로 군자가 임금을 섬길 때 반드시 그 직책에 몸을 바친 이후에 충성이 되기 때문에 몸을 바치는 것으로 말했다.[245]

직책을 가지고 거기에 몸을 바치는 것이 바로 충성이라는 것이다. 소라이는 충성의 대상은 임금이 아니라, 바로 직책이라고 강조하고 있다고 할 수 있다. 그는 충성을 임금과 신하 사이에 사적인 관계에 국한시키지 않고, 거기에 '직책'이라는 공적인 관계를 개입시켜 강조함으로써 권력의 공공성을 확보하려 했던 것으로 보인다.

이상 논의한 바에 따라 자료 1의 『논어』 원문에 대한 주자와 소라이의 해석을 비교해보면 다음과 같다.

[주자의 해석]　자하가 말했다. "현명한 사람을 현명하게 여기되 색을 좋아하는 마음과 바꾸며, 부모를 섬기되 그 힘을 다할 수 있으며, 임금을 섬기되 그 몸을 바칠 수 있으며, 벗과 더불어 사귀되 말함에 믿음이 있으면 비록 배우지 못하였다고 말하더라도 나는 반드시 그를 배웠다고 말하겠다."

[소라이의 해석]　자하가 말했다. "현명한 사람을 현명하게 여기되 안

---

245) 『論語徵』「學而」: 大氐人之在職, 雖奉行其事, 而身不任之, 如秦人視越人肥瘠, 如坐岸上捕魚, 是其身猶在此, 而不至于彼, 官與我不相干, 安得謂之忠乎? 故君子之事君, 必納身其職, 而後爲忠, 故以致身言之.

색을 바꾸며, 부모를 섬기되 그 힘을 다할 수 있으며, 임금을 섬기되 직책에 그 몸을 바칠 수 있으며, 벗과 더불어 사귀되 말함에 믿음이 있으면 비록 배우지 못하였다고 말하더라도 나는 반드시 그를 배웠다고 말하겠다.”

8) 부중불위장(不重不威章) : 군자는 중요한 일이 아니면 위엄을 부리지 않는다

[자료 1 : 『논어』원문 1]

子曰, “君子不重則不威, 學則不固.”

[자료 2 : 주자의 주석 1]

重, 厚重, 威, 威嚴, 固, 堅固也. 輕乎外者, 必不能堅乎內. 故不厚重, 則無威嚴, 而所學, 亦不堅固也.

[‘중(重)’은 도탑고 중함이고, ‘위(威)’는 위엄이고, ‘고(固)’는 견고함이다. 외면을 가볍게 여기는 사람은 반드시 내면을 견고하게 할 수 없다. 그러므로 도탑고 중하지 못하면 위엄이 없고, 배우는 것도 또한 견고하지 못하다.]

주자는 자료 1 『논어』원문 1의 ‘중(重)’, ‘위(威)’, ‘고(固)’를 각각 ‘후중(厚重)’, ‘위엄(威嚴)’, ‘견고(堅固)’로 풀이하였다. 그렇다면 원문 1은 “군자는 후중하지 않으면 위엄이 없으니, 배워도 견고하지 못하다.”라고 해석할 수 있다. 그러나 소라이는 ‘후중(厚重)’이란 억지로 할 수 없는 본성이므로, “후중해야 한다.”거나 “(후중해야 하는데) 후중하지 않다.”고 표현할 수 없는 것이라고 본다.[246] 그래서 소라이는 ‘중(重)’을 ‘중요한

이라고 해석한다.[247] 그렇다면 '군자부중즉불위(君子不重則不威)'는 "군자는 중요한 일이 아니면 위엄을 부리지 않는다."라고 해석할 수 있다. 소라이는 그런 중요한 일로 제사, 전쟁, 기타의 큰 예를 들고 있다.[248] 군자는 온화함을 덕으로 삼기 때문에 그런 중요한 일이 아니면 위엄을 부리지 않는다는 것이다.[249]

또한 소라이는 주자가 학문과 관련된 '고(固)'를 '견고(堅固)'로 풀이한 것은 옛 말을 따른 것이 아니라고 비판한다.[250] 옛 말을 따른다면 맹자가 "고집스럽도다, 고수(高叟)가 시를 해석함이여!"[251]라고 한 것이 바로 거기에 해당한다고 소라이는 말한다. 또 "널리 배워, 국한된 방향이 없다."[252]고 한 것이 바로 고집하지 않은 것을 가리키며, 공자에게 일정한 스승이 없었다는 것도[253] 한 스승의 설을 '고수[固]'하지 않았다는 말이라고 한다.[254] 그러므로 "학즉불고(學則不固)"를 주자는 "배워도 견고하지 못하다."라고 해석하고, 소라이는 "배움은 고집하지 않는다."라고 해석하고 있음을 알 수 있다.

---

246) 『論語徵』「學而」: 敦重者, 性也, 豈可强乎?

247) 『論語徵』「學而」: 不重謂非重事也.

248) 『論語徵』「學而」: 蓋祀與戎, 國之大事, 其它諸大禮, 重事也.

249) 『論語徵』「學而」: 君子愷悌以爲德, 故凡非重事, 不設威嚴.

250) 『論語徵』「學而」: 舊註不堅固, 非古言也.

251) 『孟子』「告子」: 公孫丑問曰, "高子曰, 小弁小人之詩也." 孟子曰, "何以言之?" 曰"怨." 曰"固哉, 高叟之爲詩也."

252) 『禮記』「內則」: 三十而有室, 始理男事, 博學無方.

253) 『論語』「子張」: "夫子焉不學, 而亦何常師之有?"

254) 『論語徵』「學而」: 傳曰, "博學無方." 孔子無常師, 謂不固守一師之說也. 固哉, 高叟之爲詩, 亦謂此也.

[자료 3 : 『논어』 원문 2]

"主忠信, 無友不如己者, 過則勿憚改."

[자료 4 : 주자의 주석 2]

人不忠信, 則事皆無實, 爲惡則易, 爲善則難. 故學者必以是爲主焉. 程子曰, "若無忠信, 豈復有物乎?"

[사람이 진실하고 미덥지 않으면 일이 모두 실질이 없어서 악을 행하는 것은 쉽고 선을 행하는 것은 어렵다. 그러므로 배우는 사람은 반드시 이것을 주로 삼는다. 정자가 말했다. "만약 진실과 믿음이 없다면 어찌 다시 사물이 존재할 수 있겠는가?"]

자료 4에서 정자는 "만약 충신이 없다면 어찌 다시 사물이 존재할 수 있겠는가?"라고 말했고, 주자는 "사람이 충신하지 않으면 일이 모두 실질이 없다."고 말했다. 소라이는 그런 해석도 가능하지만, 그런 해석이 너무 높고 깊기 때문에 굳이 따를 필요는 없다고 말한다.[255] 그들이 그렇게 충신을 높고 깊게 해석한 것은 오히려 성인이 가르치는 방법을 알지 못해서 도를 알지 못했기 때문이라는 것이다.[256] 그래서 소라이는 충신이란 증자가 4절에서 말한 것처럼 "남을 위하여 일을 꾀하면서 진실하고", "벗과 더불어 말하면서 미더운 것", 바로 그것이라고 강조하고 있다.[257] 이를 통해 소라이가 충신이란 정자와 주자가 말하는 바와 같은 고원한 것이 아니라, 바로 너와 내가 관계를 맺는 사이에 존재하는 것이라고 생각하고 있음을 알 수 있다.

---

255) 『論語徵』「學而」: 不必從程朱諸先生深其義可也.

256) 『論語徵』「學而」: 務深其解, 是不知道者也.

257) 『論語徵』「學而」: 忠信乃爲人謀, 而忠與朋友言而信之謂也.

이상 논의한 바에 따라 자료 1, 3의 『논어』 원문에 대한 주자와 소라이의 해석을 비교해보면 다음과 같다.

[주자의 해석]　공자가 말했다. "군자가 중후하지 않으면 위엄스럽지 아니하니 배워도 견고하지 못하다. 진실과 믿음을 주로 하며, 자기보다 못한 이를 벗 삼지 말며, 허물이 있으면 고치기를 꺼리지 말아야 한다."

[소라이의 해석]　공자가 말했다. "군자는 중요한 일이 아니면 위엄을 부리지 않고, 배움은 고집하지 않는다. 진실과 믿음을 주로 하며, 자기보다 못한 이를 벗 삼지 말며, 허물이 있으면 고치기를 꺼리지 말아야 한다."

9) 민덕귀후장(民德歸厚章) : 백성의 덕을 도탑게 하는 방법

[자료 1 : 『논어』 원문]

曾子曰, "愼終追遠, 民德歸厚矣."

[자료 2 : 주자의 주석]

愼終者, 喪盡其禮, 追遠者, 祭盡其誠. 民德歸厚, 謂下民化之, 其德亦歸於厚.

[장례를 삼가 치른다는 것은 장례에서 예를 다하는 것이고, 먼 조상을 추모한다는 것은 제사에서 정성을 다하는 것이다. 백성의 덕이 도타운 데로 돌아간다는 것은 아래에 있는 백성들이 교화되어서 그들의 덕이 또한 도타운 데로 돌아가는 것을 말한다.]

자료 2에서 주자는 신종(愼終)을 상(喪)과, 추원(追遠)을 제(祭)와 연결시켰는데, 진사이는 그것을 더 일반적으로 확장하여 "상례와 제례뿐만 아니라, 일이란 모두 마땅히 끝마무리를 조심히 하고 멀리까지 미쳐야 한다."[258]고 했다. 이에 대해서 소라이는 "대체로 후세의 유학자들은 선왕의 도를 알지 못하여 『논어』를 매 장(章)마다 모두 몸을 닦는 방법으로 생각했기 때문에 잘못 해석하고 있다."[259]고 비판하고 있다. 증자의 말을 구체적인 상례와 제례를 말하는 것으로 보아야 함에도 불구하고 수양 방법으로 일반화하려다 보니 문장의 본뜻을 왜곡하고 있다는 것이다.

이 장의 해석에 대한 주자와 소라이의 차이는 '귀후(歸厚)'를 주자는 "도타운 데로 돌아간다[歸於厚]"고 해석하는데 반해서 소라이는 "도타움을 돌이킨다."[260]고 해석하는 데 있다. 돌아가는 것이 방향에 중점을 두는 말이라면 돌이킨다는 것은 회복에 중점을 두는 말이라고 할 수 있겠다.

이상 논의한 바에 따라 자료 1의 『논어』 원문에 대한 주자와 소라이의 해석을 비교해보면 다음과 같다.

[주자의 해석] 증자가 말했다. "장례를 삼가 치르고 먼 조상을 추모하면 백성의 덕이 도타운 데로 돌아갈 것이다."

[소라이의 해석] 증자가 말했다. "장례를 삼가 치르고 먼 조상을 추모하면 백성의 덕이 도타움을 돌이킬 것이다."

---

258) 『論語徵』「學而」: 仁齋先生以謂不啻喪祭, 凡事皆當愼終追遠.

259) 『論語徵』「學而」: 大氐後儒不知先王之道, 以論語章章皆修身方法, 所以失之也.

260) 『論語徵』「學而」: 歸厚, 如歸仁. 先王之禮, 爲安民而設故爾. 朱註, 歸字不穩.

10) 온량공검양장(溫良恭儉讓章) : 사람을 대하는 태도

[자료 1 : 『논어』 원문]

子禽問於子貢曰, "夫子至於是邦也, 必聞其政, 求之與? 抑與之與?" 子貢曰, "夫子溫良恭儉讓以得之, 夫子之求之也, 其諸異乎人之求之與."

[자료 2 : 주자의 주석 1]

溫, 和厚也. 良, 易直也. 恭, 莊敬也. 儉, 節制也. 讓, 謙遜也. 五者, 夫子之盛德光輝接於人者也.

['온(溫)'은 온화하고 도타운 것이고, '양(良)'은 평탄하고 곧은 것이고, '공(恭)'은 씩씩하고 경건한 것이고, '검(儉)'은 절제하는 것이고, '양(讓)'은 겸손한 것이다. 이 다섯 가지는 공자의 훌륭한 덕이 빛나서 사람들에게 접한 것이다.]

이 장의 해석에서 소라이는 주자와 크게 다르지 않고, 다만 '온량공검양(溫良恭儉讓)'이라는 한 구절에 대한 주자의 주석에 이의를 제기하고 있다. 주자는 이 다섯 가지를 사람을 접할 때 자신이 갖는 위의(威儀)라고 생각했기 때문에 '온화'·'평이하고 곧음'·'공경'·'절제'·'겸손'으로 풀이했는데, 이 다섯 가지는 자신의 위의라기보다는 사람을 접하는 즈음에 '그렇게 대우하는' 태도라고 풀이하는 것이 옳다고 소라이는 주장한다.[261] 그러므로 소라이는 '온량공검양(溫良恭儉讓)'를 '온화함'·'훌륭함'·'공손함'·'절제함'·'사양함'이라고 풀이하는 것이다.

특히 주자는 '양(良)'을 '평이하고 곧음[易直]'이라고 풀이했는데, 소라

---

261) 『論語徵』「學而」: 朱註, 良易直也, 大失字義. 是其意以五德接人之威儀也, 故不得其解. ……溫其容也, 良其材也, 恭其處己也, 儉其制用也, 讓其接人之際也. 豈可謂之威儀乎哉?

이는 이것이 글자의 뜻을 크게 잃었다고 본다. 자신의 위의라고 생각했기 때문에 '평이하고 곧음'이라고 해석했는데, "팔다리 같은 신하가 훌륭하다",262) '훌륭한 재상', '훌륭한 말', '훌륭한 기술자', '훌륭한 의사', '훌륭한 세 사람'263)과 같은 용례를 볼 때 '양(良)'은 '훌륭함'으로 해석해야 올바르다는 것이다.264)

이상 논의한 바에 따라 자료 1의 『논어』 원문에 대한 주자와 소라이의 해석을 비교해보면 다음과 같다.

[주자의 해석]　자금이 자공에게 물었다. "선생님께서 이 나라에 이르시면 반드시 그 정치에 대해 들으시는데, 그것을 요구하신 것입니까? 아니면 허락하신 것입니까?" 자공이 말했다. "선생님께서는 온화하며 평이하고 곧으며 공경하며 절제하며 겸손함으로 그런 기회를 얻게 된 것이니, 선생님의 요구는 다른 사람들의 요구와 다르실 것이다."

[소라이의 해석]　자금이 자공에게 물었다. "선생님께서 이 나라에 이르시면 반드시 그 정치에 대해 들으시는데, 그것을 요구하신 것입니까? 아니면 허락하신 것입니까?" 자공이 말했다. "선생님께서는 온화하며 훌륭하며 공손하며 검소하며 사양함으로 사람을 대우함으로써 그런 기회를 얻게 된 것이니, 선생님의 요구는 다른 사람들의 요구와 다르실 것이다.

---

262) 『書經』「益稷」: 乃賡載歌, 曰 "元首明哉, 股肱良哉, 庶事康哉."

263) 『詩經』「秦風·黃鳥·序」: 黃鳥哀三良也, 國人刺穆公, 以人從死, 而作是詩也. 십삼경주(十三經注)에 "'삼량(三良)'은 '세 훌륭한 신하[三善臣也]'이다."라고 하였다.

264) 『論語徵』「學而」: 殊不知如股肱良哉, 良相, 良馬, 良工, 良醫, 三良, 皆以材良言之. 良豈有易直之義乎?

11) 부몰관행장(父沒觀行章) : 사람을 보는 방법

[자료 1 : 『논어』 원문]

子曰, "父在觀其志, 父沒觀其行, 三年無改於父之道, 可謂孝矣."

[자료 2 : 주자의 주석]

父在, 子不得自專, 而志則可知. 父沒, 然後其行可見. 故觀此足以知其
人之善惡. 然又必能三年無改於父之道, 乃見其孝. 不然, 則所行雖善, 亦
不得爲孝矣. 尹氏曰, "如其道, 雖終身無改可也, 如其非道, 何待三年?
然則三年無改者, 孝子之心有所不忍故也."

[아버지가 살아 계실 때에는 자식이 스스로 마음대로 할 수 없지만 뜻은 알 수 있
고, 아버지가 돌아가신 뒤에야 그 행동을 볼 수 있다. 그러므로 이것을 관찰하면 충분
히 그 사람의 선악을 알 수 있다. 그러나 또한 반드시 3년 동안 아버지의 도를 고치지
않을 수 있어야 효를 볼 수 있다. 그렇지 않다면 행동이 비록 선하더라도 또한 효라고
할 수 없다. 윤돈이 말했다. "만일 도리에 맞다면 비록 종신토록 고치지 않더라도 괜
찮지만, 만일 도리가 아니라면 어찌 3년을 기다리겠는가? 그렇다면 3년 동안 고치지
말라는 것은 효자의 마음에 차마 못하는 바가 있기 때문이다."]

　　자료 1의 『논어』 원문을 주자는 모두 공자의 말로 보는데 반해서 소
라이는 "父在, 觀其志, 父沒, 觀其行"[A]은 예부터 전해 내려온 말이고,
"三年, 無改於父之道, 可謂孝矣"[B]는 공자가 그 뜻을 보충한 것이라고
본다.[265] 그렇다면 주자는 "A하니 B이다."라고 해석하는 것이며, 소라

---

265) 『論語徵』 「學而」 : 此上二句蓋古語, 下二句孔子補其意.

이는 "A라는 말이 있는데 B이다."라고 해석하는 것이 된다.

자료 2 주자의 주석에서 윤돈은 "三年, 無改於父之道"에 대해 "만일 도가 아니라면 어찌 3년을 기다리겠는가?"라고 말했다. 이에 대해서 소라이는 공자의 말은 그것이 옳거나 옳지 않거나를 막론하고 삼 년 동안 고치지 않아야 효도라고 말할 수 있다는 것을 의미한다고 본다.[266] 예를 들어 이단들이 그들의 도를 옳다고 여겨서 아버지가 돌아가신 다음에 그 도를 삼 년 동안 고치지 않더라도 역시 효도라고 말할 수 있다는 것이다.[267] 이처럼 소라이는 공자가 이 문장에서 효도냐 아니냐를 따지고 있을 뿐, 그 도가 옳으냐 아니냐를 따지고 있는 것은 아니라고 주장한다.

소라이는 윤돈이 도가 옳으냐 아니냐를 따지게 된 것은 혹시 그 도가 옳지 않은 도라서 국가에 해를 끼치지 않을까 걱정해서라고 추론한다.[268] 그러나 소라이는 옳지 않은 도를 고치지 않아 국가에 해를 끼치더라도 그것을 효도라고 할 수 있는 데는 변함이 없다고 주장한다. 그것이 바로 사람을 보는 방법이라는 것이다. 윤돈과 같은 경우는 효도가 모든 덕을 갖추기를 바라기 때문에 그 효도가 옳으냐 옳지 않으냐를 따지는데, 그런 식으로 본다면 효도 하나면 되지 우애·공손·진실·믿음·인·의·용·지 등의 각종 조목을 세울 필요가 어디에 있느냐고 반문한다.[269]

---

266) 『論語徵』「學而」: 蓋孔子之意, 無論善不善, 三年無改, 可謂孝矣.

267) 『論語徵』「學而」: 其它如後世楊墨佛老, 奉之者自以爲道, 苟有不善, 改之爲是, 而尙且不改, 亦可謂之孝矣.

268) 『論語徵』「學而」: 後儒所以疑焉者, 以父有大惡, 如桀紂所爲, 而子不改之, 則有害於家國也.

269) 『論語徵』「學而」: 後儒言孝, 則必欲孝備百德. 若孝必備百德, 則君子之道, 一孝而足, 何煩立友悌忠信仁義勇智種種之目哉?

그 사람의 행위가 혹 도에 다 합치되지는 못하더라도 진실로 효의 덕에 합치되면 성인이 취하는 것이 옛날의 도이다. 후세의 유학자들은 성인의 도를 알지 못했으니, 성인의 말에 의심을 품은 것이 당연하다.[270]

공자가 그 도가 옳으냐 그르냐에 상관없이 삼 년을 아버지의 도를 고치지 않으면 효도라고 할 수 있다고 한 것은 그 사람에게 모든 것을 요구한 것이 아니라 효도의 덕만을 인정해준 것인데, 윤돈과 같은 사람은 그러한 공자의 참뜻을 알지 못하고 효도를 행한 사람에게 다른 덕까지도 요구하고 있으니 성인을 이해하지 못한 것이며, 이것은 결코 사람을 판단하는 방법이 될 수 없다는 것이다.

이상 논의한 바에 따라 자료 1의 『논어』 원문에 대한 주자와 소라이의 해석을 비교해보면 다음과 같다.

[주자의 해석]　　공자가 말했다. "아버지가 계실 때에는 자식의 뜻을 살피고, 아버지가 돌아가셨을 때에는 자식의 행동을 살피는 것이니, 삼 년 동안 아버지의 도를 고치지 않아야 효도라고 말할 수 있을 것이다."

[소라이의 해석]　　공자가 말했다. "'아버지가 계실 때에는 자식의 뜻을 살피고, 아버지가 돌아가셨을 때에는 자식의 행동을 살핀다.'는 말이 있는데, 삼 년 동안 아버지의 도를 고치지 않아야 효도라고 말할 수 있을 것이다."

---

270) 『論語徵』「學而」: 其人所爲, 或未盡合於道, 而苟合於孝德, 則聖人取之, 古之道也. 後儒之不知聖人之道, 宜其有疑於聖人之言也.

12) 예용화위귀장(禮用和爲貴章) : 예는 선왕이 만든 도이다

[자료 1 : 『논어』 원문 1]

有子曰, "禮之用和爲貴, 先王之道, 斯爲美. 小大由之, 有所不行."

[자료 2 : 주자의 주석 1]

蓋禮之爲體雖嚴, 然皆出於自然之理. 故其爲用, 必從容而不迫, 乃爲可貴.

[예의 본체는 비록 엄하지만, 모두 저절로 그러한 이치에서 나온다. 그러므로 그 작용은 반드시 조용하고 급박하지 않아야 귀할 만한 것이 된다.]

자료 2에서 주자는 "예지용화위귀(禮之用和爲貴)"를 주석하여 "그 작용은 반드시 조용하고 급박하지 않아야 귀한 것이 된다."고 주석하였다. 이 주석은 "예지용화위귀(禮之用和爲貴)"를 "예지용(禮之用), 화위귀(和爲貴)"라고 구절을 떼어 "예의 쓰임은 조화를 귀하게 여긴다."고 해석하는 것이다. 그러나 소라이는 "예지용화위귀(禮之用和爲貴)"는 중간에 구절을 떼면 안 되고 문장 전체를 붙여서 해석하되, '용(用)'을 '이(以)'로 보아 "예지이화위귀(禮之以和爲貴)"로, 즉 "예는 조화를 귀한 것으로 삼는다."고 해석해야 한다고 말한다. 예를 들어 『예기』에서도 '용(用)'을 '이(以)'로 써서 "예지이화위귀(禮之以和爲貴)"라고 하는데, 옛 글이 대체로 그렇다는 것이다.[271] 사실 '용(用)'과 '이(以)'를 서로 바꾸어 쓸 수 있다는 것은 한문의 기본 문법이기도 하다.

---

271) 『論語徵』「學而」: 禮之用和爲貴, 不可中間斷句. 戴記禮之以和爲貴, 用訓以, 古書率然.

또한 주자는 원문 전체를 "禮之用, 和爲貴, 先王之道, 斯爲美, 小大由之"와 "有所不行, 知和而和, 不以禮節之, 亦不可行也"의 두 부분으로 나누어 '유소불행(有所不行)'을 뒷부분에 붙였다. 그러나 소라이는 문장을 그렇게 나누면 '역불가행야(亦不可行也)'의 '역(亦)'의 글자가 무의미하게 된다고 말하고, 원문 전체를 "禮之用和爲貴, 先王之道, 斯爲美, 小大由之, 有所不行"과 "知和而和, 不以禮節之, 亦不可行也"의 두 부분으로 나누어야 한다고 주장한다. 소라이는 이런 것을 보면 주자가 옛 문사(文辭)에 어두웠다는 것을 알 수 있다고 말하고 있다.[272]

[자료 3 : 『논어』 원문 2]

"知和而和, 不以禮節之, 亦不可行也."

[자료 4 : 주자의 주석 2]

范氏曰, "凡禮之體, 主於敬, 而其用則以和爲貴."

[범조우가 말했다. "예의 본체는 경을 주로 하고 그 작용은 조화를 귀한 것으로 여긴다."]

자료 2에서 주자는 "예의 본체가 비록 엄하지만, 모두 저절로 그러한 이치에서 나왔기 때문에 그 작용은 반드시 조용하고 급박하지 않아야 귀한 것이 된다."고 말했고, 자료 4에서 범조우(范祖禹)는 "예의 본체는 경을 주로 하고 그 작용은 조화를 귀한 것으로 여긴다."고 했다. 소라이는 이렇게 예를 본체와 작용으로 설명하는 것을 불교의 영향을 받은 것

---

272) 『論語徵』「學而」: 不者, 亦不可行也亦字, 爲無謂矣. 朱子以屬下, 昧乎古文辭也.

으로 잘못이라고 주장한다. 예는 선왕이 만든 도로서 본성도 아니고 덕도 아니라는 것이다.[273] 예를 들어 『예기』 「연의」에 "조화로움과 편안함은 예의 작용이다."라고 했는데, 그것은 예를 쓰면 국가가 조화롭고 편안하다는 말이지, 본체와 작용이라고 할 때의 작용이라는 의미로는 결코 풀이할 수 없다는 것이다.[274]

이상 논의한 바에 따라 자료 1, 3의 『논어』 원문에 대한 주자와 소라이의 해석을 비교해보면 다음과 같다.

[주자의 해석]　　유자가 말했다. "예의 작용은 조화가 귀함이 되니, 선왕의 도는 이것을 아름다움으로 삼는다. 작고 큰 일이 이것을 따를 것이다. 행하지 못할 것이 있으니 조화로움을 알아서 조화롭게만 하고 예를 가지고 절제하지 않으면 또한 행하지 못할 것이다."

[소라이의 해석]　　유자가 말했다. "예에서 조화로움을 쓰는 것이 귀하니, 선왕의 도는 이것을 아름다움으로 삼는다. 작고 큰 일이 이것을 따르나 행하지 못할 것이 있다. 조화로움을 알아서 조화롭게만 하고 예를 가지고 절제하지 않으면 또한 행하지 못할 것이다."

---

273) 『論語徵』 「學而」 : 禮先王所作, 道也, 非性亦非德.

274) 『論語徵』 「學而」 : 燕義曰, "和寧禮之用也." 此言用禮則國家和寧也, 豈體用之用乎?

13) 신근어의장(信近於義章) : 학문의 도리

[자료 1 : 『논어』 원문]

有子曰, "信近於義, 言可復也, 恭近於禮, 遠恥辱也, 因不失其親, 亦可宗也."

[자료 2 : 주자의 주석]

因, 猶依也, 宗, 猶主也. …… 所依者不失其可親之人, 則亦可以宗而主之矣.

['인'은 의지하는 것과 같고, '종'은 주인으로 삼는 것과 같다. …… 의지하는 것이 친할 만한 사람을 잃지 않으면, 마루로 하여 주인으로 삼을 수 있다.]

주자는 자료 1의 『논어』 원문 전체가 유자의 말이라고 생각했으나, 소라이는 "신근어의(信近於義)", "공근어예(恭近於禮)", "인불실기친(因不失其親)"은 옛 글에 실린 옛 사람의 덕행을 인용한 것이고, "언가복야(言可復也)", "원치욕야(遠恥辱也)", "역가종야(亦可宗也)"는 유자의 풀이라고 주장한다. 문장을 볼 때 '복(復)'과 '욕(辱)'이 운이 맞고 '친(親)'과 '종(宗)'이 운이 맞기 때문에 그렇게 보아야 한다는 것이다.[275] 또한 학문의 도리로 말하더라도 의에 '마땅한' 것을 귀하게 여기고 예에 '마땅한' 것을 귀하게 여기는 것이지, 의에 '가깝고' 예에 '가까운' 것으로 사람을 가르친다는 것은 말이 되지 않는다고 본다. 그러므로 소라이는 주자가 원문 전체를 유자가 사람을 가르치는 말이라고 생각한 것을 잘못이라고 결론을 내린다.[276] 그래서 소라이는 "신근어의(信近於義)"로부터 "원

---

275) 『論語徵』「學而」: 信近於義, 恭近於禮, 因不失其親, 此三言, 引古書載古人之德也. 言可復也, 遠恥辱也, 亦可宗也, 此三言, 有子釋之. 何以知其然. 以其辭也. 且復協辱, 親協宗.

치욕야(遠恥辱也)"까지의 문장을 다음과 같이 해설하였다.

그 사람됨이 말을 실행할 수 있고 그 말한 것이 선왕의 의로부터 크게 멀지 않으므로, 유자가 찬미하여 말하기를 "이와 같다면 그 말을 참으로 실행할 수 있을 것이다. 만약 혹 선왕의 의에서 어긋나면 실행하고자 해도 할 수 없다."고 한 것이다. 그 사람됨이 공손하고, 선왕의 예로부터 크게 멀지 않으므로, 유자가 찬미하여 말하기를, "이와 같다면 반드시 치욕을 멀리할 것이다. 만약 혹 선왕의 예에서 어긋나면 도리어 치욕을 초래할 것이다."라고 한 것이다.[277]

또한 주자는 '인(因)'을 '의지함'으로 주석했는데, 소라이는 정현의 주석을 따라서 '인척과의 친함'으로 주석하는 것이 옳다고 본다. 소라이는 "주자는 "'인'은 의지하는 것과 같고 '종'은 주인으로 삼는 것과 같다.'고 풀이했고, 또한 친한 사람을 잃지 않는 것으로 풀이했는데, 무엇에 근거했는지 알 수 없으니, 천착하였다고 말할 만하다."[278]라고 비판한다. 그래서 "因不失其親, 亦可宗也"에 대해서 다음과 같이 해설하였다.

사람이 인척과 친하면 친족이 대부분 떠나는데, 지금 그 사람됨이 인척과 친하면서도 친족이 떠나지 않으므로, 유자가 찬미하여 말하기를 "이와 같다

---

276) 『論語徵』「學而」: 夫學問之道, 貴當義, 貴踐禮, 未聞以近於義, 近於禮, 誨人者. 故朱子以爲有子誨人之言者誤矣.

277) 『論語徵』「學而」: 其爲人能踐言, 而其所言與先王之義不大相遠, 有子贊之曰, "若是乎其言誠可踐焉. 若或乖先王之義, 則欲踐之不可得也." 其爲人恭, 而與先王之禮不大相遠, 有子贊之曰, "若是乎必遠恥辱焉. 若或違先王之禮, 則反招恥辱也."

278) 『論語徵』「學而」: 子解, 因猶依也, 宗猶主也, 又以不失其可親之人爲解, 未知何據, 可謂鑿矣.

면 또한 그에게 돌아가 받들 수 있다."고 한 것이니, 친족이 그를 우두머리로
삼는다는 말이다.[279)]

이상 논의한 바에 따라 자료 1의 『논어』 원문에 대한 주자와 소라이
의 해석을 비교해보면 다음과 같다.

[주자의 해석] 　유자가 말했다. "약속이 의에 가까우면 말을 실행할
수 있으며, 공손함이 예에 가까우면 치욕을 멀리할 수 있으며, 의탁함
이 그 친할 만한 사람을 잃지 않으면 또한 우두머리로 삼을 수 있을 것
이다."

[소라이의 해석] 　유자가 말했다. "말을 실행함이 의에 가깝다고 하는
데, 이와 같다면 말을 실행할 수 있고, 공손함이 예에 가깝다고 하는데,
이와 같다면 치욕을 멀리할 수 있으며, 인척과 친하면서도 친족을 잃지
않는다고 하는데, 이와 같다면 또한 우두머리로 삼을 수 있을 것이다."

14) 가위호학장(可謂好學章) : 배움은 선왕의 도를 배우는 것이다

[자료 1 : 『논어』 원문]

　子曰, "君子食無求飽, 居無求安, 敏於事而愼於言. 就有道而正焉, 可
謂好學也已."

---

279) 『論語徵』 「學而」: 人親外族, 則本宗多離, 今其爲人, 能親外族, 而本親不離, 有子贊之曰,
"若是乎亦可以歸而奉之焉", 謂親族宗之也.

[자료 2 : 주자의 주석]

不求安飽者, 志有在而不暇及也. 敏於事者, 勉其所不足, 謹於言者, 不敢盡其所有餘也. 然猶不敢自是 而必就有道之人, 以正其是非, 則可謂好學矣. 凡言道者 皆謂事物當然之理 人之所共由者也

[편안함과 배부름을 구하지 않는 것은 뜻이 다른 데 있어서 미칠 겨를이 없기 때문이다. 일에 민첩한 것은 부족한 것에 대해 힘쓰는 것이고, 말을 삼가는 것은 감히 남은 말을 다하지 못하는 것이다. 그러나 오히려 감히 스스로를 옳다고 여기지 않고, 반드시 도를 가진 사람에게 나아가서 옳고 그름을 바르게 한다면 배움을 좋아한다고 말한 만하다.]

주자는 자료 2에서 자료 1 『논어』 원문의 "食無求飽, 居無求安, 敏於事而愼於言, 就有道而正焉"을 모두 군자의 행위로서 배움을 좋아하는 일로 보았다. 그러나 소라이는 "食無求飽, 居無求安, 敏於事而愼於言"[A]은 군자의 행위이기는 하지만 배움을 좋아하는 일이라고 할 수는 없으므로 문장을 여기에서 끊고, "취유도이정언(就有道而正焉)"[B]만을 배움을 좋아하는 일로 간주하여 "가위호학야이(可謂好學也已)"에 붙여야 한다고 본다. 공자가 말하는 배움은 선왕의 도를 배우는 것인데 도를 가진 사람이 선왕의 도를 보존하고 있기 때문에 그에게 나아가 바르게 하는 것을 배움을 좋아한다고 말할 수 있다는 것이다.[280]

소라이는 주자나 송대의 다른 학자들이 이처럼 [A]까지 배움을 좋아하는 일로 파악하게 된 것은 그들이 선왕의 도를 알지 못하고 『논어』를 수신(修身)을 중심으로 풀이했기 때문이라고 본다.[281] [A]를 군자의 행위를

---

280) 『論語徵』 「學而」 : 凡孔子所謂學, 學先王之道也. 有道謂身有道藝者也. 先王之道存焉, 故就有道而正焉, 謂之好學也.

서술한 것이 아니라 군자가 수양해야 할 일로 파악하여 [B]와 연결하여 "그렇게 하면 배움을 좋아한다고 말할 수 있다."고 해석했다는 것이다.

이상 논의한 바에 따라 자료 1의 『논어』 원문에 대한 주자와 소라이의 해석을 비교해보면 다음과 같다.

[주자의 해석]　공자가 말했다. "군자가 먹음에 배부름을 구하지 않으며, 거처함에 편안함을 구하지 않으며, 일에 민첩하며, 말을 신중하게 하고, 도를 가진 사람에게 나아가 바르게 한다면 배움을 좋아한다고 말할 만하다."

[소라이의 해석]　공자가 말했다. "군자는 먹음에 배부름을 구하지 않으며, 거처함에 편안함을 구하지 않으며, 일에 민첩하며, 말을 신중하게 한다. 그러면서도 도를 가진 사람에게 나아가 바르게 한다면 배움을 좋아한다고 말할 만하다."

15) 절차탁마장(切磋琢磨章) : 절차탁마

[자료 1 : 『논어』 원문 1]

子貢曰, "貧而無諂, 富而無驕, 何如?" 子曰, "可也, 未若貧而[好]樂, 富而好禮者也."

---

281) 『論語徵』「學而」: 後世不知學, 宋諸老先生, 脩身之說勝, 而先王之道荒, 遂連上三言爲好學之事.

[자료 2 : 주자의 주석 1]

樂則心廣體胖, 而忘其貧, 好禮則安處善.

[즐거우면 마음이 넓어지고 몸이 퍼져서 가난을 잊고, 예를 좋아하면 선에 처함을 편안하게 여긴다.]

주자는 "빈이락(貧而樂)"의 '락(樂)'을 '즐거움'으로 풀이해서 "빈이락 (貧而樂)"은 "가난하면서도 즐거워한다."고 해석했다. 그러나 소라이는 뒤 구절의 "부이호례(富而好禮)"를 참고해볼 때, 또 『예기』「방기(坊記)」에 도 "빈이호락(貧而好樂)"이라고 한 것을 볼 때 '락(樂)'자 앞에 '호(好)'자 가 빠져 있다고 추론한다.[282] 그렇다면 "貧而樂, 富而好禮"를 주자는 "가난하면서도 즐거워하고 부유하면서도 예를 좋아한다."고 해석하고, 소라이는 "가난하면서도 음악을 좋아하고 부유하면서도 예를 좋아한 다."고 해석한 것이다. 소라이는 주자가 "빈이락(貧而樂)"을 "가난하면 서도 즐거워한다."고 해석한 것은 『논어』의 "거친 밥을 먹고 물을 마신 다."[283]거나 "한 밥그릇의 밥과 한 표주박의 물을 마신다."[284]라는 말의 영향을 받고, 그것을 개인 수양의 방법으로 해석했기 때문이라고 설명 한다.[285] 주자와 같은 심학자(心學者)들은 공자의 도가 선왕의 도라는 것 을 잊고 증자만 높이고 자공과 같은 다른 현자들을 경시했기 때문에 그 런 잘못된 해석을 했다는 것이다.[286]

---

282) 『論語徵』「學而」: 樂讀如字. 上脫一好字.

283) 『論語』「述而」: 子曰, "飯蔬食飮水, 曲肱而枕之, 樂亦在其中矣. 不義而富且貴, 於我如浮雲."

284) 『論語』「雍也」: 子曰, "賢哉, 回也. 一簞食, 一瓢飮, 在陋巷, 人不堪其憂, 回也不改其樂. 賢 哉, 回也."

285) 『論語徵』「學而」: 是後儒因有飯蔬荒食飮水一簞食一瓢飮, 而遂誤耳.

소라이는 "빈이락(貧而樂)"을 "가난하면서도 음악을 좋아한다."고 해석하기 때문에 "貧而無諂, 富而無驕", "貧而樂, 富而好禮"를 모두 백성을 그렇게 만드는 것이라고 이해한다.[287] 앞 문장은 자공이 정치를 하면서 백성들로 하여금 가난하면서도 아첨하지 않고 부유하면서도 교만하지 않도록 하면 어떠냐고 말한 것이고, 뒤 문장은 공자가 백성들로 하여금 가난하면서도 음악을 좋아하며 부유하면서도 예를 좋아하게 하는 것만 같지 못하다고 대답했다는 것이다. 공자가 그렇게 대답했던 이유는 "정치와 형벌을 가지고 백성을 다스리더라도, 백성들로 하여금 가난하면서도 아첨함이 없고 부유하면서도 교만함이 없게 할 수 있지만, 예악으로 백성을 다스리는 데 이른 이후에야 백성들로 하여금 가난하면서도 음악을 좋아하며, 부유하면서도 예를 좋아하게 할 수[288] 있기 때문이라는 것이다.

[자료 3 : 『논어』 원문 2]

子貢曰, "詩云, 如切如磋, 如琢如磨, 其斯之謂與."

[자료 4 : 주자의 주석 2]

子貢, 自以無諂無驕爲至矣, 聞夫子之言, 又知義理之無窮, 雖有得焉, 而未可遽自足也. 故引是詩而明之

[자공은 스스로 아첨과 교만이 없는 것을 지극하다고 생각했다가 공자의 말은 들

---

286) 『論語徵』 「學而」 : 大氏後世心學盛, 而忘孔子之道, 爲先王之道, 道統之說興, 而獨尊曾子, 輕視諸賢, 故其失有若是者焉.

287) 『論語徵』 「學而」 : 子貢自言爲政, 而使民如此如何.

288) 『論語徵』 「學而」 : 以政刑治民, 猶足能使民貧而無諂, 富而無驕矣. 至於以禮樂治民, 而後能使民貧而好樂, 富而好禮焉.

고서는 또한 의리가 무궁함을 알아 비록 터득함이 있더라도 갑자기 스스로 만족해서는 안 됨을 알았다. 그러므로 이 시를 인용해서 밝혔다.]

주자는 자료 4에서 자공이 이 시를 인용한 것은 "貧而無諂, 富而無驕"가 지극한 경지라고 알았다가 공자의 말을 듣고는 의리가 무궁함을 알아 더욱 정진하겠다는 뜻으로 이 말을 한 것이라고 해설하고 있다. 그러나 소라이는 자공 이전의 사람들은 "如切如磋, 如琢如磨"를 오직 학문의 일이라고 생각했는데, 자공은 그것을 백성을 교화하는 것과 관련시켜서 백성을 교화하는 도가 학문에 있다는 것을 밝혔기 때문에 공자가 찬탄한 것이라고 해설하고 있다.[289]

[자료 5 : 『논어』 원문 3]

子曰, "賜也始可與言詩已矣. 告諸往而知來者."

[자료 6 : 주자의 주석 3]

往者, 其所已言者, 來者, 其所未言者.
[지난 것은 이미 말한 것이고, 오는 것은 아직 말하지 않은 것이다.]

자료 6에서 주자는 '왕(往)'을 '이미 말한 것'으로, '래(來)'를 '아직 말하지 않은 것'으로 주석했다. 자공이 이미 말해준 것을 통해서 아직 말하지 않은 것을 안다고 공자가 찬탄한 것이라고 이해하고 있는 것이다. 그러나 소라이는 '왕(往)'을 '효과[效]'로, '래(來)'를 '유래(由來)'로 주석

---

289) 『論語徵』「學而」: 人之於是詩, 唯以爲學問之事, 子貢以爲化民之道, 所以嘆也.

했다.[290] 자공에게 효과를 말해주니 유래를 알았기 때문에 공자가 찬탄한 것이라고 이해하고 있는 것이다. 소라이에 의하면 '효과[效]'는 "가난하면서도 음악을 좋아하고 부유하면서도 예를 좋아하는 것"이고, '유래(由來)'는 "자르는 듯하고 미는 듯하며 쪼는 듯하고 가는 듯한 것"이다. "가난하면서도 음악을 좋아하며, 부유하면서도 예를 좋아하는 것은 자르는 듯하고 미는 듯하며 쪼는 듯하고 가는 듯하는 것으로부터 온다. 그리고 자르는 듯하고 미는 듯하며 쪼는 듯하고 가는 듯함으로써 음악을 좋아하고 예를 좋아하는 데로 갈 수 있다."[291]는 것이다.

이상 논의한 바에 따라 자료 1, 3, 5의 『논어』 원문에 대한 주자와 소라이의 해석을 비교해보면 다음과 같다.

[주자의 해석]　자공이 말했다. "가난하면서도 아첨함이 없고 부유하면서도 교만함이 없으면 어떻습니까?" 공자가 말했다. "괜찮으나 가난하면서도 즐거워하며, 부유하면서도 예를 좋아하는 사람만 같지 못하다." 자공이 말했다. "『시경』에 말하기를 '자르는 듯하고 미는 듯하며, 쪼는 듯하고 가는 듯하도다.'라고 했으니 이것을 말한 것입니까?" 공자가 말했다. "사(賜)는 비로소 함께 시를 말할 만하다. 지난 것을 알려주니 오는 것을 아는구나."

[소라이의 해석]　자공이 말했다. "백성들로 하여금 가난하면서도 아

---

290) 『論語徵』「學而」: 往者, 謂其效也, 來者, 謂其所由來也.

291) 『論語徵』「學而」: 貧樂富好禮, 自切磋琢磨來, 而切磋琢磨, 可以往於樂與好禮.

첨함이 없고, 부유하면서도 교만함이 없게 하면 어떻습니까?" 공자가 말했다. "괜찮으나 가난하면서도 음악을 좋아하며, 부유하면서도 예를 좋아하게 하는 것만 같지 못하다." 자공이 말했다. "『시경』에 말하기를 '자르는 듯하고 미는 듯하며, 쪼는 듯하고 가는 듯하도다.'라고 했으니 이것을 말한 것입니까?" 공자가 말했다. "사(賜)는 비로소 함께 시를 말할 만하다. 효과를 알려주니 유래를 아는구나."

16) 환부지인장(患不知人章) : 남의 재주를 알아서 쓰라

[자료 1 : 『논어』 원문]

子曰, "不患人之不己知, 患不知人也."

[자료 2 : 주자의 주석]

尹氏曰, "君子求在我者, 故不患人之不己知. 不知人, 則是非邪正, 或不能辨, 故以爲患也."

[윤돈이 말했다. "군자는 나에게 있는 것을 구하기 때문에 남이 자기를 알아주지 않는 것을 근심하지 않는다. 남을 알지 못하면 옳거나 그름, 굽거나 바름을 혹 구별할 수 없기 때문에 근심으로 삼는다."]

자료 2에서 주자는 윤돈의 주석만을 인용하였다. 소라이는 이처럼 이 문장을 "남과 나, 옳고 그름, 굽고 바름"이라는 수양론적 기준을 가지고 해석하면 그 적용의 범위가 너무 좁아지고 만다고 비판한다.[292] 그리고서 소라이는 이 문장을 '다스림'과 관련지어서 설명한다. 즉, 배움으로 덕을 이루는 것은 장차 세상에 쓰려는 것인데 세상이 나를 알아주지 않으면 걱정하는 것이 마땅하지만, 군자는 명을 알기 때문에 걱정하지 않은 뿐이라는 것이다.[293) 또 국가를 다스릴 때 남을 알지 못한다면 그를 쓸 수 없기 때문에 남을 알지 못하는 것을 걱정한다는 것이다.[294)

그러므로 소라이에 의하면 공자가 다른 사람에 대해 알라고 하는 것은 그 사람이 재능이 있느냐의 여부이지 옳거나 그름, 굽거나 바름이 아니다.[295) 다른 사람에 대해 알려고 하는 목적이 그 사람을 등용해서 국가를 다스리는 것이기 때문이다.

이상 논의한 바에 따라 자료 1의 『논어』 원문에 대한 주자와 소라이의 해석을 비교해보면 다음과 같다.

[주자의 해석]　　공자가 말했다. "남이 자기를 알아주지 못함을 걱정하지 말고, 남을 알지 못함을 걱정해야 한다."

[소라이의 해석]　　공자가 말했다. "남이 자기의 재주를 알아주지 못함을 걱정하지 말고, 남의 재주를 알지 못함을 걱정해야 한다."

292) 『論語徵』「學而」: 然人我是非, 宋儒窠窟, 小哉.

293) 『論語徵』「學而」: 學以成德, 將用諸世, 而世不我知, 莫所用之. 迺負其初志, 學者之患, 不亦宜乎. 祇君子貴知命, 故不患焉耳.

294) 『論語徵』「學而」: 天或命我以國家, 不知人則何以用之.

295) 『論語徵』「學而」: 知人者, 將以器使之也. 器使之道, 天下無棄材也.

3. 맺음말

이 장은 주자와 소라이의 『논어』 「학이」장에 대한 주석을 비교·검토하여 그들의 주석을 반영한 해석을 제시하는 것이었는데, 주석을 비교·검토하는 과정에서도 또한 그들의 『논어』 해석의 특징을 재차 확인하거나 또 2장과 3장에서 제시하지 않았던 또 다른 특징도 발견할 수 있었다. 그것은 다음과 같다. 첫째, 소라이는 『논어』를 해석하면서 그의 고문사학(古文辭學)이라는 방법을 적용하였다. 즉, 『논어』보다 앞서거나 최소한 『논어』와 동시대인, 혹은 이를 반영하는 후대 고문의 사(辭)를 연구하고 그 바탕 위에서 『논어』를 해설해야 한다는 것이었다. 둘째, 소라이에게 배움이란 마음속으로 파고 들어가 거기에서 본래 주어진 어떤 것을 찾아 확충해 가는 것이 아니라 선왕이 이미 제시해놓은 구체적이고 외적인 법칙을 배우는 것을 말한다. 그러므로 익힌다는 것도 몸으로 선왕의 가르침을 실천하는 것을 가리킨다. 셋째, 소라이는 선왕의 도는 예악이며, 그것은 시·서·예·악에 실려 있다고 본다. 따라서 시·서·예·악으로 대표되는 문(文)은 결코 말단적인 것으로 볼 수 없다. 넷째, 소라이는 『논어』를 해석할 때 기본적으로 그것을 '배우는 사람이 스스로를 다스리는 일'을 말한 것으로 해석하지 말고 '천하를 다스리는 일'을 말한 것으로 해석할 것을 주문한다. 예컨대 소라이에 의하면 절차탁마도 학문만을 말하는 것이 아니라 백성을 교화하는 일과 관련을 가질 때만 진정한 의미를 갖는 것이며, 남을 아는 것도 그 사람의 인간성을 아는 것보다는 국가를 다스리는 데 도움이 되는 재능이 있느냐의 여부를 보는 것이다. 다섯째, 인을 '사랑의 이치이며 마음의 덕'이라고 풀이하는 주자와는 달리 소라이는 인을 '천하를 편안하게 하는 것'으로 풀이한다. 여섯째, 소라이는 경(敬)을 철저하게 외적인 공경으로 풀이하고 있다. 이는 일본 사상의 특징을 소라이도 전형적으로 드러내고 있는 것이라고 평가할 수 있다.

제4부

『맹자』해석

제1장

주자와 이토 진사이의 『맹자』 해석

1. 머리말

맹모삼천의 고사를 잘 알고 있는 사람들은 맹자의 아버지가 일찍 죽고 맹자가 어머니에 의해 양육되었다고 생각한다. 이에 대해서 진사이는 『맹자고의』에서 『맹자』의 원문에 의거하여 그러한 생각이 잘못되었음을 논증하고 있다. 『맹자』 「양혜왕하」에 노나라 평공이 맹자를 등용하려다가 장창의 방해로 무산된 일이 기록되어 있다. 이에 맹자의 제자인 악정자가 임금에게 "임금께서는 어찌하여 맹가를 보지 않으셨습니까?"라고 묻자, 임금은 "어떤 사람이 나에게 맹자가 아버지 상보다 어머니 상을 성대하게 치렀다고 하기에 가서 만나보지 않았다."라고 대답했다. 이에 악정자는 맹자가 아버지 상을 사(士)로서 치렀고, 어머니 상은 대부로서 치렀다고 말해주었다.

진사이는 악정자의 바로 이 말, 즉 아버지 상을 사로서 치렀고 어머니 상을 대부로서 치렀다는 말에 근거해서 맹자의 아버지가 맹자가 어릴 적에 사망한 것이 아니라고 주장하였다. "맹자가 아버지를 잃었을 때 이미 사가 되었으니, 어려서 어머니에 의해 양육되지 않았음을 알 수 있다."는 것이다. 이렇게 진사이는 『맹자』 본문에 의거하여 맹자가 어려서 아버지를 잃지 않았음을 논증하였다. 다른 어떤 저서보다도 『맹자』 자체가 가장 믿을 수 있는 저작이라고 볼 때, 『맹자』에 의거하여 맹자의 생애를 논한 것은 탁견이라고 할 수 있다. 마찬가지로 진사이는 『맹자』를 해석하면서도 이전에 전해 내려온 설이나 이전 학자들의 견해에 사로잡히지 않고, 『맹자』 원문에 의거하여 스스로의 주장을 증명해 나갔다. 이 장에서는 이러한 진사이의 『맹자』 해석을 주자의 해석과 비교함으로 그 특징을 드러내며 고찰해보고자 한다. 글을 전개하면서 진사이의 『맹자고의(孟子古義)』를 주 자료로 삼고, 『어맹자의(語孟字義)』를 보조 자료로 삼았다.

2. 『맹자』의 체제와 지위

『맹자』의 저자에 대해서는 맹자 자신의 저작이라는 설과 문인들이 편집한 것이라는 설이 있다. 주자는 기본적으로 『맹자』가 맹자 자신의 저술이라는 점을 인정하였다. "『논어』는 문하의 제자들이 편집한 것이 많기 때문에 언어가 때때로 길기도 하고 짧기도 해서 동일하지 않은 곳이 있다. 『맹자』는 아마도 스스로 지은 책이기 때문에 처음부터 끝까지 문자가 한 체제이고 결점이 없다. 스스로 손을 대어 쓴 것이 아니라면, 어떻게 이와 같이 훌륭할 수 있겠는가?"[1]라는 것이다. 그러면서도 주자는 『맹자집주』 「서설」에서는 "천하가 바야흐로 합종과 연횡에 힘써서 공벌하는 것을 훌륭하다고 여겼는데, 맹자는 요순과 삼대의 덕을 말하였기 때문에 가는 데마다 합치하지 않아서 물러나 만장의 무리와 더불어 『시』와 『서』를 차례 짓고 공자의 뜻을 서술하여 『맹자』 7편을 지었다."[2]라고 하여 맹자가 만장의 무리와 더불어 맹자를 지었다고 함으로써, 『맹자』의 저술에 제자인 만장이 간여하였음을 인정하고 있다. 즉, 주자는 『맹자』가 기본적으로 맹자의 저술이지만, 제자들이 편집한 부분도 있다고 인정하고 있는 것으로 보인다.

진사이는 『맹자』의 체제가 「양혜왕」, 「등문공」이 한 체제, 「이루」, 「진심」이 한 체제, 「공손추」, 「만장」, 「고자」가 한 체제라는 점을 들어, 「공손추」와 「만장」은 맹자의 제자인 공손추와 만장이 기록한 것이고, 다른 편은 문인들이 편집하면서 맹자 자신의 서술을 섞어 넣은 것으로 추측하였다.[3] 또한 진사이에 의하면 「이루」는 맹자 자신이 지은 것이다.[4]

『맹자』는 「양혜왕」, 「공손추」, 「등문공」, 「이루」, 「만장」, 「고자」, 「진심」의 7편으로 이루어져 있다. 이 가운데 진사이는 「양혜왕」, 「공손추」, 「등문공」 세 편을 『상맹』, 「이루」, 「만장」, 「고자」, 「진심」 네 편을 『하맹』으로 나누고 있다. 그 근거는 『맹자』의 내용이 『상맹』은 맹자의 사업과 출처를 다루고 있고, 『하맹』은 맹자의 의론을 다루고 있으며, 『상맹』

---

1) 『朱子語類』 卷19 「論語一・語孟綱領」 : 論語多門弟子所集, 故言語時有長長短短不類處. 孟子, 疑自著之書, 故首尾文字一體, 無些子瑕疵. 不是自下手, 安得如此好?

2) 『孟子集註』 「序說」 : 天下方務於合從連衡, 以攻伐爲賢, 而孟軻乃述唐虞三代之德, 是以所如者不合, 退而與萬章之徒序詩書, 述仲尼之意, 作孟子七篇.

3) 「양혜왕」장에 대해서 진사이는 "이 편은 분명 맹자 자신의 저작이다[此篇斷爲孟子自著]"(『孟子古義』(東京 : 東洋圖書刊行會, 1926) 1쪽)라고 말하고 있다.

4) 『孟子古義』 137쪽 : 此篇亦是孟子之所自著. 不然, 其議論命詞, 不能若此之明白詳悉也. 讀者毋忽焉.

은 경세를 다루고 『하맹』은 그 근본이 되는 수신, 선결 조건인 명도를 다루고 있기 때문이라는 것이었다. 그러므로 진사이는 『맹자』를 읽는 사람들이 『상맹』에서는 『맹자』의 귀취를 보고, 『하맹』에서는 그 근본을 볼 것을 요구하였다.

한편 『맹자』의 필요성에 대해서 주자는 "『논어』를 읽고서 만일 『맹자』가 없다면 앞 한 단락만 읽고 뒤 한 단락이 없는 것과 같으며 …… 『논어』를 보고서 만일 『맹자』가 없다면 윗장만 보고 아랫장이 없는 것과 같다."[5]고 표현하여 그것이 꼭 필요함을 역설하고 있다. 주자는 『맹자』가 『논어』와 그 내용이 일관되고 있으며, 한편으로 『맹자』가 『논어』의 내용을 보충해주는 것임을 인정하고 있는 것이다.

『맹자』의 집필이 필요했던 이유에 대해 진사이는 다음과 같이 설명하고 있다.

공자의 때에는 해가 하늘에 떠 있는 것과 같아서 눈이 있는 사람은 행할 수 있었기 때문에, 사람을 가르칠 때에 다만 닦아 행하는 방법을 고해주고, 다시 그 뜻을 상세하게 해설할 것을 기다리지 않아도 되었다. 그러나 맹자의 때에는 오히려 어두운 밤에 길을 가는 것과 같아서 반드시 불을 밝히기를 기다려야 했기 때문에 그 뜻을 분명하게 해설해서 그 향방을 보여주지 않을 수 없었다.[6]

이처럼 진사이는 『논어』 자체는 당시에는 많은 설명이 필요하지 않았

5) 『朱子語類』卷19 「論語一·語孟綱領」: 讀論語, 如無孟子, 讀前一段, 如無後一段. ……看論語, 如無孟子, 看上章, 如無下章.
6) 『孟子古義』 「總論」 3쪽: 孔子之時, 猶白日中天, 有目者能行, 故其教人, 只告之以修爲之方, 而不待復詳解其義. 孟子之時, 猶暗夜行道, 必待明燭, 故不得不明解其義, 示所嚮方焉.

지만, 후대에 오면 설명이 없기 때문에 도리어 이해하기 어려우므로, 자세한 설명이 있는 『맹자』를 참고삼아 『논어』를 해석해야 한다고 보고 있는 것이다. 그러므로 진사이는 『논어』를 이해하기 위해서는 『논어』의 글자들에 얽매이지 말고, 오히려 맹자의 말을 각주로 삼아서 『논어』를 해석해야 그 의미를 제대로 알 수 있다고 주장하고 있다.[7] 그러한 예로 진사이는 성·명·도·덕·인·의·예·지 등을 든다. 그래서 진사이는 공자의 도를 알고자 하면서 맹자를 말미암지 않는 것을 물을 건너고자 하면서 배와 노가 없는 것에 비유하고 있다.[8] 결국 진사이가 하고 싶은 말은 『논어』를 이해하려면 『맹자』를 통해 가는 것이 필수적이어서 없어서는 안 된다는 것이다.

> 『논어』를 읽고서 『맹자』를 읽지 않으면 『논어』의 말이 저절로 핵심을 갖고 있는 줄을 알지 못하고, 『맹자』를 읽고서 『논어』를 읽지 않으면 또한 『맹자』의 설이 본래 근거가 있는 줄을 알지 못한다.[9]

이처럼 『논어』와 『맹자』는 상보적인 책이므로 반드시 두 책을 다 읽어야 비로소 하나하나의 책의 의미를 알 수 있다고 진사이는 주장하고 있다. 그러므로 진사이가 공문(孔門)에서 『맹자』가 차지하는 위치를 "맹자의 책은 만세를 위하여 공문(孔門)을 여는 열쇠이다",[10] "맹자의 학은

---

7) 『孟子古義』 「總論」 3쪽 : 當以孟子之言, 爲之註脚, 而解其義.

8) 『孟子古義』 「總論」 3쪽 : 若夫欲觀孔子之道, 而不由孟子者, 猶渡水無舟楫, 豈得能濟乎?

9) 『孟子古義』 4쪽 : 讀論語而不讀孟子, 則不知論語之言, 自有頭柄, 讀孟子而不讀論語, 則亦不知孟子之說, 本有所據.

10) 『孟子古義』 「總論」 3쪽 : 孟子之書, 爲萬世啓孔門之關鑰者也.

공문의 대종이자 적파이다."[11]라고 평가한 것은 당연한 것이었다고 생각된다.

3. 성선설은 맹자학의 핵심이 아니다

주자와 진사이가 인의가 맹자사상에서 차지하는 위치를 크게 본 것은 동일하지만, 주자가 인의의 바탕을 이루는 것이 맹자의 성선설이라고 하여 맹자사상의 근저에 성선설을 놓은 반면에 진사이는 인의에 대한 맹자의 주장 자체를 맹자사상의 근저에 놓았다는 점에서 다르다. 진사이는 성선설이 맹자학의 핵심이 아니라고 보는 것이다.[12] 진사이는 "맹자의 학은 인의를 종지로 하는데, 또한 성선의 설을 창도한 것은 자포자기하는 사람을 위해 말한 것이다."[13]라고 하여, 맹자가 자포자기하는 사람에게 누구나 다 선한 성을 가지고 있어서 인의를 행할 수 있음을 보여주기 위해서 성선설을 제창했다고 주장하고 있다.

....

11) 『孟子古義』「總論」 3쪽 : 孟子之學, 孔門大宗嫡派也.

12) 『孟子古義』 138쪽 : 사단의 마음이 비록 아름답더라도 확충할 줄 알지 못하면 지극히 가까운 부모도 섬길 수 없다. 하물며 사해를 보존하겠는가? 성의 선함을 믿을 수 없고 학문의 유익함은 한이 없다는 것을 밝혔기 때문에, "만일 확충할 수 있다면 충분히 사해를 보존할 수 있고, 만일 확충하지 못하면 부모를 섬기기에도 부족하다"고 말했다. 비록 사람을 사랑하는 마음이 있더라도 선왕의 도를 행하지 않으면 이른바 "한갓 선"이라서 행할 수 없는 것이 분명하다. 『맹자』를 해석하면서 왕도를 주로 삼지 않고 오로지 성선의 설을 내세우는 사람은 맹자를 잘 읽지 않은 사람이다.[四端之心雖美, 而不知充之, 則父母至近, 猶不能事之. 況於保四海乎? 明性之善不可恃, 而學問之益, 不可限量也. 故曰, "苟能充之, 足以保四海, 苟不充之, 不足以事父母." 可知雖有愛人之心, 然不行先王之道, 則所謂徒善, 而不可以行也必矣. 其解孟子, 不以王道爲主, 而專倡性善之說者, 不善讀孟子者也.]

13) 『孟子古義』 149쪽 : 孟子之學, 以仁義爲其宗旨, 而又倡性善之說者, 蓋爲自暴自棄者而發.

맹자가 성선을 말한 것은 오직 자포자기하는 사람을 위해서 말한 것이다. 후세의 유학자들이 성선의 설이 맹자의 깊은 뜻이라고 한 것은 잘못이다. 천하에 자포자기하는 사람이 열에 여덟, 아홉이기 때문에 맹자가 성선의 설을 창도하여 인의의 마음이 자기가 본래 가진 것임을 밝혔다.[14)]

진사이에 의하면 일반적으로 사람은 사단지심을 갖고 있지만, 혹 사단지심이 없는 자도 있다.[15)] 이것을 진사이는 사람이라면 이목구비를 갖고 있지만, 세상에는 이목구비를 혹 갖지 않고 태어나는 사람도 있는 것에 비유한다. 그러므로 진사이는 맹자가 천하 사람들의 본성이 선하다고 말한 것도 예외를 전혀 인정하지 않는 말이 아니라, 일반적인 상황을 말한 것일 뿐이라고 보는 것이다. 즉, 성선설이란 천하 사람들의 성이 모두 선해서 하나도 악한 사람이 없다는 것이 아니라, 예외도 있지만 일반적으로 말해서 사람의 성이란 선하다는 말이라고 해석하는 것이다.

사단지심을 해설하면서 진사이는 사단의 '단(端)'을 '본(本)'이라고 해석한다. 즉, 측은 · 수오 · 사양 · 시비의 마음을 근본으로 하고, 그것을 확충해서 인 · 의 · 예 · 지의 덕을 이루기 때문에, 사단의 단은 주자처럼 마음 밖으로 드러나 있는 사단을 실마리로 해서 마음속에 있는 인 · 의 · 예 · 지를 찾아가는 것이 아니라, 마음속에 있는 측은 · 수오 · 사

---

14) 『孟子古義』「總論」 4쪽 : 其言性善者, 專爲自暴自棄者而發之也. 後儒者以性善之說, 爲孟子之奧旨者, 非也. 蓋天下自暴自棄者, 十居八九, 故孟子倡性善之說, 以明仁義之心, 乃己之固有.

15) 진사이는 "'사람이 된 자는'이라고 말하지 않고 '나에게 사단을 가진 사람은'이라고 말한 것은, 사단이 없는 사람은 완악하고 어두워 지혜가 없어서 가르침을 베풀 데가 없어 본래 논할 것도 없기 때문에 사단을 가진 사람에게 나아가서 말한 것이다.[不曰凡爲人者, 而曰凡有四端於我者, 無四端者, 頑冥無智, 教無所施, 本所不論, 故就其其有四端者而言之也.]"라고 말하고 있다.[『孟子古義』 70쪽].

양·시비를 근본으로 하여 그것을 확충해서 밖으로 인·의·예·지를 이룬다는 것이다.

　　단은 본이다. 말하자면 측은·수오·사양·시비의 마음이 인·의·예·지의 근본이다. 그것을 확충할 수 있으면 인·의·예·지의 덕을 이루므로 단이라고 하였다. 선유는 인·의·예·지를 성으로 했기 때문에 단을 실마리[緒]로 풀이하여 인·의·예·지의 단서가 밖에 드러난 것으로 하였는데, 잘못이다.[16]

　　이와 같이 진사이는 『맹자』에 대한 주자의 주석처럼 인·의·예·지로부터 사단이 발로된다는 것을 부정하고, 마음속에 있는 사단으로부터 시작하여 그것을 확충해서 사덕을 이룬다는 설을 주장하였다.[17] 이는 다산 정약용의 주장과 유사하다. 다만 다산은 사덕을 사람과 사람 사이의 관계를 통해서 이룬다는 것을 더욱 분명하게 제시했을 뿐이

---

16) 『孟子古義』 69쪽 : 端本也. 言惻隱羞惡辭讓是非之心, 乃仁義禮智之本. 能擴而充之, 則成仁義禮智之德, 故謂之端也. 先儒以仁義禮智爲性, 故解端爲緖, 以爲仁義禮智之端緖見於外者, 誤矣.

17) 인·의·예·지가 바로 성이 아니라는 것을 진사이는 다음과 같이 설명하고 있다. "전편에서는 이 네 가지를 인·의·예·지의 단서라고 하고, 이 장에 이르러서는 바로 인·의·예·지라고 한 것은 왜인가? ……전편에서 말한 것은 배우는 사람들로 하여금 확충하여 그 덕을 이루도록 하고자 했기 때문에 단서라고 말하였고, 이 장에서는 공도자가 성선설을 의심해서 말한 것이기 때문에 네 가지를 인의에 짝 지워 인·의·예·지라고 했던 것이니, 바로 성의 이름으로 삼은 것이 아니다. 배우는 사람이 잘 이해하는 데 달려 있을 뿐이다. 선유가 '고유' 두 글자를 가지고 바로 성이라는 글자에 해당시킨 것은 잘못이다. 인·의·예·지는 천하의 달덕으로 본래 가지고 있는 것이라고 말해서는 안 된다. 사람의 성으로 천하의 덕을 이루는 것이니, 그 근본을 미루었기 때문에 '고유'라고 말한 것이니, 바로 성이라고 말하는 것과 크게 같지 않다.[前篇以此四者爲仁義禮智之端, 而至此直以仁義禮智者, 何哉? ……前篇所言欲使學者擴充之以成其德, 故謂之端, 此章則爲公都子疑性善之說發, 故以四者配之仁義, 而曰仁也義也禮也智也, 非直以爲性之名也. 在學者善理會之焉耳. 而先儒以固有二字便當性字者非也. 仁義禮智, 天下之達德, 本不可謂之固有. 以人之性, 成天下之德, 推其所本, 故謂之固有, 與直謂之性, 大不同矣.]"[『孟子古義』 241쪽].

다.[18] 이상 사단과 사덕의 관계에 대한 주자와 진사이, 다산의 설을 알기 쉽게 그림으로 나타내보면 다음과 같다.

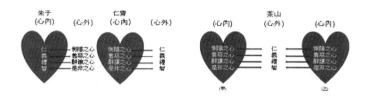

그렇다면 사단을 확충하는 방법은 무엇인가? 진사이에 의하면 그것은 학문이다. 진사이는 성선은 믿을 수 없고, 확충하는 공부는 가장 폐할 수 없다고 주장한다.

확충이라는 것은 학문의 일이다. 그러나 "만일 확충하지 못하면 부모를 섬기기에도 부족하다."고 했으니, 본성의 선함은 믿을 수 없고 확충하는 공부는 가장 폐할 수 없다. 후세의 유학자는 오직 성이 귀한 줄만 알고, 확충의 공부가 더욱 크다는 것을 알지 못하니, 맹자의 뜻을 실제적으로 알지 못했기 때문이다.[19]

이처럼 진사이는 본성이 선하다는 맹자의 주장보다는 확충해야 한다

---

18) 다산은 다음과 같이 말한다. "인·의·예·지란 행동과 일에 베풀어진 다음에 바야흐로 그런 이름이 있고, 측은·수오는 안으로부터 발로되는 것이다. 리를 말하는 사람들은 매양 인·의·예·지를 네 알갱이처럼 쌓인 물건이 마음속에 감추어져 있는 것으로 인식하는데 잘못이다. 마음속에 있는 것은 오직 측은·수오라는 근본이니, 인·의·예·지라고 불러서는 안 된다.[仁義禮智者, 施諸行事而後, 方有是名. 惻隱羞惡是由內發出. 談理者, 每把仁義禮智, 認作四顆磊磊底物, 藏在方寸中, 非也. 中之所有只是惻隱羞惡之根本, 喚作仁義禮智也不得.]"[『與猶堂全書』「書·示兩兒」].

19) 『孟子古義』72쪽 : 擴充卽學問之事也. 然觀其曰, "苟不充之, 不足以事父母", 則知性之善不可恃, 而擴充之功, 最不可廢. 後世儒者, 專知貴性, 而不知擴充之功爲益大, 不實知孟子之旨故也.

는 그의 주장에 핵심이 있는 것이라고 맹자의 사상을 파악하였다.[20] 이런 입장에서 진사이는 성선의 성과 선을 재규정하고, 주자의 인성론에서의 본연지성과 기질지성의 구별, 주일무적에 대한 설명 등을 비판하였다. 우선 진사이는 성을 주자처럼 사람이 선천적으로 지니고 있는 인·의·예·지라는 보편적 도덕원리로 보지 않고,[21] 사람마다 다른 것으로 보았다. 그는 "사람이 성으로 삼는 것은 강·유와 혼·명이 만 가지로 같지 않아서 요·순 임금도 하나로 할 수 있는 것이 아니다. 비록 천지라도 또한 하나로 할 수 없다."[22]고 하여 사람의 성이 본래 다 다름을 확인하고 있다. 이렇게 성은 사람마다 다르지만 선을 지향한다는 점에서는 동일한데, 그것이 바로 성선이라고 진사이는 주장한다. "성이란 사람이 태어나면서 부여받은 바탕[質]으로, 비록 각각 다름이 있지만, 그 정은 선을 좋아하고 악을 싫어하지 않음이 없으니, 그것이 이른바 선이다."[23]라는 것이다.

이처럼 성을 사람마다 다른 것으로 보기 때문에, 진사이는 성선이라

20) 『孟子古義』71쪽 : 사단이란 내 마음이 본래 갖고 있는 것이고, 인·의·예·지는 천하의 큰 덕이다. 사단의 마음이 비록 은미하지만, 확충하면 인·의·예·지의 덕을 이룰 수 있어서 충분히 사해를 보존하니, 마치 불이 처음 타오를 때는 반짝일 뿐이지만, 부채질하여 거세지면 들판을 태우고, 샘물이 처음 솟아나올 때는 방울방울 흘러나오지만, 물길을 내어 인도하면 바다에 이르는 것과 같다. 그러므로 확충할 줄 알면 인의의 마음이 일취월장하여 그 형세를 저절로 막을 수 없게 된다.[四端者, 吾心之固有, 而仁義禮智, 天下之大德也. 四端之心雖微, 然擴而充之, 則能成仁義禮智之德, 而足以保四海, 猶火之始然, 星星焉耳, 扇而熾之, 則可以燎原, 泉之始達, 涓涓焉耳, 疏而導之, 則可以放海. 故苟知擴而充之, 則仁義之心, 日就月將, 其勢自有不可遏者矣.]

21) 『孟子古義』184쪽 : 만약 송나라 유학자처럼 인·의·예·지를 성으로 한다면, 그것은 이 마음으로 마음을 보존한다는 것이니, 눈으로 눈을 관찰한다고 말하는 것과 같아서 말이 되지 않는다. 여기에 억지로 하나의 '어(於)'자를 더하여 그 설을 바꾸어 "인과 예를 마음에[於心] 보존하여 잊지 않는다."고 말한다면 견강부회가 되어 통하지 않으니, 맹자의 뜻을 천착한 것이 심하다.[若宋儒以仁義禮智爲性, 則是以心存心, 猶言以目觀目, 不可爲言. 於是强加一於字, 遷就其說曰, "以仁禮存於心而不忘也", 可謂堅强不通, 鑿乎孟子之旨甚矣.]

22) 『孟子古義』242쪽 : 人之爲性, 剛柔昏明, 有萬不同, 非惟堯舜不能一之, 雖天地亦不能一之.

는 것도 기질과 관련되는 것이지 보편적인 본연의 성과 관련된 것이 아니라고 주장하고 있다. "맹자가 성선의 본지를 논한 것은 공자의 뜻을 밝혀 분명하게 한 것이니, 모두 기질에 나아가 선을 보인 것이지 기질을 떠나 말한 것이 아니"[24]라는 것이다. 진사이가 보기에 선유가 맹자가 성선을 말한 것이 본연의 성을 가리키고, 공자의 성상근(性相近)이라는 말은 기질을 겸하여 말한 것이라고 한 것은[25] 잘못된 것이었다. 그처럼 본연지성과 기질지성의 구별로 공자와 맹자를 갈라놓는 것은 두 사람의 참모습을 모두 가리는 일이라고 진사이는 판단하고 있는 것으로 보인다. 진사이는 기질지성을 떠난 본연지성의 존재를 인정하지 않았다. 그는 본연지성을 상정하는 정자와 주자를 "이에 성이 본연·기질의 두 단서가 있어서 지리(支離)하고 분운(紛紜)하여 심지어 한 성에 두 이름이 있게 되었다",[26] "이른바 성선이란 기질로 말한 것이지 본연의 성이 아님을 더욱 볼 수 있다",[27] "선유가 본연·기질의 설을 세우고, 이에 어긋남이 매우 심하여 도리어 맹자의 말에 만족하지 못했으니, 슬프다."[28]고 비판하고 있다.

---

23) 『孟子古義』 95쪽. 진사이는 또한 "물이 비록 청·탁·감·고의 구별이 있으나 아래로 내려가는 것은 동일하다. 성이 비록 혼·명·강·약의 차이가 있으나 선이 되는 것은 동일하다.[水雖有淸濁甘苦之別, 而其就下則一也. 性雖有昏明强弱之差, 而其爲善則一也.]"『孟子古義』 233~234쪽]라고도 표현하고 있다.

24) 『孟子古義』 234쪽 : 此孟子所以論性善之本旨, 而發明夫子之意者也, 蓋皆就氣質見善, 而非離氣質而爲言也.

25) 『孟子古義』 234쪽 : 先儒謂孟子謂性善者, 指本然之性, 而夫子之語, 兼氣質而言. 진사이는 성이 사람마다 다르다고 보기 때문에, 공자의 "성은 서로 가깝고, 습관으로 인해 서로 멀어진다."는 말이 성을 논하는 만세의 준칙이라고 평가한다.[『語孟字義』 : 孔子曰, "性相近也, 習相遠也." 此萬世論性之根本準則也.]

26) 『孟子古義』 242쪽 : 於是性有本然氣質二端, 支離紛紜, 至於一性而有二名.

27) 『孟子古義』 234쪽 : 所謂性善者, 乃以氣質言, 而非本然之性, 益可見矣.

『맹자』에 다음과 같은 구절이 있다.

사람이 닭과 개를 잃어버리면 찾을 줄 알면서도 마음을 잃어버리고서는 찾을 줄을 알지 못한다. 학문의 도리는 다른 것이 아니라 잃어버린 마음을 찾는 것일 뿐이다.[29]

이에 대해서 주자는 다음과 같이 주석하였다.

나는 생각하건대, 위에서는 인과 의를 겸하여 말하였고, 이 아래에서는 오로지 잃어버린 마음을 찾는 것을 논하였으니, 잃어버린 마음을 찾을 수 있으면 인을 어기지 않고 의가 그 가운데에 있다. 학문의 일은 본래 하나의 단서가 아니지만, 그 도는 잃어버린 마음을 구하는 데 달려 있을 뿐이다. 이와 같을 수 있다면 뜻과 기운이 깨끗하고 맑으며 의리가 밝고 드러나서 위로 통달할 수 있다. 그렇지 않으면 어둡고 함부로 하여 비록 학문에 종사한다고 말하더라도 끝내 밝힐 것이 있을 수 없다. 그러므로 정자가 "성현의 천 마디 만 마디 말은 다만 사람이 이미 잃어버린 마음을 단속하여 다시 몸으로 돌아오게 하려는 것이었다. 스스로 위를 향하여 찾을 수 있으며 아래에서 배워 위로 통달할 것이다."라고 하였다. 이는 맹자가 열어 보여준 간절하고 긴요하게 한 말인데, 정자가 또 밝혀서 그 뜻을 다 표현한 것이니, 배우는 사람은 마땅히 가슴에 꼭 끌어안고 잊지 않아야 한다.[30]

---

28) 『孟子古義』 235쪽 : 先儒立本然氣質之說, 於是牴捂殊甚, 遂不滿于孟子之言, 噫.

29) 『孟子』 「告子上」 : 人有鷄犬放, 則知求之, 有放心而不知求. 學問之道, 無他, 求其放心而已矣.

30) 『孟子集註』 「公孫丑上」 : 愚謂上兼言仁義, 而此下專論求放心者, 能求放心, 則不違於仁而義在其中矣. 學問之事, 固非一端, 然其道則在於求其放心而已. 蓋能如是則志氣淸明, 義理昭著, 而可以上達. 不然則昏昧放逸, 雖曰從事於學, 而終不能有所發明矣. 故程子曰, "聖賢千言萬語, 只

이 주석에서 주자는 『맹자』의 "잃어버린 마음을 찾는 것"을 정자의 말을 인용하여 "사람이 이미 잃어버린 마음을 단속하여 다시 몸으로 돌아오게 하려는 것"으로 파악하였다. 이러한 주자의 해석에 대해서 진사이는 맹자가 "잃어버린 마음"이라고 할 때의 "마음"은 구체적으로 "인의의 마음"을 가리키는 것이고 따라서 "잃어버린 마음을 찾는 것"은 "인의의 마음을 되찾는 것"이라고 설명한다. 이런 입장에서 진사이는 정자가 "잃어버린 마음을 찾는 것"을 "사람이 이미 잃어버린 마음을 단속하여 다시 몸으로 돌아오게 하려는 것"으로 풀이한 것은 "마음을 수렴하여 흩어지지 않게 하는 것", 즉 그들의 이른바 "주일무적"으로 풀이한 것이며, 그것은 불교와 노장의 영향을 받은 것으로 『맹자』의 본래의 뜻과는 크게 어긋나는 것이라고 비판하였다.[31] 이처럼 진사이는 성리학자들이 마음이 인의의 마음인 것을 잊어버리고, 마음만을 떼어 말하는 것을 비판적으로 바라보았다. 그렇게 하면 유학을 벗어나 불교나 노장으로 기울게 된다고 염려했던 것으로 보인다.[32] 다시 말하면 진사이가 파악한 맹자의 마음은 양심이자 인·의·예·지의 마음이었다. 그는

是欲人將已放之心約之, 使反復入身來. 自能尋向上去, 下學而上達也." 此乃孟子開示切要之言, 程子又發明之, 曲盡其指, 學者宜服膺而勿失也.

31) 『孟子古義』 253쪽 : 사람이 사람이 되는 것은 인의일 뿐이다. ……이른바 마음을 놓아버린다는 것은 인의의 마음을 잃어버리는 것을 말한 것이다…… '이 마음을 수렴하여 흩어지지 않게 하는 것'을 '잃어버린 마음을 구하는 것'으로 삼는 것은 불노의 여설에서 나온 것으로 맹자의 뜻과는 크게 어긋난다. 변론하지 않을 수 없다.[人之所以爲人者, 仁義而已矣. ……所謂放心者, 謂放失仁義之心. ……以收斂此心, 使不散逸, 爲求放心, 此出於佛老之餘說, 而大乖孟子之旨, 不可不辨焉.]

32) 진사이가 불교와 노장을 비판하는 주된 논점은 그것들이 개인의 '마음'에 빠져 사회성을 방기하고 있다는 것이었다. "이에 은의가 먼저 끊어지고 인륜이 완전히 없어져서, 군신·부자·부부·형제·친구의 관계를 보기를 치포관이나 더펄머리, 깃발의 장식과 같은 쓸모없는 것으로 보아, 성인의 도와 서로 반대가 되는 것이 마치 물과 불이 서로 용납하지 않는 것과 같다.[於此恩義先絕, 而彝倫盡滅, 視君臣父子夫婦兄弟朋友之交, 猶弁髦綴旒然, 與聖人之道相反, 猶水火之不可相入.]"[『語孟字義』 「心」]는 것이다.

공자와 맹자는 인·의·예·지의 덕을 닦아 사람들로 하여금 수신을 하도록 했지, 마음을 말하지 않았다고 강조했는데, 마음을 강조하다 보면 도를 어기는 길로 갈 가능성이 있다고 생각했던 것이다.

4. 맹자학의 핵심으로서의 인의와 그 실천

진사이는 사람이 걸어가야 할 길이라는 의미로서의 도는 어느 시대에도 어떤 공간에도 적용될 수 있는 것이어야 하고,[33] 그러한 도가 될 수 있는 것은 요순으로부터[34] 시작된 인의이며,[35] 맹자학의 핵심도 바로 인의라고 보았다.[36] 그러므로 진사이는 "인도에 인의가 있는 것은 천도에 음양이 있고 지도에 강유가 있는 것과 같다."[37]고 그 중요성을 강조하였다. 진사이가 보기에 맹자가 강조하여 마지않았던 왕도정치란

---

33) 진사이는 "도란 천하에 통하고 만세에 달해야 한다. ……그러므로 한 사람이 알고 천하 사람들이 알 수 없는 것은 도가 아니고, 한 사람이 행하고 천하 사람들이 행할 수 없는 것 또한 도가 아니다. 그러므로 성인은 가르침을 세울 때 반드시 오륜을 근본으로 삼고, 도를 말할 때 반드시 인의로 요점을 삼고, 덕을 논할 때 반드시 중용을 주로 삼았다.[夫道通于天下, 達于萬世. ……故一人知之, 而天下不能知者, 非道, 一人行之, 而天下不能行者, 亦非道. 是故聖人立教必以五倫爲本, 語道必以仁義爲要, 論德必以中庸爲主.]"[『孟子古義』135쪽]고 말하고 있다. 이처럼 진사이는 도는 시공을 가로질러 누구나 알고 실천할 수 있는 보편이어야 한다고 본다. 누구나 따를 수 있고 행할 수 있는 것이 천하에 통하고 만세에 달하는 도가 될 수 있다는 것이다.

34) 『孟子古義』141쪽 : 요순의 도는 인의일 뿐이다.[堯舜之道, 仁義而已矣.] 인의를 다한 다음에야 요순을 본받을 수 있다.[盡仁義而後爲能法堯舜也.]

35) 『孟子古義』95쪽 : 도란 인의일 뿐이다.[道者仁義而已矣.] 『孟子古義』164쪽. 성인의 도는 인일 뿐이다.[聖人之道, 仁而已矣.]

36) 『孟子古義』2쪽 : 인의 두 글자는 왕도의 요체이며, (『맹자』) 일곱 편의 뜻이 모두 이로부터 풀어져 나오지 않은 것이 없다.[仁義二字, 乃王道之體要, 而七篇之旨, 皆莫不自此紬繹焉.]

것도 개인 사이의 인의를 국가의 차원으로 승화시킨 것에 불과하였다. 이처럼 진사이에 의하면 인의는 인도의 근본이자 왕도의 근본이었다.

한편 일상생활에서의 실천을 중시하는 진사이는 인의도 우리의 구체적 삶에서는 바로 와 닿는 것이 아니라고 보고, 인과 의가 구체화되어 나타난 효도와 공손이 바로 인의를 실천하는 방법이라고 보았다.

> 인의의 덕이 크지만 사람에게 있어서는 어버이를 섬기고 형을 따르는 사이를 벗어나지 않는다.[38]
> 효도와 공손은 우리 마음이 본래 가지고 있는 선으로, 인의의 실질이다. ……그러므로 요순의 도는 효도와 공손일 뿐이라고 말했다.[39]

인의의 덕은 결국 어버이를 섬기는 효도와 형을 따르는 공손이며, 그것은 우리 마음의 선이 드러난 것이라는 진사이의 언명이다. 이처럼 진사이에 의하면 맹자학의 핵심은 인의이고, 맹자의 기타의 주장들은 모두 인의에 기반을 두고 있다. 왕도는 인의를 국가적으로 확장하여 실천하는 것이고, 측은·수오·사양·시비지심은 인의를 구하는 근본이고, 성선이란 인의가 자기에게 달려 있음을 밝히는 것이고, 호연지기는 인의의 공용을 밝히는 것이고, 마음을 보존한다는 것은 인의를 보존하는 것이고, 성을 기른다는 것은 인의를 기르는 것이고, 마음을 다한다는 것은 인의를 다하는 것이고, 놓아버린 마음을 구한다는 것은 인의를 구하

---

37) 『孟子古義』 2쪽 : 人道之有仁義, 猶天道之有陰陽, 地道之有剛柔也.

38) 『孟子古義』 160쪽 : 仁義之德大矣, 然在人, 則不出於事親從兄之間.

39) 『孟子古義』 161쪽~162쪽 : 孝弟者, 吾心固有之善, 而仁義之實也. ……故曰, "堯舜之道, 孝弟而已矣."

는 것이다. 이와 같이 진사이는 맹자의 모든 학설들이 인의와 관련을 가지고 그에 기초하고 있다고 생각하였다. 진사이가 맹자의 인의를 얼마나 중시하고 있는지를 이를 통해서 알 수 있다. 이는 그의 삶에서도 드러나는데, 그는 처음에 호를 경재(敬齋)라고 하였다가 후에 인재(仁齋)로 바꾸었다. 이는 그가 주자학의 수양방법의 하나인 내면적 경을 처음에는 중시했다가 후에 내면적 경을 부정하고 경을 오직 타인에 대한 공경으로 해석하면서,[40] 수양론에서 내면과 외면을 아우르는 인의 중요성을 다시금 재인식했던 삶의 궤적을 보여주는 것이다.

이와 같이 진사이는 맹자의 중요 사상을 인의와 연결시키므로 맹자 사상 가운데 핵심의 하나인 호연지기(浩然之氣)도 바로 인의의 기로 파악하고 있다. 위에서 말한 바와 같이 호연지기란 바로 인의의 공용으로서의 호연지기라는 것이다. 『맹자』 원문의 검토로부터 이야기를 풀어보자.

[자료 1 : 『맹자』 원문 1]

"敢問夫子惡乎長?"日, "我知言, 我善養吾浩然之氣." "敢問何謂浩然之氣?"日, "難言也. 其爲氣也, 至大至剛, 以直養而無害, 則塞于天地之間."

[주자 : 공손추 : "감히 묻건대, 선생님께서는 어디에 뛰어나십니까?" 맹자 : "나는 말을 알고, 나는 나의 호연지기를 잘 기른다." 공손추 : "감히 묻건대, 무엇을 호연지

---

40) 진사이는 "경은 존숭하고 받드는 것을 말한다. 옛 경서를 살펴보면 하늘을 공경한다고 말하기도 하고, 귀신을 공경한다고 말하기도 하고, 임금을 공경한다고 말하기도 하고, 부모를 공경한다고 말하기도 하고, 형을 공경한다고 말하기도 하고, 사람을 공경한다고 말하기도 하고, 일을 공경한다고 말하기도 하여, 모두 존숭하고 받든다는 뜻이지, 하나라도 일 없이 그냥 경이라는 글자를 지킨다고 말한 것은 없다.[敬者, 尊崇奉持之謂. 按古經書, 或說敬天, 或說敬鬼神, 或說敬君, 或說敬親, 或說敬兄, 或說敬人, 或說敬事, 皆尊崇奉持之意, 無一謂無事徒守敬字者.]"[「語孟字義」「敬」]라고 하여 경은 대상을 갖는 것이지, 자기 마음속의 경을 지키는 것이 아니라고 주장하였다.

314

기라고 하는 것입니까?" 맹자 : "말하기 어렵다. 그 기가 되는 것은 지극히 크고 지극히 굳세어 곧음으로 길러 해침이 없다면, 천지 사이에 가득 찬다."]

[진사이 : 그 기를 기르는 것은]

[자료 2 : 주자의 주석 1]

至大初無限量, 至剛不可屈撓. 蓋天地之正氣, 而人得以生者, 其體段本如是也. 惟其自反而縮, 則得其所養; 而又無所作爲以害之, 則其本體不虧而充塞無間矣.

[지극히 크다는 것은 애초에 한량이 없는 것이고, 지극히 굳세다는 것은 굽힐 수 없는 것이다. 이것들은 천지의 정기로서 사람이 그것을 얻어 생겨나는 것이니, 그 체단이 본래 이와 같다. 오직 스스로를 돌아보아 바르다면 그 기르는 바를 얻고, 또한 어떤 일을 해서 그것을 해치지 않는다면 그 본체가 이지러지지 않아 꽉 채워 사이가 없을 것이다.]

주석 [자료 2]에서 주자는 『맹자』 원문 "그 기가 되는 것은 지극히 크고 지극히 굳세어 곧음으로 길러 해침이 없다면, 천지 사이에 가득 찬다.[其爲氣也, 至大至剛, 以直養而無害, 則塞于天地之閒]"는 문장을 "지극히 크다는 것은 애초에 한량이 없는 것이고, 지극히 굳세다는 것은 굽힐 수 없는 것이다. 이것들은 천지의 정기로서 사람이 그것을 얻어 생겨나는 것이니, 그 체단이 본래 이와 같다."고 해서 "지극히 크고 지극히 굳센 것[至大至剛]"을 기의 체단, 즉 호연지기의 특성으로 보았다. 주자는 맹자 본문의 "위기(爲氣)"를 "기가 되는 것", 또는 "기됨"이라고 풀이한 것이다.

그러나 진사이는 바로 위에서 "말하기 어렵다."라고 말하고, 그에 이어서 기의 특성을 설명하는 것은 논리에 맞지 않는다고 보고, "지극히

크고 지극히 굳세어 곧음으로 길러 해침이 없는 것"을 호연지기를 기르
는 방법을 제시하는 것으로 파악하였다.[41] 이 구절이 기의 특성을 형용
한 것이 아니라 기를 기르는 구체적 방법을 말해주고 있는 것이라는 것
이다. 그렇다면 진사이는 "위기(爲氣)"를 "기가 됨"이 아니라 "기를 기르
는 것"이라고 해석한 것이다.[42] 진사이의 해석을 따라 『맹자』 본문을 해
석해본다면, "그 기를 기르는 방법은 지극히 크게 하고 지극히 굳세게
해서 곧음으로 길러 해치지 않는다면 천지 사이에 가득 차게 된다."고
해석할 수 있다. 이러한 진사이의 해석에 대해서 그 해석이 과연 정당한
지 의문을 제기할 수 있을 것이다. 그래서 진사이는 더 나아가 이 구절
이 맹자가 대장부를 형용하면서 말한 "천하의 넓은 거처[仁]에 거처하
고, 천하의 바른 위치에 서며, 천하의 큰 도를 행한다. 뜻을 얻으면 백성
들과 함께 따르고 뜻을 얻지 못하면 홀로 그 도를 행한다. 부유함과 귀
함이 넘치게 할 수 없고, 가난함과 천함이 바꾸게 할 수 없으며, 위엄과
무력이 굽히게 할 수 없다."[43]는 말과 동일한 내용이라고 부연설명하
고, "호연지기를 기르고자 하는 사람은 지극히 큼으로 스스로 거처하고
지극히 굳셈으로 거처하여 조장함이 없게 하고 다시 해침이 없게 하면
그 기가 성대하여 한량할 수 없다."[44]고 해석하였다. 진사이가 보기에
호연지기란 인의의 기란 말과 동일한 말일 뿐이지, 인의 이외에 따로 호
연지기가 있는 것이 아니다.[45]

<hr>

41) 『孟子古義』 56쪽 : 이것은 호연지기를 기르는 법을 말한다.[此言養浩然之氣法也.]

42) '위(爲)'는 모든 동사를 대신할 수 있는 동사이므로, 진사이와 같이 해석하는 것이 가능하다.

43) 『孟子』 「滕文公下」 : 居天下之廣居, 立天下之正位, 行天下之大道. 得志與民由之, 不得志獨
行其道. 富貴不能淫, 貧賤不能移, 威武不能屈.

44) 『孟子古義』 56쪽 : 欲養浩然之氣者, 自居以至大, 自處以至剛, 而無所助長, 復無所害, 則其
氣盛大, 不可限量.

대체로 세상의 학자들은 마음을 움직이지 않는 것을 지극한 공부로 삼고 호연지기를 하나의 큰 일로 삼아서 인의의 밖에서 그것을 구하니, 큰 잘못이라고 말할 수 있다. 도란 인륜보다 큰 것이 없고 인의보다 존귀한 것이 없다. 맹자가 호연지기를 설명한 것은 또한 인의의 뜻을 밝히기 위한 것이다.[46]

맹자가 인의의 뜻을 밝히기 위해서 호연지기를 말한 것인데, 도리어 인의의 윗단계로 호연지기를 놓고 그것을 추구하는 것은 잘못된 일이라는 것이다. 따라서 진사이는 맹자의 학문은 인의를 마루로 삼고, 호연지기도 인의 작용을 가리켜 말한 것일 뿐[47]이라고 본다. "인의의 마음이 있으면 인의의 기가 있고, 인의의 기가 곧 호연지기일 뿐"[48]이라는 것이다.

또한 진사이는 이러한 인의를 국가적으로 확장하여 실천하면 그것이 곧 왕도가 된다고 주장하고 있다. "맹자의 학은 인의를 마루로 하고, 왕도를 위주로 한다. 이른바 왕도란 또한 인의를 따라 행하는 것이지, 인의를 도외시하고 이른바 왕도라는 것이 있는 것이 아니"라는 것이다. 진사이는 인하면 백성의 마음을 얻고, 불인하면 백성의 마음을 잃는데,[49] 백성의 마음을 얻는 방법은 그들을 위해 이익을 일으키고 해로움을 제거하는 데 있다고 주장한다. 그들이 원하는 것을 주어 백성을 모으고 싫어하는 것을 베풀지 않는 것이 이른바 인이라는 것이다.[50]

....

45) 『孟子古義』 58쪽 : 非外仁義而別有浩然之氣也.

46) 『孟子古義』 63쪽 : 大抵世之爲學者, 以不動心爲極功, 以浩然之氣, 爲一段大事, 求之于仁義之外, 可謂大誤矣. 夫道者莫大於人倫, 莫尊於仁義. 孟子說浩然之氣者, 亦所以發明夫仁義之旨也.

47) 『孟子古義』 58쪽 : 孟子之學, 以仁義爲宗, 而所謂浩然之氣, 亦指仁義之功用而言.

48) 『孟子古義』 58쪽 : 有仁義之心, 則有仁義之氣, 仁義之氣, 卽浩然之氣.

49) 『孟子古義』 147쪽 : 仁則得民之心, 不仁則失民之心.

『맹자』「양혜왕」장은 백성들과 즐거움을 함께 한다는 이른바 "여민동
락(與民同樂)"이라는 맹자의 사상을 드러내고 있다. 진사이는 이 백성들
과 함께 모두 즐거워한다는 것은 「양혜왕」 한 장의 큰 뜻일 뿐만 아니라
왕도의 본원이라고 파악하고 있다.[51] "백성들과 함께 모두 즐거워하면
흥하고 백성들과 함께 모두 즐거워하지 않으면 망하는데, 흥망의 기틀
이 모두 이에 의해서 결정된다."[52]는 것이다. 더 나아가 진사이는 이것
이 시대를 관통하는 보편적 원리라고 생각하고, 전쟁이 횡행하던 당시
의 상황을 극복하려는 맹자의 고육책이었다고 그 의미를 축소한 범조
우의 말을 비판하고 있다.[53] 맹자의 말은 왕도를 설명하는 것으로, 당
시의 폐단을 구제하려는 임시방편의 말이 아닌 보편적 진리의 언명이
라는 진사이의 주장이다.

진사이는 맹자 사상에서 인의가 갖는 위상을 위와 같이 중시했기 때
문에 유학과 이단을 가르는 기준도 바로 이 인의에 있는 것이라고 파악
하였다. 인의를 주장하면 유학이고, 인의를 주장하지 않거나 배격하면
이단이라는 것이다.

양주는 나를 위하니 인을 폐한 것이고, 묵자는 겸애하니 의를 폐한 것이
다. 불교와 노자의 허무 · 적멸과 같은 경우는 인의를 아울러 없애버린 것이

---

50) 『孟子古義』147쪽 : 得民之道, 在於爲之興利除害. 其所願欲者與聚之, 所厭惡者勿施而已,
是所謂仁也.

51) 『孟子古義』3쪽 : 古之人與民偕樂, 非惟一章之大旨, 乃王道之本原.

52) 『孟子古義』4쪽 : 與民偕樂則興, 不與民偕樂則亡, 興亡之機, 實決于此.

53) 범조우는 "공자의 말은 나라를 다스리는 정도이고, 맹자의 말은 당시를 구제하는 급선무이
다.[孔子之言, 爲邦之正道; 孟子之言, 救時之急務, 所以不同.]"[『孟子集註』「梁惠王下」]라고 말하
였는데, 이에 대해 진사이는 "선유가 맹자의 말이 당시를 구제하려는 급선무를 위해서라고 하니
누추하다.[先儒以孟子之言, 爲救時之急務, 陋哉.]"[『孟子古義』23쪽]고 비판하고 있다.

니 도에서 어긋난 것이 심하다.[54]

이처럼 진사이는 성인의 도는 인의이기 때문에 인의를 벗어나면 이단이 된다고 주장하고 있다. 그러므로 그는 "대체로 이단의 가르침은 비록 복잡하여 하나가 아니지만, 요컨대 두 길을 벗어나지 않으니, 높으면 공허하고 낮으면 법술이다."[55]라고 하여, 인의를 폐하고 더 높이 가고자 하면 양주나 묵적, 불교처럼 되고, 인의를 없애버리고 무시하면 한비자나 상앙 같은 법가가 되고 만다고 강조하고 있다.

5. 맺음말

『맹자』의 저자에 대해서 주자는 『맹자』가 기본적으로 맹자의 저술이지만, 제자들이 편집한 부분도 있다고 인정하고 있다. 진사이는 맹자 자신이 지은 편도 있고, 제자들이 기록한 것도 있다고 보았다. 유학에서 『맹자』가 차지하는 위상에 대해서는 주자는 『맹자』가 『논어』와 그 내용이 일관되고 있으며, 한편으로 『맹자』가 『논어』의 내용을 보충해주는 것임을 인정하고 있다. 진사이는 『논어』와 『맹자』가 상보적인 책이며, "만세를 위하여 공문(孔門)을 여는 열쇠"라고 그 중요성을 강조하였다.

주자와 진사이가 인의가 맹자사상에서 차지하는 위치를 크게 본 것

---

54) 『孟子古義』133쪽 : 楊朱爲我, 是廢仁也, 墨子兼愛, 是廢義也. 若佛老虛無寂滅, 是又倂仁義而無之者也, 其悖於道甚矣.

55) 『孟子古義』235쪽 : 大抵異端之敎, 雖復不一, 要之不出二塗, 高則空虛, 卑則法術.

은 동일하지만, 주자가 인의의 바탕을 이루는 것이 맹자의 성선설이라고 하여 맹자사상의 근저에 성선설을 놓은 반면에 진사이는 인의에 대한 맹자의 주장 자체를 맹자사상의 근저에 놓았다는 점에서 다르다. 진사이는 성선설이 맹자학의 핵심이 아니라고 보는 것이다. 사단지심을 해설하면서 진사이는 사단의 '단'을 '본'이라고 해석한다. 사단의 단은 주자처럼 마음 밖으로 드러나 있는 사단을 실마리로 해서 마음속에 있는 인·의·예·지를 찾아가는 것이 아니라, 마음속에 있는 측은·수오·사양·시비를 근본으로 하여 그것을 확충해서 밖으로 인·의·예·지를 이룬다는 것이다. 이처럼 진사이는 『맹자』에 대한 주자의 주석처럼 인·의·예·지로부터 사단이 발로된다는 것을 부정하고, 마음속에 있는 사단으로부터 시작하여 그것을 확충해서 사덕을 이룬다는 설을 주장하였다.

그렇다면 사단을 확충하는 방법은 무엇인가? 진사이에 의하면 그것은 학문이다. 그러므로 진사이는 본성이 선하다는 맹자의 주장보다는 확충해야 한다는 그의 주장에 핵심이 있는 것이라고 맹자의 사상을 파악하였다. 이런 입장에서 진사이는 성선의 성과 선을 재규정하고, 주자의 인성론에서의 본연지성과 기질지성의 구별, 주일무적에 대한 설명 등을 비판하였다. 우선 진사이는 성을 주자처럼 사람이 선천적으로 지니고 있는 인·의·예·지라는 보편적 도덕원리로 보지 않고, 사람마다 다른 것으로 보았다. 이렇게 성은 사람마다 다르지만 선을 지향한다는 점에서는 동일한데, 그것이 바로 성선이라고 진사이는 주장한다. 진사이는 기질지성을 떠난 본연지성의 존재를 인정하지 않았으며, 주자의 "주일무적"은 불교와 노장의 영향을 받은 것으로 『맹자』의 본래의 뜻과는 크게 어긋나는 것이라고 비판하였다.

진사이는 맹자학의 핵심이 바로 인의라고 보았으며, 인과 의가 구체화되어 나타난 효도와 공손이 바로 인의를 실천하는 방법이라고 보았다. 진사이에 의하면 맹자학의 핵심은 인의이고, 맹자의 기타 주장들은 모두 인의에 기반을 두고 있다. 예를 들어 호연지기는 인의의 기이며, 인의를 국가적으로 확장하여 실천하면 그것이 왕도가 된다는 것이다. 이처럼 진사이는 맹자학의 핵심을 인의로 보았기 때문에, 인의를 주장하면 유학이고 인의를 주장하지 않거나 배격하면 이단이라고 하여 이단 구분의 기준을 제시하고 있다.

위와 같은 진사이의 『맹자』 해석은, 성선론을 중심으로 인간의 내면을 분석하는 주자의 『맹자』 해석으로는 실천력은 얻을 수 없다고 보고, 인의를 중심으로 『맹자』를 해석함으로써 일상생활 속에서의 인의, 더 구체적으로는 효도와 공손을 실천하는 것이야말로 『맹자』의 근본정신이라는 것을 일깨워 그 실천력을 담보하려 한 것으로 보인다. 이는 일상생활에서의 도리의 실천이라는 지향을 갖는 일본 고학파, 더 나아가서 일본 사상의 특징을 잘 보여주는 것이라고 할 수 있다.

"군자불위성(君子不謂性)", "군자불위명(君子不謂命)"에 대한 한·중·일 학자들의 해석

1. 머리말

소라이의 경우『맹자』에 대한 체계적 저술이 없고, 다른 저술들에서 단편적으로 언급하는 데 그치고 있어 소라이의『맹자』해석은 이 책에서는 다루지 않는다. 대신『맹자』의 한 구절에 대한 한·중·일 학자들의 해석을 비교·검토하는 것으로『맹자』에 대한 소략한 서술을 조금이나마 보충하고자 한다.

『맹자』「진심」장에 다음과 같은 구절이 있다. 이것은 맹자가 자신의 인성론을 표명하는 중요한 부분이고, 이후의 사상사의 흐름에서도 중요한 역할을 하였다.

[제시문 1]

口之於味也, 目之於色也, 耳之於聲也, 鼻之於臭也, 四肢之於安佚也,性也, 有命焉, 君子不謂性也.

[제시문 2]

仁之於父子也, 義之於君臣也, 禮之於賓主也, 智之於賢者也, 聖人之
於天道也, 命也, 有性焉, 君子不謂命也.

이에 대한 현대 학자들의 해석을 몇 가지 들어보면 다음과 같다.

1) 한국 학자 성백효의 해석

입이 맛에 있어서와 눈이 색깔에 있어서와 귀가 음악에 있어서와 코
가 냄새에 있어서와 사지가 안일에 있어서는 본성이나, 명에 달려 있다.
그러므로 군자는 이것을 성이라 이르지 않는다.

인이 부자 간에 있어서와 의가 군신 간에 있어서와 예가 빈주 간에 있
어서와 지가 현자에게 있어서와 성인이 천도에 있어서는 명이나, 본성
에 있다. 그러므로 군자는 명이라 이르지 않는다.[56]

2) 한국 학자 김종무의 해석

입의 미각과 눈의 색감과 귀의 음감과 코의 후각과 사지의 안일한 느

56) 成百曉 譯註, 『孟子集註』(전통문화연구회, 1991), 427~428쪽.

낌은 다 천성이나 명에 달려 있는 것이다. 군자는 이것을 성이라고 이르지 않는 것이다.

인의 부자에 있어서와, 의의 군과 신에 있어서와, 예법의 손과 주인에 있어서와, 지혜의 어진 사람에 있어서와, 성인의 천도에 있어서 천명이기는 하나 사람의 천성에 달려 있는 것이다. 군자가 천명이라고 말하지 않는 것이다.[57]

3) 중국 학자 양백준의 해석

입의 좋은 맛에 대한 것, 눈의 좋은 색에 대한 것, 귀의 좋은 소리에 대한 것, 코의 향기로운 냄새에 대한 것, 손발과 사지가 편안하기를 좋아하는 것, 이러한 애호는 모두 천성이다. 그러나 얻을 수 있느냐의 여부는 운명에 속하기 때문에 군자는 그것들을 천성의 필연이라고 인정하지 않는다. [따라서 억지로 구하지 않는다.]

부모와 자식 사이의 인, 임금과 신하 사이의 의, 손님과 주인 사이의 예, 지혜의 현자에 대한 것, 성인의 천도에 대한 것이 실현될 수 있느냐의 여부는 운명에 속한다. 그러나 또한 천성의 필연이기 때문에 군자는 그것들을 운명에 속해야 하는 것이라고 인정하지 않는다. [따라서 노력하여 천성을 따라 그 실현을 구한다.][58]

....

57) 金鐘武, 『孟子新解』(민음사, 1994), 422쪽.

58) 楊伯峻, 『孟子譯註』(北京 : 中華書局, 1960), 333~334쪽 : 口的對於美味, 眼的對於美色, 耳的對於好聽的聲音, 鼻的對於芬芳的氣味, 手足四肢的喜歡舒服, 這些愛好, 都是天性, 但是得到與否, 却屬於命運, 所以君子不把它們認爲是天性的必然. [因此不去强求]. 仁在父子之間, 義在君臣之間, 禮在賓主之間, 智慧的對於賢者, 聖人的對於天道, 能够實現與否, 屬於命運, 但也是天性的必然, 所以君子不把他們認爲是該屬於命運的. [因而努力去順從天性, 求其實現].

4) 일본 학자 우치노 쿠마이치로[內野熊一郎]의 해석

입이 맛에 있어서, 눈이 색에 있어서, 귀가 소리에 있어서, 코가 냄새에 있어서, 사지가 안일에 있어서 성이 된다. 그러나 명이 있어서 군자는 성이라고 말하지 않는다.

인이 부자에게 있어서, 의가 군신에게 있어서, 예가 빈주에게 있어서, 지가 현자에게 있어서, 성인이 천도에 있어서 명이 된다. 그러나 성이 있어서 군자는 명이라고 말하지 않는다.[59]

위의 해석에서 보면 "군자불위성야(君子不謂性也)"는 "군자는 이것을 성이라 이르지 않는다", "군자는 이것을 성이라고 이르지 않는 것이다", "군자는 그것들을 천성의 필연이라고 인정하지 않는다", "군자는 성이라고 말하지 않는다."라고 해석하고, "군자불위명야(君子不謂命也)"는 "군자는 명이라 이르지 않는다", "군자가 천명이라고 말하지 않는 것이다", "군자는 그것들을 운명에 속해야 하는 것이라고 인정하지 않는다", "군자는 명이라고 말하지 않는다."라고 해석하고 있다. 그렇다면 결국 군자에게 '구지어미(口之於味)' 등은 성이 아니고 '인지어부자(仁之於父子)' 등은 명이 아니라는 것이며, 이것은 기본적으로 조기(趙岐)의 해석을 따르는 것이라고 할 수 있다. 동아시아에서 주자학이 차지하는 위상이 크기 때문에 쉽게 주자의 해석을 따르는 것이라고 생각하지만, 엄밀

---

59) 內野熊一郎, 『孟子』(新釋漢文大系本), 498쪽 : 口の味に於けるや, 目の色に於けるや, 耳の聲に於けるや, 鼻の臭に於けるや, 四肢の安佚に於けるや, 性なり. 命有り, 君子は性と謂はざるなり. 仁の父子に於けるや, 義の君臣に於けるや, 禮の賓主に於けるや, 智の賢者に於けるや, 聖人の天道に於けるや, 命なり. 性有り, 君子は命と謂はざるなり. [通釋]은 이 글의 자료로 쓰기에 너무 의역하고 있기 때문에 이 1차 번역을 이용한다.

하게 분석해보면 그렇지 않다. 주자는 자기 나름의 독특한 리-기, 본연-기질의 성이라는 구도로 이 구절을 해석하기 때문이다. 이에 대해서는 본문에서 자세히 언급하도록 하겠다.

이러한 해석들은 의도적이건 아니건 일반인들은 차치하더라도 적어도 군자는 '입의 맛에 대한 것' 등을 성으로 보지 않고 '인의 부자에 대한 것' 등만을 성으로 보아서 추구해야 한다는 해석자의 입장을 보여준다. 그것은 쉽사리 '입의 맛에 대한 것' 등은 성이 아니고 '인의 부자에 대한 것' 등이 성이라는 일반론으로 이어질 수 있다.

따라서 이 장에서는 이 문장에 대해 주석사적으로 중요한 주석들을 선택하여 비교·검토하고, 이 구절에 대한 타당한 해석을 제시해보기로 하겠다. 동아시아 3국, 즉 한국·중국·일본에서의 사유의 보편성을 확인하기 위해 이 세 나라에서 『맹자』를 해설한 주석가들 중에서 이 구절을 중요하게 다루고 있는 인물들의 주석을 검토하기로 한다. 물론 주석가들은 매우 많기 때문에 다 다룰 수는 없으며, 비교·검토가 가능한 몇 사람을 선택하지 않을 수 없다.[60]

---

60) 이 구절에 대한 주석사적 흐름을 크게 셋으로 나눌 수 있다고 판단했기 때문에, 각각을 대표하는 중국의 학자로 조기, 주자, 대진을 택하였다. 한국에서는 주자의 주석을 따르는 학자들이 다수이기 때문에 그것은 제외하고 주자의 주석을 따르지 않는 박세당과 정약용을 택하였다. 일본에서는 주자의 주석을 따르는 니시지마 난케이[西島蘭溪]와 주자의 주석을 따르지 않는 이토 진사이[伊藤仁齋]를 택하였다.

2. 조기(趙岐) : "'군자'는 성이라고 말하지 않는다", "'군자'는 명을 말하지 않는다."

조기(趙岐)는 [제시문 1]을 다음과 같이 해설하였다.

[제시문 1]

입이 좋은 맛을 달게 여기고 눈이 아름다운 색을 좋아하고 귀가 다섯 음을 즐거워하고 코가 향기를 좋아한다. ……사지가 피곤하면 안일하게 수고스럽지 않을 것을 생각한다. 이것들은 모두 사람의 성(性)이 하고자 하는 것이지만, 이 즐거움을 얻어 거기에 거하는 것은 명록(命祿)이 있어서 사람이 모두 그 소원대로 할 수는 없다. 보통사람은 정(情)을 가지고 욕(欲)을 따라서 즐거워할 만한 것을 구하지만, 군자의 도는 인의를 우선으로 하고 예절로 제재하여 성(性)과 욕(欲)이라고 해서 구차하게 구하지 않는다. 그러므로 군자는 그것을 성이라고 말하지 않는다.[61]

조기(趙岐)는 맹자의 "군자불위성(君子不謂性)"을 "군자불위지성(君子不謂之性)"이라고 해석하고 있다. 즉, 군자는 '입이 좋은 맛을 달게 여기는 것' 등을 성이라고 말하지 않는다는 것이다. 그런데 조기(趙岐)는 여기에서의 군자를 보통사람과 상대적으로 거론하고 있다. '입이 좋은 맛을 달게 여기는 것' 등은 '모두 사람의 성이 하고자 하는 것'임을 인정하지만, 보통사람은 그것을 그대로 따르는 반면에 "군자는 그것을 성이라고

---

61) 趙岐, 『孟子注疏』(十三經注疏本), 393쪽 : 口之甘美味, 目之好美色, 耳之樂五音, 鼻之喜芬香 ……四肢懈倦, 則思安佚不勞苦. 此皆人性之所欲也, 得居此樂者, 有命祿, 人不能皆如其愿也. 凡人則有情從欲而求可身[筆者注 : 다른 판본들 가운데 '신(身)' 자가 '낙(樂)' 자로 되어 있는 판본도 있다], 君子之道, 則以仁義爲先, 禮節爲制, 不以性欲而苟求之也, 故君子不謂之性也.

말하지 않는다."는 것이다. 조기(趙岐)가 "군자불위성(君子不謂性)"에서 '군자'라는 측면을 강조하여 해석하고 있는 것을 알 수 있다. 그는 또 [제시문 2]를 다음과 같이 해설하고 있다.

[제시문 2]

인이란 은애(恩愛)를 부자에게 베풀 수 있는 것이고, 의란 의리를 군신에게 베풀 수 있는 것이고, 예를 좋아한다는 것은 예경(禮敬)을 손님과 주인에게 베풀 수 있는 것이고, 지란 밝은 앎으로 현인을 알고 선에 통달할 수 있는 것이고, 성인은 천도로 천하에서 왕 노릇 할 수 있는 것이다. 이것들은 모두 명록(命祿)으로 때를 만나면 거기에 거처하여 행할 수 있고 때를 만나지 못하면 시행할 수 없다. 그러나 재성(才性)에 있으므로 쓸 수 있다. 보통사람은 명록(命祿)에 돌려 하늘에 달려 있을 뿐이라고 하고 더 이상 성을 다스리지 않는다. 군자의 도리는 인을 닦고 의를 행하며, 예를 닦고 지를 배워 성인이 꼭 끌어안고 놓지 않기를 바라고 앉아서 명을 기다리지 않는다. 그러므로 군자는 명을 말하지 않는다.[62]

여기에서도 조기(趙岐)는 군자와 보통사람을 나누어서 말하고 있다. 보통사람은 인 등을 하늘에 달려 있을 뿐이라고 하고 더 이상 돌아보지 않지만, 군자는 인을 닦는 등으로 노력하면서 명을 말하지 않는다는 것이다. 그런데 앞에서는 "불위성(不謂性)"을 해석하면서 '지(之)'라는 글자를 추가하여 "불위지성(不謂之性)"으로 해석함으로써 "그것을 성이라고

---

62) 趙岐, 『孟子注疏』, 394쪽 : 仁者得以恩愛施于父子, 義者得以義理施于君臣, 好禮者得以禮敬施于賓主, 知者得以明知知賢達善, 聖人得以天道王于天下, 此皆命祿, 遭遇乃得居而行之, 不遇者不得施行. 然亦才性有之, 故可用也. 凡人則歸之命祿, 在天而已, 不復治性. 以君子之道, 則修仁行義, 修禮學知, 庶幾聖人亹亹不倦, 不但坐而聽命, 故曰君子不謂命也.

하지 않는다."라고 해석했던 데 반해서, "불위명(不謂命)"을 해석하면서
는 '지(之)'라는 글자를 추가하지 않고 그대로 해석하고 있는 것이 눈에
띈다. "군자는 명을 말하지 않는다."고 해석한 것이다. 이것은 "그것을
명이라고 말하지 않는다."는 것과는 다르다. "명을 말하지 않는다."는
것은 인 등을 명이라고 인정하지 않는다는 뜻은 아니기 때문이다. 명이
라고 인정하지만 강조해서 말하지 않는다는 뜻으로 부연해서 해석할
수 있는 여지를 남겨놓고 있다.

3. 주자(朱子) : "군자는 본연지성이라고 말하지 않는다", "군자는 기의 명이라고 말하지 않는다."

주자는 이기설을 확립하기 전에는 맹자의 이 구절을 조기(趙岐)의 주
석을 따라 이해한 것으로 보인다. 그것을 다음의 해설에서 알 수 있다.

[제시문 1]
구지어미(口之於味) 등 다섯 가지는 본래 성이 하고자 하는 것이다. 그
러나 사람에게는 부여받은 분수가 있고, 리에는 바뀌지 않는 법칙이 있
으니, 모두 명이다. 그러므로 성이라고 말하지 않고[不謂之性] 하늘에 명
을 붙인다.

[제시문 2]
인지어부자(仁之於父子) 등 다섯 가지는 나에게는 후박(厚薄)의 품수가
있고 저에게는 우(遇)·불우(不遇)의 다름이 있으니, 모두 명이다. 그러나

330

성이 있기 때문에 군자는 명이라고 말하지 않고[不謂之命] 자기에게서 이루기를 구한다.[63]

주자는 조기(趙岐)처럼 군자와 보통사람을 구분해서 파악하지는 않으나, "그것을 성이라고 말하지 않는다."라고 해석한 점에서는 같다. 그러나 불위명(不謂命)을 해석하면서는 "그것을 명이라고 말하지 않는다."라고 해석하여 조금 차이를 보이고 있다.

그러나 이기설을 확립한 다음의 해석은 이와 달라진다. 주자는 『맹자집주』에서 [제시문 1]을 설명하면서 원문의 이해는 정자(程子)를 따르고 있다. 정자는 "다섯 가지의 욕구는 성이지만, 그러나 분수가 있어서 모두 소원대로 될 수는 없으니, 그것이 명이다. 나의 성이 가진 것이라고 말하면서 반드시 얻기를 구해서는 안 된다."[64]라고 하였다. 조기(趙岐)처럼 그것을 성이라고 하지 않는다는 것이 아니라 성에 고유한 것을 인정하지만, 얻는 데 한계[命]가[65] 있으므로 성이라고 해서 다 추구하려고 하지 않는다는 것이다. 주자는 이 '구지어미(口之於味)' 등의 성을 기질의 성으로 파악한다.[66] 따라서 군자는 이것을 위주로 해서는 안 되고 천명의 리를 주로 해야 한다는 것이다.[67]

---

63) 『孟子集注』: 口之於味五者, 此固性之所欲. 然在人則有所賦之分, 在理則有不易之則, 皆命也. 是以不謂之性而付命於天. 仁之於父子五者, 在我則有厚薄之稟, 在彼則有遇不遇之殊, 是皆命也. 然有性焉, 君子不謂之命而責成於己.

64) 『孟子集注』: 五者之欲, 性也. 然有分, 不能皆如其願, 則是命也. 不可謂我性之所有, 而求必得之也.

65) '명(命)'을 '한계'로 번역한 이유에 대해서는 임옥균, 『왕충 : 한대 유학을 비판한 철학자』, 성균관대학교 출판부, 2005, 80~83쪽을 참조할 것.

66) 『朱子語類』 卷61 「孟子十一 · 盡心下」: 孟子亦言氣質之性, 如口之於味也之類是也.

67) 『朱子語類』 卷61 「孟子十一 · 盡心下」: 君子不當以此爲主, 而以天命之理爲主.

주자는 [제시문 2]를 설명하면서도 정자의 주석을 따르고 있다. 정자는 "인·의·예·지와 천도가 사람에게 있으면 명에서 부여받은 것이지만, 후박·청탁이 있다. 그러나 성이 선하여 배워서 다할 수 있기 때문에 그것을 명이라고 말하지 않는다."[68]라고 말하였다. 그렇다면 정자와 주자는 인·의·예·지와 천도에는 명이 있지만 성으로 보아야 한다고 보는 것이며, 따라서 두 사람은 다섯 가지 욕구와 인·의·예·지와 천도를 다 성으로 본 것이다. 차이는 전자는 기질의 성이고 후자는 본연의 성이므로 전자는 적극적으로 추구하지 않아야 하고 후자는 적극적으로 추구해야 한다는 점이다.

조기(趙岐)의 해설과 비교해보면 정자와 주자는 보통사람과 군자를 나누어 보지 않고 일반화해서 말하고 있다. "군자불위성(君子不謂性)", "군자불위명(君子不謂命)"의 해석에서 군자에 강조점을 두지 않는 것이다. 따라서 군자라고 말하고는 있지만 군자가 아니라 누구라도 그렇다고 말할 수 있다고 보는 점이 조기(趙岐)와의 차이이다.

한편 주자는 『맹자집주』에서 [제시문 1, 2]에 대한 설명을 하면서, 그의 스승인 이동(李侗)의 말을 다음과 같이 부기해놓았다.

나[주자]는 스승께 다음과 같이 들었다. 이 두 종류의 것들은 모두 성(性)에 본래 있는 것으로 하늘로부터 명(命)을 받은 것이다. 그러나 세상 사람들이 앞의 다섯 가지를 성(性)으로 여겨 얻지 못하면 반드시 구하려고 하고, 뒤의 다섯 가지를 명(命)으로 여겨 전혀 도달하지 못해도 다시 힘을 쓰지 않기 때문에 맹자께서 각각 그 중요한 것에 대해서 말하여 후자(後者)를 펴주고

---

68) 『孟子集注』: 仁義禮智天道, 在人則賦於命者, 所稟有厚薄淸濁, 然而性善可學而盡, 故不謂之命也.

전자(前者)를 억누른 것이다.[69]

또 『주자어류』에서도 다음과 같이 말하고 있다.

　　앞의 한 구절에 대해서는 사람들이 성은 내가 가진 것이니 반드시 얻어야 한다고 생각하고, 뒤의 한 구절에 대해서는 사람들이 명은 하늘에 있다고 여겨 대부분 맡겨버리고 닦지 않기 때문에 맹자는 사람들이 성을 말하는 곳에 대해서는 도리어 명을 갖고 있다고 말하고, 사람들이 명을 말하는 곳에서는 도리어 성을 갖고 있다고 말했다.[70]

이것을 보면 주자는 두 종류를 모두 하늘로부터 명을 받은 성이라고 판단하고 있으며, 다만 어떤 것을 강조해야 하느냐에 대해서만 차이를 두고 있다. 따라서 "군자불위성(君子不謂性)", "군자불위명(君子不謂命)"을 "군자는 그것을 성이라고 하지 않는다", "군자는 그것을 명이라고 하지 않는다."라고 해서 다섯 가지 욕구는 성이 아니고, 인·의·예·지와 천도만이 성이라고 주장하는 것은 주자의 해설에 부합하지 않는다.

　　또한 주자는 [제시문 1, 2]의 성(性)자와 명(命)자를 위치에 따라 달리 해석함으로써 [제시문]을 이해하는 데 있어서의 난점을 극복해보고자 하였다. 그는 '有命焉, 有性焉'이라고 할 때의 '명(命)'자와 '성(性)'자는 리(理)로서의 명과 성이고, '性也, 君子不謂性也, 命也, 君子不謂命也'라

---

69) 『孟子集注』: 愚聞之師, 曰此二條者, 皆性之所有而命於天者也. 然世之人, 以前五者爲性, 雖有不得, 而必欲求之, 以後五者爲命, 一有不至, 則不復致力, 故孟子各就其重處言之, 以伸此而抑彼也.

70) 『朱子語類』卷61「孟子十一·盡心下」: 前一節, 人以爲性我所有, 須要必得, 後一節, 人以爲命則在天, 多委之而不修. 所以孟子到人說性處, 卻曰有命, 人說命處, 卻曰有性.

고 할 때의 '성(性)'자와 '명(命)'자는 기(氣)를 가지고 말한 것이라고 풀이하고 있다.[71] 따라서 주자가 다섯 가지의 욕구의 성과 인·의·예·지 등의 성을 다 성으로 인정하더라도 그것들이 기질의 성과 본연의 성으로 나누어지므로 동일한 가치를 지닌 것으로 인정하지는 않으며, 성격이 다른 것으로 규정하여 후자는 추구해야 하는 것으로, 전자는 추구하지 않아야 하는 것으로 보고 있는 것이다.

이상 검토한 주자의 해설을 바탕으로 [제시문 1, 2]를 번역한다면 다음과 같이 된다.

[제시문 1]

입이 좋은 맛을, 눈이 좋은 색을, 귀가 좋은 소리를, 코가 좋은 냄새를, 사지(四肢)가 편안하기를 바라는 것은 사람의 기질지성(氣質之性)이기는 하지만, 여기에는 마음대로 안 되는 명(命)이 있으므로 군자는 그것을 본연지성(本然之性)이라고 하지 않는다.

[제시문 2]

그런데 부자 간에 인(仁), 군신 간에 의(義), 손님과 주인 간에 예(禮), 현자에게 지(智), 성인에게 천도(天道)는 마음대로 안 되는 기(氣)의 명(命)이기는 하지만, 여기에는 사람의 본연지성(本然之性)이 있으므로 군자는 그것을 기(氣)의 명(命)이라고 하지 않는다.[72]

....

71) 『朱子語類』 卷61 「孟子十一·盡心下」: 有命焉, 有性焉, 此命字與性字, 是就理上說. 性也, 君子不謂性也, 命也, 君子不謂命也, 此性字與命字, 是就氣上說.

72) 이 해석은 주자의 주석을 참고하여 주자의 뜻을 살려서 필자가 해석한 것이다. 뒤의 대진(戴震)의 해석에 대해서도 마찬가지이다. 두 사람 다 직접 이 구절을 해석하고 있는 것은 아니다.

그러므로 주자에 의하면 "입이 좋은 맛을, 눈이 좋은 색을, 귀가 좋은 소리를, 코가 좋은 냄새를, 사지(四肢)가 편안하기를 바라는 것"과 같은 욕구는 본연지성이 아니고 기질지성이며, "부자 간에 인(仁), 군신 간에 의(義), 손님과 주인 간에 예(禮), 현자에게 지(智), 성인에게 천도(天道)"와 같은 욕구는 기질지성이 아니고 본연지성인 것이다.

주자의 이 해석은 해석학적으로 매우 중요한 의미를 지니고 있고, 주자 자신의 철학의 특색을 잘 드러내주는 해석이기는 하지만, 맹자 자신의 본의를 드러낸 것이라고 볼 수는 없다. 맹자가 성을 주자처럼 두 가지로 나누어 본연지성과 기질지성으로 말했다고 보기는 어렵기 때문이다. 예를 들어 정자가 "맹자는 본연지성만을 이해하고 기질지성을 말하지 않았으므로 갖추어지지 못했다."고 비판하고 있는 것을 보면 알 수 있다.[73]

4. 대진(戴震) : "군자는 성을 핑계하지 않는다", "군자는 명을 핑계하지 않는다."

대진(戴震)의 주저인 『맹자자의소증(孟子字義疏證)』은 『맹자』에 나오는 개념들의 정리를 통해 주자학을 비판하고 고증학적 입장에서 『맹자』의 본의에 접근하고자 한 책이었다. 대진은 [제시문]을 해석하면서 주자의 해석은 문장을 자세히 살피지 않아 잘못 해석한 것이라고 하면서 '위(謂)'는 '~라고 말하지 않는다.'가 아니라 '핑계하다[藉口].'라고 풀이해

---

73) 『二程集』 卷6 「二先生語六」 : 論性, 不論氣, 不備 ; 論氣, 不論性, 不明.

야 한다고 주장하였다. 즉, '불위성(不謂性)'은 "성이라고 말하지 않는다."가 아니라, "성을 핑계하지 않는다."라고 해석해야 하고, '불위명(不謂命)'은 "그것을 명이라고 하지 않는다."가 아니라, "명을 핑계하지 않는다."라고 풀이해야 『맹자』의 본의에 맞는다는 것이다. 그래서 대진은 [제시문 1, 2]를 다음과 같이 해석했다.

[제시문 1]

입이 좋은 맛을, 눈이 좋은 색을, 귀가 좋은 소리를, 코가 좋은 냄새를, 사지(四肢)가 편안하기를 바라는 것은 사람의 성(性)이기는 하지만, 여기에는 마음대로 안 되는 명(命)이 있으므로 군자는 성(性)을 핑계하여 그것을 다 추구하려 하지 않는다.

[제시문 2]

부자 간에 인(仁), 군신 간에 의(義), 손님과 주인 간에 예(禮), 현자에게 지(智), 성인에게 천도(天道)는 마음대로 안 되는 명(命)이기는 하지만, 여기에는 사람의 성(性)이 있으므로 군자는 명(命)을 핑계하여 추구하지 않음이 없다.

그래서 대진이 이 문장에서 끌어낸 결론은 "부자 간에 인(仁), 군신 간에 의(義), 손님과 주인 간에 예(禮), 현자가 지(智), 성인이 천도(天道)"를 추구하는 것이 성(性)이듯이 "입이 좋은 맛을, 눈이 좋은 색을, 귀가 좋은 소리를, 코가 좋은 냄새를, 사지(四肢)가 편안하기를" 추구하는 것도 본래의 성(性)이라는 것이었다. 대진에 의하면 "부자 간에 인(仁), 군신 간에 의(義), 손님과 주인 간에 예(禮), 현자가 지(智), 성인이 천도(天道)"를 추구하는 것은 심지(心知)가 갖는 성(性)이며, "입이 좋은 맛을, 눈이 좋은 색을, 귀가 좋은 소리를, 코가 좋은 냄새를, 사지(四肢)가 편안하기를" 추구하는 것은 혈기(血氣)가 갖는 성(性)이다. '위(謂)'라는 한 글자에 대한 해석을 달리해서 서로 다른 결론을 이끌어낸 그의 고증학적 방법론을 잘 보여주고 있는 대목이라고 할 수 있다.[74]

조기(趙岐)와 주자는 '위(謂)'를 '말한다.'라고 해석한 반면에, 대진은 '핑계를 한다.'고 해석한 것이다. 언뜻 보면 조기(趙岐)와 주자는 문장을 직역하고 대진은 문장을 의역하고 있는 것처럼 보인다. 그래서 주자가 더 정확하게 해석한 것처럼 보이지만, 문장의 구조를 엄밀히 따져서 살펴보면 대진의 해석이 더 타당하다는 것을 알 수 있다. 왜냐하면 분명 "불위성(不謂性)"이라고 해서 성(性)을 바로 위(謂)라는 동사의 목적어로 삼고 있기 때문이다. 따라서 "성(性)을 말하지 않는다."라고 해석해야 하고, 그것은 "성(性)을 (강조해서 혹은 핑계로) 말하지 않는다."고 부연해서 해석할 수 있다. 주자처럼 "그것을 성(性)이라고 말하지 않는다."라고 하려면 "그것을"이라는 목적어를 받는 "지(之)"라는 글자를 넣어 "불위지성(不謂之性)"이라고 해야 한다.[75]

또 다른 곳에서 대진은 "맹자는 '입은 맛에 대해서 같이 맛보고 싶다

---

74) 이에 대한 더 자세한 논의는 林玉均, 「戴震 人性論의 倫理學的 意義」(『東洋哲學』 第20輯)를 참조할 것.

75) '혹자(或者)'는 "부정문에서 대명사 '지(之)'의 생략은 매우 일반적이어서 두 사이는 언제라도 통용적으로 사용되고 있기 때문에" 불위지(不謂之)와 부지위(不之謂), 불위(不謂)의 '어법적 구분'을 할 필요가 없다고 말하는데, 그 주장에 동의하기 어렵다. 그 주장대로라면 셋이 차이가 없다는 말과 같다. 그렇다면 '지(之)'는 어디에서는 쓰고, 어디에서는 생략하는가? 또 어디에서는 불위지(不謂之)라고 쓰고 어디에서는 부지위(不之謂)라고 쓰는가? 그 차이는 없는가? 셋은 분명 다르게 해석해야 한다는 것이 필자의 주장이다. 우선 불위지(不謂之)와 부지위(不之謂)의 차이에 대해서는 주 74)에 제시한 필자의 논문을 참조하기 바란다. 거기에서 제시한 것이 정답은 아닐지라도 의미는 있다고 생각한다. 불위지(不謂之)와 불위(不謂)도 분명 차이가 있다. 예를 들어 불위지성(不謂之性)은 영어로 치면 5형식의 문장이며, 불위성(不謂性)은 3형식의 문장이다. "(그것을)

고 여기는 것을 갖고 있고, 귀는 소리에 대해서 같이 듣고 싶다고 여기는 것을 갖고 있고, 눈은 색에 대해서 같이 아름답다고 여기는 것을 갖고 있다. 그런데 마음에 이르러서는 유독 같이 그렇다고 여기는 것이 없겠는가?'라고 했다. 그것은 리(理)와 의(義)가 마음을 기쁘게 하는 것이 맛이 입을 기쁘게 하는 것, 소리가 귀를 기쁘게 하는 것, 색이 눈을 기쁘게 하는 것과 같이 성(性)이 된다는 것을 밝힌 것이다."[76]라고 말하고 있다. 맛이 입을 기쁘게 하는 것도, 리의(理義)가 마음을 기쁘게 하는 것도 똑같이 성이 된다는 것이다.

5. 박세당(朴世堂) : "군자는 성을 말하지 않는다", "군자는 명에 맡기지 않는다."

박세당은 [제시문 1, 2]를 다음과 같이 해설하고 있다.

[제시문 1]
이·목·구·비·사체의 작용은 성이 아님이 없지만, 소리·색·냄새·맛·안일에 대해서 얻거나 얻지 못하는 경우가 있는 것을 면할 수

....

성이라고 말하지 않는다."는 것과 "성을 말하지 않는다."는 것은 분명히 다르다. 그리고 후자는 "성을 강조해서 말하지 않는다", "성을 핑계하지 않는다."라고 부연해서 설명할 수 있다. 전자의 해석에서 그러한 부연은 불가능하다. 필자는 그런 의미에서 이 장의 맺음말에서 제시한 세 번째의 해석이 문법적으로 가장 타당하고 『맹자』의 원의에 가장 가깝다고 생각한다.

76) 戴震, 『孟子字義疏證』「理」: 孟子言"口之於味也, 有同耆焉, 耳之於聲也, 有同聽焉, 目之於色也, 有同美焉. 至於心獨無所同然乎?", 明理義之悅心, 猶味之悅口, 聲之悅耳, 色之悅目之爲性.

없으니, 명에 달려 있다.[77]

[제시문 2]
　인·의·예·지와 성인의 천도에 대한 것은 성이 아님이 없지만, 부자·군신·빈주·현부의 사이와 도를 행하는 것에 대해서는 얻거나 얻지 못하는 경우가 있는 것을 면할 수 없으니, 이 또한 명이다.[78]

　박세당은 여기에서 다른 어떤 학자들보다도 가장 분명하게 이·목·구·비·사체의 작용, 인·의·예·지와 성인의 천도에 대한 것이 모두 성이며, 또한 모두 명을 갖고 있다고 말하고 있다. 이어서 그는 "그러나 앞의 다섯 가지에 대해서 성이라고 말하면서 반드시 얻으려 해서는 안 되고 마땅히 명에 편안해야 하기 때문에 명이 있다고 말했다. 뒤의 다섯 가지는 또한 명에 맡겨서[諉] 어찌할 수 없다고 말해서는 안 되고 나의 마음을 다하기를 기대해야 할 뿐이기 때문에 성이 있다고 말했다."[79]라고 말하고 있다. 그는 '불위성(不謂性)', '불위명(不謂命)'의 '위(謂)'를 각각 '말하다', '맡기다'라고 해석하고 있다. 여기서 박세당은 '불위성(不謂性)'을 '불가위지성(不可謂之性)'이라고 해석하는데, 이것을 "그것을 성이라고 말할 수 없다."라고 풀이할 수는 없다. 왜냐하면 [제시문 1]에서 보듯이 "이·목·구·비·사체의 작용은 성이 아님이 없다."고 분명하게

77) 朴世堂, 『思辨錄-孟子』(『韓國經學資料集成-孟子3』) : 耳目口鼻四體之用, 莫非性也, 而其於聲色臭味安逸, 未免有得之不得, 則繫乎命.

78) 朴世堂, 『思辨錄-孟子』 : 仁義禮智與夫聖人之於天道, 亦莫非性也, 而其於父子君臣賓主賢否之間, 與夫大道之行也, 亦不免有得之不得, 則此又命也.

79) 朴世堂, 『思辨錄-孟子』 : 然前五者不可謂之性而求其必得, 則當安於命而已, 故曰有命焉. 後五者亦不可諉之命而謂無奈何, 則期盡吾心而已, 故曰有性焉.

말하고 있기 때문이다. 앞의 다섯 가지와 뒤의 다섯 가지가 다 성이지만, 또한 명도 갖고 있는 것이므로, 앞의 다섯 가지를 성이라고 해서 다 얻으려고 해서는 안 되고 명을 편안하게 여겨야 하며, 뒤의 다섯 가지는 명이라고 해서 어쩔 수 없다고 해서는 안 되고 내 마음의 성을 다해야 한다는 것이다. 이런 박세당의 해설을 근거로 그의 [제시문 1, 2]에 대한 해석을 재구성해본다면 다음과 같다.

[제시문 1]

입이 좋은 맛을, 눈이 좋은 색을, 귀가 좋은 소리를, 코가 좋은 냄새를, 사지(四肢)가 편안하기를 바라는 것은 성(性)이다. 그러나 여기에는 얻거나 얻지 못하는 명(命)이 있으므로 군자는 성(性)을 말하면서 반드시 다 얻으려 해서는 안 된다.

[제시문 2]

부자 간에 인(仁), 군신 간에 의(義), 손님과 주인 간에 예(禮), 현자에게 지(智), 성인에게 천도(天道)는 마음대로 안 되는 명(命)이다. 그러나 여기에는 성(性)이 있으므로 군자는 명(命)에 맡기지 않는다.

6. 정약용(丁若鏞) : "군자는 성을 말하지 않는다", "군자는 명을 말하지 않는다."

다산(茶山)은 [제시문 1]을 해석하면서 우선 맹자가 '구지어미(口之於味)' 등을 성으로 인정하지 않았다는 점을 인정한다. 맹자는 홀로 "이 성과 같은 것은 사람이 반드시 균일하게 얻어야 하는데, 지금 이미 얻는데 명이 있으니 성이 아님을 알 수 있다.”고 하였다는 것이다.[80] 그러나 그것은 성이라는 글자가 원래 기호의 뜻이라고 보는[81] 그의 지론과는 맞지 않는다. 따라서 다산은 맹자의 이 문장을 주자의『맹자집주』에 보이는 정자의 뜻을 따라 해석해야 한다고 말하고 있다.[82] 정자의 해석은 주 64)에 있는데, ‘군자불위성(君子不謂性)’을 “‘구지어미(口之於味)’ 등을 성이라고 말하지 않는다.”고 해석하는 것이 아니라 “그것이 성이라고 말하면서 다 얻으려고 하지 않는다.”고 해석하는 것이다. 그는 또 [제시문 2]를 다음과 같이 해설하고 있다.

사람이 부자 사이에서 누가 인을 다하고자 하지 않겠는가마는, 순임금은 완악한 아버지 고수를 만났고, 사람이 임금과 신하 사이에서 누가 의를 다하고자 하지 않겠는가마는, 비간은 상나라의 주임금을 만났고, 누가 예를 좋아하지 않겠는가마는, 빈상(擯相)의 지위에 있지 않으면 빈주의 예를 행할 수 없고, 누가 지혜를 좋아하지 않겠는가마는 재상의 임무를 맡지 않으면 현명한 사람의 재능을 쓸 수가 없고, 성인이 천도를 어찌 천하에 공평하게 하고자 하지 않겠는가마는 그 지위를 얻지 못하면 공자처럼 입을 다물고 말할 수 없으니, 이는 다 명이 있는 것이다. 그러나 부자 사이의 인은 천성에 뿌리를 두고 있기 때문에 순임금이 명에 맡기지 않고 하늘에 울부짖어서 화목해질 수 있었고, 군신 사이의 의는 천성에 뿌리를 두고 있기 때문에 비간은 명에

80)『與猶堂全書』(『韓國文集叢刊』282권)「孟子要義·盡心下·口之於味目之於色章」: 孟子獨曰, “若是性也, 則人必均得, 今旣得之有命, 則其非性可知也.”

81)『與猶堂全書』「孟子要義·盡心下·口之於味目之於色章」: 性字原是嗜好之意.

82)『與猶堂全書』「孟子要義·盡心下·口之於味目之於色章」: 集注乃櫽栝此文.

맡기지 않고 심장이 갈라지면서도 충성을 다하였다. 예를 좋아하는 자는 예를 닦아서 빈주의 예절을 밝히고, 지혜를 좋아하는 사람은 현명한 사람을 친애하여 현명한 사람의 은택을 빛나게 하며, 성인은 조심하고 일을 밝혀 천도에 통달하니, 때를 만나지 못하고 지위에 있지 못했다고 해서 혹 감히 마음을 다하지 않는 것은 아니다. 참으로 부자·군신의 윤리와 손님을 공경하고 현명한 사람을 존중하는 법과 천도를 공경하고 높이는 정성은 모두 천성에서 나온 것이니, 만나는 바가 같지 않다고 해서 바꿀 수는 없다. 그러므로 군자는 명을 말하지 않는다.[83]

여기에서 다산은 '불위명(不謂命)'을 '명에 맡기지 않는다', 혹은 "명을 말하지 않는다."라고 풀이하고 있다. "명이지만 성에 근본하고 있는 것이기 때문에 군자는 명에 맡기지 않고(혹은 명을 말하지 않고) 성을 다한다."는 것이다. 이는 '위(謂)'를 '핑계한다[藉口]'로 풀이하는 대진의 해석이나 '맡기기 않는다[諉].'라고 풀이하는 박세당의 해석과 맥락을 같이한다.

이처럼 다산이 주로 관심을 갖고 있는 것은 명을 어떻게 풀이하는가 하는 문제였다. 조기(趙岐)와 정자의 명에 대한 해석이 달랐기 때문이다. 조기(趙岐)는 [제시문 1]에 대한 그의 해석과 같이 명을 명록으로 해석하여 명록을 만나면 실행할 수 있고 명록을 만나지 못하면 실행할 수 없다

83) 『與猶堂全書』「孟子要義·盡心下·口之於味目之於色章」: 人於父子, 孰不欲盡仁, 而大舜遇瞽瞍. 人於君臣, 孰不欲盡義, 而比干遇商受. 孰不好禮, 而不得處擯相之位, 則不能行賓主之禮. 孰不好智, 而不得處百揆之任, 則不能用賢者之才. 聖人之於天道, 豈不欲公諸天下, 而不得其位, 則孔子緘口而不言, 是皆有命也. 然而父子之仁, 根於天性, 故大舜不諉於命, 而號泣以克諧. 君臣之義, 根於天性, 故比干不諉於命, 而剖心以盡忠. 好禮者修禮以明賓主之文, 好智者親賢以麗賢者之澤, 聖人小心昭事, 以達天道, 不以其不遇其時不處其位, 而或敢不盡心焉. 誠以父子君臣之倫, 敬賓尊賢之法, 欽崇天道之誠, 皆出於天性, 不可以所遇之不同, 有所改易, 故君子不謂命也.

고 한 반면에, 정자는 주(68)과 같이 해석하여 인·의·예·지가 후박·청탁의 차이가 있지만 성선을 기초로 배워서 극복할 수 있기 때문에 군자는 그것을 명이라고 하지 않는다고 했기 때문이다.

다산은 조기(趙岐)의 설이 순숙하여 흠이 없으므로 가볍게 고쳐서는 안 된다고 하여 정자보다는 조기(趙岐)의 설을 지지하고 있다.[84] 사람은 모두 인·의·예·지를 추구하지만 명록이 있으므로 자신의 뜻대로 되지 않는데, 그렇더라도 인·의·예·지란 천성에 근거하므로 정성스럽게 노력하고 명에 맡기지 않는다는 것이다.

정자의 해석에 대해서 다산은 "정자는 원래 인·의·예·지를 마음속에 있는 이치로 보았으므로 '품수받은 바에 후박·청탁이 있다.'고 하고, 인·의·예·지가 본래 행사에 의해 얻어진 명칭임을 논하지 않았다. 이미 성인이라 일컬었다면 품수받은 덕에는 반드시 박탁(薄濁)이 없는 것이니, 그 뜻이 스스로 성립될 수 없다."[85]고 비판하고 있다. 다산이 "이미 성인이라 일컬었다면"이라고 논의를 전개하는 것은 [제시문 2]에서 성인을 언급하고 있기 때문이다.

이처럼 다산은 인·의·예·지를 마음속에 있는 덕으로 보고 그것이 마음 밖으로 드러난 것을 사단(四端)이라고 하는 정주(程朱) 계열의 논리를 따르지 않는다. 오히려 그는 마음속에 있는 것은 사단이고 그것을 사람과 사람 사이의 관계에서 만들어나가는 것이 인·의·예·지라고 한다. 이는 '단(端)'을 정자와 주자는 마음 밖의 실마리라 보는데 반해 다산은 마음속에 있는 실마리라 보기 때문이다. 다산은 다음과 같이 말하

---

84) 『與猶堂全書』「孟子要義·盡心下·口之於味目之於色章」: 趙注純熟無病, 恐不可輕改也.

85) 『與猶堂全書』「孟子要義·盡心下·口之於味目之於色章」: 程子原以仁義禮智, 在心之理, 乃曰所稟有厚薄淸濁, 毋論仁義禮智, 以行事得名. 稱聖人則所稟必無薄濁, 義自不可立.

고 있다.

인·의·예·지란 행동과 일에 베풀어진 다음에 바야흐로 그런 이름이 있
고, 측은·수오는 안으로부터 발로되는 것이다. 리를 말하는 사람들은 매양
인·의·예·지를 네 알갱이처럼 쌓인 물건이 마음속에 감추어져 있는 것으
로 인식하는데 잘못이다. 마음속에 있는 것은 오직 측은·수오라는 근본이
니, 인·의·예·지라고 불러서는 안 된다.[86]

그렇기 때문에 다산은 인·의·예·지를 마음속에 있다고 보고 그 청
탁·후박에 의해 명을 설명하는 정자보다는, 인간관계 속에서의 명록에
의해 명을 설명하는 조기(趙岐)의 입장을 지지하는 것이다.

7. 이토 진사이 [伊藤仁齋] : "군자는 성이라고 하여 따르지 않는다", "군자는 명에 맡기지 않는다."

진사이는 『맹자고의(孟子古義)』에서 [제시문 1]에 대해서 다음과 같이
해설하고 있다.

다섯 가지의 욕구는 성이다. 그러나 가난함과 부유함에는 명이 있어서 모

---

86) 『與猶堂全書』「書·示兩兒」: 仁義禮智者, 施諸行事而後, 方有是名. 惻隱羞惡是由內發出.
談理者, 每把仁義禮智, 認作四顆磊磊底物, 藏在方寸中, 非也. 中之所有只是惻隱羞惡的根本, 喚
作仁義禮智也不得.

두 욕구하는 대로 할 수는 없다. 그러므로 군자는 이 다섯 가지가 성이라고 하여 따르지 않는다. 반드시 만나는 바에 편안하여 함부로 구하지 않는다.[87]

'위(謂)'를 '위(爲)'로 풀어서 의미의 폭을 더 확장시켰는데,[88] '불위성(不謂性)'을 "성이라고 하여 따르지 않는다."라고 번역하고 있다. 전체 문장에 대한 해설은 다섯 가지 욕구는 성이지만 군자는 그것이 성이라고 해서 함부로 추구하려고 하지 않는다는 것이다. 그것을 성이라고 말하지 않는다는 것은 아니다. 이것은 정자가 주 64)에서 말한 것처럼 성에 고유한 것이라고 말하면서 반드시 얻기를 구하지 않는다는 것과 같은 맥락이다. [제시문 2]에 대해서는 다음과 같이 해설하고 있다.

말하자면 인은 부자에 있어서 마땅히 서로 사랑해야 하고, 의는 군신에 있어서 마땅히 서로 얻어야 하고, 예는 빈주에 있어서 마땅히 서로 화답해야 하고, 지는 현명한 사람에 있어서 마땅히 서로 알아야 하고, 성인은 천도에 있어서 마땅히 서로 합해야 한다. 그런데 혹 그렇지 않은 것은 모두 명이다. 그러나 자기의 성의 선함은 배워서 다할 수 있기 때문에 군자는 이 다섯 가지를 명에 맡기지 않고 반드시 자기에게 있는 것을 다하여 감동하기를 기대한다.[89]

---

87) 『孟子古義』, 329쪽 : 五者之欲, 性也. 然貧富有命, 不能皆如其所欲. 故君子不以此五者爲性而從之. 必安於所値, 而不妄求之也.

88) '위(爲)'는 영어의 'do'와 같이 모든 동사를 대치할 수 있는 글자이다.

89) 伊藤仁齋, 『孟子古義』, 329쪽 : 言仁之於父子當相愛, 義之於君臣當相得, 禮之於賓主當相答, 智之於賢者當相知, 聖人之於天道當相合. 而或不然者皆命也. 然己性之善, 可學而盡之矣. 故君子不以此五者委之於命, 而必盡其在我者, 而冀其感動之也.

진사이는 여기에서 '불위명야(不謂命也)'의 '위(謂)'를 '위(委)'로 풀이하고 있다. 명에 맡기지 않는다는 것이다. 즉, 진사이에 의하면 '인의부자에 대한 것……' 은 마땅히 '서로 사랑하고……' 해야 하지만 한계가 있어서 그렇지 못하는 경우도 생기는데, 그럴지라도 군자는 본성을 반드시 다해서 명에만 맡겨두지 않는다는 것이다. 이처럼 진사이는 '위(謂)'를 "성이라고 하여 따르지 않는다", "명에 맡기지 않는다."라고 해석함으로써 이 문장을 논리적 정합성을 갖도록 해석하고 있다.

그러면서 진사이는 앞서 인용한 주자의 스승 이동(李侗)의 말을 덧붙이고 있다. 이동의 '구지어미(口之於味)'와 '인지어부자(仁之於父子)' 등이 다 성도 있고 명도 있는 것이라고 보는 견해를 받아들이고 있는 것이다.

8. 니시지마 란케이[西島蘭溪] : "군자는 리의 성이라고 말하지 않는다", "군자는 부귀·빈천의 명이라고 말하지 않는다."

란케이는 [제시문 1, 2]에 나타난 성과 명의 글자를 구분해서 같은 성과 명이지만, [제시문 1]에 쓰인 것과 [제시문 2]에 쓰인 것이 그 의미가 다르다고 주장한다. "性也, 有命焉"의 성은 지각·운동의 기로 말한 것이고, 명은 부귀·빈천의 만남으로 말한 것이며, "命也, 有性焉"의 성은 리로 말한 것이고, 명은 혼명·순박의 기로 사람을 명한 것으로 말한 것이라는 것이다. 그는 다음과 같이 말하고 있다.

『맹자』의 이 장은 성과 명을 각각 두 가지로 나누어야 한다. ……'命也有

性焉'의 성(性)자는 리로 말한 것이고, 명(命)자는 혼명(昏明)·순박(純駁)의 기로 사람을 명한 것으로 말했다. 그러므로 성과 명에 구분이 있다. '性也有命焉'의 성(性)자는 지각(知覺)·운동(運動)의 기로 말했고, 명(命)자는 부귀(富貴)·빈천(貧賤)을 만나는 것으로 말했다. 그러므로 성과 명에 또한 같지 않은 것이 있다. 이처럼 보면 저절로 분명하다.[90]

란케이는 "命也, 有性焉"과 "性也, 有命焉"의 성과 명을 각각 다른 함의를 갖는 것으로 해석함으로써 이 문장에 논리적 정합성을 부여하고 있다. 즉, 전자의 성은 리이고 후자의 성은 지각·운동의 기이며, 전자의 명은 혼명·순박의 기로 사람을 명한 것이며 후자는 부귀·빈천을 만나는 명이라는 것이다. 그렇다면 란케이의 [제시문 1, 2]에 대한 해석을 다음과 같이 제시할 수 있다.

[제시문 1]

입이 좋은 맛을, 눈이 좋은 색을, 귀가 좋은 소리를, 코가 좋은 냄새를, 사지(四肢)가 편안하기를 바라는 것은 사람의 기의 성(性)이기는 하지만, 부귀·빈천을 만나는 명(命)이 있으므로 군자는 그것을 리의 성(性)이라고 하지 않는다.

[제시문 2]

그런데 부자 간에 인(仁), 군신 간에 의(義), 손님과 주인 간에 예(禮),

---

90) 西島蘭溪, 『讀孟叢鈔』, 579쪽 : 命也有性焉性字, 以理言, 命字則以命人以昏明純駁之氣言, 故性命有分也. 性也有命焉性字. 以知覺運動之氣言. 命字則以富貴貧賤之遇言, 故性命亦不同也 如此看自清楚.

현자에게 지(智), 성인에게 천도(天道)는 혼명·순박의 기로 사람에게 명하는 명(命)이기는 하지만, 여기에는 사람의 리의 성(性)이 있으므로 군자는 그것을 혼명·순박의 기로 사람에게 명하는 명(命)이라고 하지 않는다.

이러한 란케이의 해석은 [제시문 1, 2]에 나오는 성과 명이라는 글자를 각각 다른 의미로 풀이한 주자의 해석을 기본적으로 따르고 있다고 할 수 있다.

9. 맺음말

이상 비교·검토한 바에 따르면 [제시문 1, 2]의 후반부 구절이 "성이지만 명이 있기 때문에 군자는 명이라고(명을) 말하지 않는다", "성이지만 명이 있기 때문에 군자는 명이라고(명을) 말하지 않는다."라고 되어 있기 때문에, 주석가들은 이 구절이 논리적 정합성을 갖도록 해석하기 위해 노력을 경주했다는 것을 알 수 있다. 비교·검토 결과 주석가들이 대략 세 가지 방향으로 이 구절을 해석했다는 것을 알 수 있었다.

첫째는 "군자"를 강조해서 "보통사람"과 구별하여 보통사람은 성과 명이라고 말할지라도 군자는 성과 명이라고 말하지 않는다고 해석하는 것이다. 둘째는 앞의 성과 뒤의 성, 앞의 명과 뒤의 명이 같은 글자를 쓰고 있더라도 그 함의가 다르다고 해석하는 것이다. 셋째는 '위(謂)'를 "그것을 성(명)이라고 말하지 않는다."라고 풀이하지 않고, 문장으로 볼 때 바로 목적어인 성(명)을 수반하므로 "성(명)을 말하지 않는다."라고 풀이하고, 그 바탕 위에서 '위(謂)'를 '핑계하다[藉口]'등으로 부연해서 설명하는 것이다.

첫째 해석은 보통사람과 군자를 나누어 해석함으로써 나름대로 합리적 해석을 하고 있다. 그러나 군자와 달리 보통사람은 '구지어미(口之於味)'등을 성이라고 생각하지만, '인지어부자(仁之於父子)'등에 대해서는 성이라고 생각하지 못한다는 것이 되어, 『맹자』의 이 구절에 보편성을 확보해주지 못하고 있다. 둘째 해석은 주석사적으로나 철학사적으로 매우 중요한 의미를 갖지만, 『맹자』의 본의와는 일치하지 않는다는 한계를 갖는다. 셋째 해석이 문법적으로 가장 정확하고 『맹자』의 본의에 가장 가깝다고 생각된다. 이 해석에 의하면 '구지어미(口之於味)', '인지어부자(仁之於父子)'등이 다 성이면서 명도 갖는다. 더욱이 '구지어미(口之於味)'등은 성이 아니고 '인지어부자(仁之於父子)'등만이 성이라는 해석보다는 '인지어부자(仁之於父子)'등과 똑같이 '구지어미(口之於味)'등도 성이라는 해석이 현대인들의 감정에도 맞는다. 위의 결론을 반영해서 [제시문 1, 2]에 대한 해석을 해보면 다음과 같다.

[제시문 1]

입이 좋은 맛을, 눈이 좋은 색을, 귀가 좋은 소리를, 코가 좋은 냄새를, 사지(四肢)가 편안하기를 추구하는 것은 사람의 본성이기는 하지만, 여기에는 마음대로 안 되는 한계도 있으므로 뜻있는 사람은[91] 본성이

----

91) '군자'를 '뜻있는 사람'으로 번역한 것은 조기(趙岐)처럼 군자와 보통사람을 구분함으로써 보편성을 확보하지 못하는 단점을 해결하기 위해서이다. 물론 '뜻 없는 사람'은 제외되지 않느냐고 반박할 수도 있겠으나, 이 글을 읽는 대부분의 독자들에게 '군자'가 되라고 권할 수는 없으나 '뜻있는 사람'이 되라고 권하는 것은 가능하다는 의미에서 기왕의 '군자'보다는 보편적이고 현대적인 의미를 갖는 번역어라고 생각한다.

라고 핑계하면서 다 추구하지 않는다.

[제시문 2]

부모와 자식이 사랑을, 임금과 신하가 정의를, 손님과 주인이 예의를, 현명한 사람이 지혜를, 성인이 천도를 추구하는 데는 마음대로 안 되는 한계가 있기는 하지만, 여기에는 사람의 본성도 있으므로 뜻있는 사람은 한계가 있다고 핑계하면서 다 추구하지 않음이 없다.

■ 참고문헌

『中庸』, 成均館大學校 出版部, 1988.

『論語』, 成均館大學校 出版部, 1988.

『論語注疏』(十三經注疏本), 北京：北京大學出版社, 1999.

『論語大全』, 成均館大學校 出版部, 1988.

『孟子』, 成均館大學校 出版部, 1988.

『孟子注疏』(十三經注疏本), 北京：北京大學出版社, 1999.

『書經』, 成均館大學校 出版部, 1984.

『春秋左傳』, 成均館大學校 出版部, 1984.

『周易』, 成均館大學校 出版部, 1984.

『禮記』(十三經注疏本), 北京：北京大學出版社, 1999.

『周禮』(十三經注疏本), 北京：北京大學出版社, 1999.

『荀子』(漢文大系本), 東京：富山房, 1988.

程顥·程頤, 『二程全書』, 臺北：漢京文化出版事業公司, 1988.

朱熹, 『大學章句』, 成均館大學校 出版部, 1988.

朱熹, 『中庸章句』, 成均館大學校 出版部, 1988.

朱熹, 『朱子大全』, 臺北：大化書局, 1988.

朱熹, 『朱子語類』, 北京：中華書局, 1988.

朱熹,『論語集注』, 成均館大學校 出版部, 1988.

朱熹·呂祖謙,『近思錄』(漢文大系本), 東京：富山房, 1988.

戴震,『孟子字義疏證』(『戴震全書』), 合肥：黃山書社, 1994.

伊藤仁齋,『大學定本』(『日本名家四書註釋全書』), 東京：東洋圖書刊行會, 1926.

伊藤仁齋,「大學非孔氏之遺書辨」(『語孟字義』附錄), 東京：育成會, 1908.

伊藤仁齋,『中庸發揮』(『日本名家四書註釋全書』), 東京：東洋圖書刊行會, 1926.

伊藤仁齋,『論語古義』(『日本名家四書註釋全書』), 東京：東洋圖書刊行會, 1926.

伊藤仁齋,『孟子古義』(『日本名家四書註釋全書』), 東京：東洋圖書刊行會, 1926.

伊藤仁齋,『語孟字義』(『日本倫理彙編五－古學派の部(中)』), 東京：育成會, 1908.

伊藤仁齋,『童子問』(『日本倫理彙編五－古學派の部(中)』), 東京：育成會, 1908.

伊藤仁齋,『仁齋日札』(『日本倫理彙編五－古學派の部(中)』), 東京：育成會, 1908.

荻生徂徠,『大學解』(『日本名家四書註釋全書』), 東京：東洋圖書刊行會, 1926.

荻生徂徠,『中庸解』(『日本名家四書註釋全書』), 東京：東洋圖書刊行會, 1926.

荻生徂徠,『辨名』, 東京：岩波書店, 1978.

荻生徂徠,『論語徵』 (목판본, 서지사항 없음)

荻生徂徠,『論語徵』, 東京：東洋圖書刊行會, 1926.

西島蘭溪,『讀孟叢鈔』(『日本名家四書註釋全書』), 東京：東洋圖書刊行會, 1926.

李滉,『增補退溪全書』, 成均館大學校 大東文化研究院, 1992(3板).

丁若鏞,『與猶堂全書』(『韓國文集叢刊』), 民族文化推進會, 2002.

朴世堂,『思辨錄－孟子』(『韓國經學資料集成』), 成均館大學校 大東文化研究院, 1991.

김종무,『맹자신해』, 민음사, 1994.

成百曉 譯註,『孟子集註』, 전통문화연구회, 1991.

楊伯峻, 『孟子譯註』, 北京 : 中華書局, 1960.

內野熊一郎, 『孟子』(『新釋漢文大系』), 東京 : 明治書院, 昭和59年(35版).

James Legge, The Original Chinese Texts, Taipei : Wu Zhou Publishing Co., 1977.

고영진, 『조선중기예학사상사』, 한길사, 1995.

금장태, 『도와 덕 : 다산과 오규 소라이의 중용·대학해석』, 이끌리오, 2004.

김용옥 엮음, 『삼국통일과 한국통일』, 통나무, 1994.

박석, 『대교약졸(大巧若拙) : 마치 서툰 것처럼 보이는 중국문화』, 들녘, 2005.

박성수·신채식, 『문화사개론』, 법문사, 1978.

박홍규, 『자유인 루쉰』, 우물이 있는 집, 2002.

이기동, 『이색 : 한국 성리학의 원천』, 성균관대학교 출판부, 2005.

이기동, 『논어강설』, 성균관대학교 출판부, 1992.

이기백, 『한국사신론』, 일조각, 1977.

임옥균, 『대진 : 청대중국의 고증학자이자 철학자』, 성균관대학교 출판부, 2000.

한국동양철학회(편), 『동양철학의 본체론과 인성론』, 연세대학교 출판부, 1991(5판).

한국사특강편찬위원회(편), 『한국사특강』, 서울대학교 출판부, 1990.

한국일본학회(편), 『일본사상의 이해』, 시사일본어사, 2002.

한국철학사상연구회, 『논쟁으로 보는 한국철학』, 예문서원, 1995.

이상호, 「주자의 〈중화설〉 변천에 대한 고찰」, 『유교사상연구』 4·5합집, 1992.

임옥균, 「왕부지의 『中庸』 해석(1)-주자의 해석과의 비교를 중심으로」, 『동양철학연구』 48집, 2006.

최정묵, 「주자의 중화설에 대한 고찰」, 『동서철학연구』 제20호, 2000.

나가오 다케시, 박규태 옮김, 『일본사상이야기40』, 예문서원, 2002.

勞思光, 정인재 역, 『중국철학사(3권)』, 탐구당, 1988(3판).

다카하시 스스무, 안병주·이기동 역, 『이퇴계와 경의 철학』, 신구문화사, 1986.

루스 베네딕트, 김윤식·오인석 옮김, 『국화와 칼』, 을유문화사, 1991.

마루야마 마사오(丸山眞男), 김석근 옮김, 『일본정치사상사연구』, 통나무, 1995.

비토 마사히데, 엄석인 옮김, 『사상으로 보는 일본문화사』, 예문서원, 2003.

溝口雄三(외), 김석근 외 옮김, 『중국사상문화사전』, 민족문화문고, 2003.

守本順一郞, 『일본사상사』, 이론과 실천, 1989.

王靑, 『日本近世儒學家荻生徂徠硏究』, 上海 : 上海古籍出版社, 2005.

이기동, 정용선 역, 『동양삼국의 주자학』, 성균관대학교 출판부, 1995.

이택후, 임옥균 옮김, 『논어금독』, 북로드, 2006.

장립문(외), 김교빈(외) 역, 『氣의 철학(하)』, 예문지, 1992.

풍우, 김갑수 역, 『천인관계론』, 신지서원, 1993.

■ 이 책에 실린 글들이 처음 발표되었던 학술지

「한국과 일본의 주자학 수용의 특징」, 『서일논총』 14집, 1996.

「주자와 일본 고학파의 『대학』 해석」, 『동양철학연구』 61집, 2010.

「주자와 일본 고학파의 『중용』 해석」, 『동양철학연구』 63집, 2010.

「오규 소라이의 『논어』 해석 : 「학이」」, 『동양철학연구』 56집, 2008.

「오규 소라이의 『논어』 해석의 특징(1)」, 『동양철학연구』 57집, 2009.

「오규 소라이의 『논어』 해석의 특징(2)」, 『동양철학연구』 60집, 2009.

「이토 진사이의 『논어』 해석」, 『동양철학연구』 69집, 2012.

「이토 진사이의 『맹자』 해석」, 『동양철학연구』 66집, 2011.

「『孟子』 「盡心」章 "君子不謂性", "君子不謂命" 解釋의 註釋史的 考察」, 『동양철학』
    25집, 2006.

주자학과 일본 고학파

초판 1쇄 인쇄 2012년 11월 23일
초판 1쇄 발행 2012년 11월 30일

지은이 임옥균
펴낸이 김준영
펴낸곳 성균관대학교 출판부
출판부장 박광민
편 집 신철호 · 현상철 · 구남희
디자인 이민영
외주디자인 아베끄
마케팅 박정수
관 리 조승현 · 유인근 · 김지현

등록 1975년 5월 21일 제1975-9호
주소 110-745 서울특별시 종로구 성균관로 25-2
대표전화 02)760-1252~4
패시밀리 02)762-7452
홈페이지 press.skku.edu

ISBN 978-89-7986-944-6 94150